LANDOLF SCHERZER
# DER ROTE

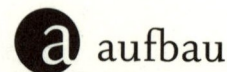 aufbau

LANDOLF SCHERZER

# DER
# ROTE

## MACHT UND OHNMACHT
## DES REGIERENS

 aufbau

Mit 13 Fotos und einer Zeittafel

ISBN 978-3-351-03621-8

Aufbau ist eine Marke der Aufbau Verlag GmbH & Co. KG

1. Auflage 2015
© Aufbau Verlag GmbH & Co. KG, Berlin 2015
Einbandgestaltung ZERO Werbeagentur, München
Satz und Reproduktion LVD GmbH, Berlin
Druck und Binden CPI books GmbH, Leck, Germany
Printed in Germany

www.aufbau-verlag.de

# Inhalt

## Am Tag, als der Rote kam

Vielleicht waren meine Gummistiefel zu groß.

Vielleicht war der Schlamm im Graben zu zäh.

Und vielleicht hätte ich die Leiter, die neben dem Haufen ausgeschachteter nasser Erde lag, aufstellen sollen, um wieder aus dem Loch heraussteigen zu können.

Stattdessen mühte ich mich verzweifelt – zuerst nur auf die Arme gestützt und schließlich mit Brust und Bauch auf der Wiesenkante wälzend –, die Stiefel aus dem klebrigen Schlamm zu ziehen. Doch meine akrobatischen Bewegungen – Volker, der auf dem Bagger saß, hatte die Schaufel vorsorglich zur Seite gedreht – waren vergeblich. Die Stiefel steckten fest. Ich konnte nur die Füße herausziehen und musste mit einem Bein barfuß und mit dem anderen strümpfig durch den dezemberkalten Matsch waten.

Fluchend rannte ich aus dem Wiesental zu meinem Waldhäuschen auf der Höhe. Schon seit zwei Wochen versuchten Volker und ich, ein Leck in meiner fast einen Kilometer langen Wasserleitung, die das Dietzhäuser Seßlestal quert, sich in einer Gartenanlage verzweigt und aus der täglich irgendwo 1300 Liter liefen, zu finden. Aber noch nie hatte ich bei den Schachtarbeiten barfuß im Schlamm des ausgebaggerten Grabens gestanden. Auch deshalb werde ich mich an diesen Tag – es ist der 5. Dezember 2014 – noch lange erinnern.

Als ich mich umziehen will, klingelt das Telefon. Immer noch fluchend, nehme ich ab. John Paetke, ein ehemaliger Hochseefischer aus Berlin, der das politische Tagesgeschehen regelmäßig im Internet verfolgt, verkündet: »Hey, Seemann, neuer Kurs! Um 10:52 Uhr, vor genau 2 Minuten, ist Bodo Ramelow in Erfurt zum ersten linken Ministerpräsidenten der Bundesrepublik gewählt worden.« Ich möchte erwidern: »Das geht mir im Moment am nassen Arsch vorbei«, aber ich schalte das Radio ein.

Mit besorgter Stimme prophezeit ein Politiker »Niedergang« und »Chaos« für den Freistaat. Und eine Reporterin spricht von einem »außergewöhnlichen Moment der deutschen Geschichte«.

Ob es sich dabei um einen guten oder einen schlechten Moment handelt, kommentiert sie nicht. Ich laufe ins Dorf, um Geld zu holen.

Im Vorbeigehen sage ich Volker, dass wir uns mit dem Ausschachten beeilen müssen, denn die nun zum ersten Mal in Thüringen mitregierenden Grünen würden für das Graben auf Weideflächen vielleicht bald eine besondere Genehmigung verlangen. Volker stellt den Motor trotzdem ab und erklärt, dass er wegen des ungeschützten Stromkabels über der Wasserleitung nicht ohne mich weiterbaggern kann und inzwischen am »Fledermaushotel« im Dorf arbeiten wird.

Die Leiterin der Volks- und Raiffeisenbank (VR-Bank), die ein Ehepaar, das einen langfristigen Vertrag abschließen will, berät, informiert mich mit trauriger Miene über die weiter gesunkenen Zinsen meines Guthabens.

Ich drohe grienend: »Vielleicht verstaatlichen die Roten,

um uns kleine Sparer zu beruhigen, demnächst die Thüringer Banken!«

Weil sie verständnislos guckt, erkläre ich ihr, dass vor 18 Minuten der Linke Bodo Ramelow …

Die Direktorin erleichtert: »Unsere Bank ist schon ver-*genossen*schaftlicht. Das wird dem *Genossen* Ministerpräsidenten Bodo Ramelow bestimmt genügen.« Dann fragt sie: »Der kommt doch aus dem Westen?«

Ich nicke.

»Na, da kann's nicht schlimmer werden, da weiß der, wo der Hase langlaufen muss.«

Ich meine, dass sie das schon betagte Ehepaar vor dem Vertragsabschluss vielleicht vorsorglich auf die politische Veränderung in Thüringen hinweisen und fragen sollte, ob es noch einen Monat Bedenkzeit haben möchte. Sie redet mit dem Mann, kommt zurück und sagt: »Die haben nur staunend festgestellt: Bei uns in Thüringen ist ja was los! Und dann unterschrieben.«

Die ersten 5 Euro des abgehobenen Geldes werde ich gegenüber im Dönerladen von Ercan ausgeben. Ein vielleicht 50-jähriger Mann mit einer Audi-Reklamemütze drängelt sich vor mir durch die Tür. Ercan entschuldigt ihn: »Audi hat es immer eilig, immer eilig.«

Ercan gehörte in der Türkei zu den für ihre Unabhängigkeit kämpfenden Kurden. Ich sage: »Kannst dich freuen, Ercan, in Thüringen regiert ab heute ein Linker.«

Doch der Kurde säbelt ungerührt mit dem langen Messer bedächtig das Fleisch vom Dönerspieß und bemerkt eher beiläufig: »Hier in Deutschland interessieren Ercan keine linken Ideologien und auch keine Revolutionen.

Hier interessiert Ercan nur, ob Regierung gut für kleine Leute.«

Audi dagegen fragt immer wieder, ob es stimmt, was ich erzähle. So laut, als würden wir nicht bei Ercan, sondern vor großem Publikum stehen, verkündet er: »Endlich! Nach 25 Jahren die Schwarzen in Thüringen weg! Jetzt können die Roten zeigen, dass hinter den Bergen eine soziale und gerechte Politik, eine demokratische und gleichzeitig sozialistische möglich ist.«

Allerdings werde sich Bodo Ramelow als Regierungschef nur behaupten, wenn er auf die Frage »Wer bist du?«, ohne nachzudenken, mit »Ich« antwortet. »Er muss ein Ministerpräsident des Volkes werden. Und das bedeutet, sich zu seinem wirklichen Ich zu bekennen.«

Während Ercan meinen Döner mit viel Fleisch füllt, sagt Audi anscheinend zusammenhanglos: »Es gab vor über 100 Jahren zwei große deutsche Philosophen, die wussten schon damals, was heute in der Welt geschieht. Sie waren sozusagen mit einer prophetischen Gabe gesegnet.« Auch er scheint ein wenig von dieser Gabe geerbt zu haben. »Im Frühjahr 89 habe ich meinen Lada verkauft. Alle meine Freunde hielten mich für total verrückt, weil ich sagte: In ein paar Monaten ist der Lada nichts mehr wert, und als Nächstes werde ich mir einen Golf kaufen.«

Im vergangenen Monat hat Audi, so erzählt er stolz, nicht nur den Koran zum vierten Mal, sondern wegen der Koalitionsverhandlungen zwischen Linken, Sozialdemokraten und Grünen auch das »Kommunistische Manifest« noch einmal gelesen.

»Dort schrieben Marx und Engels schon vor fast 170 Jahren«, und Audi zitiert aus dem Gedächtnis: »Sie werden sich aus dem Boden die Schätze reißen und Länder und Kontinente übergreifend zu höchstmöglichen Preisen verkaufen. Und das weltweit umspannende Netz der Kommunikation aufbauen.«

Ich frage Audi, der eigentlich Peter Lutschian heißt, ob er Philosophie studiert hat. »Nein, ich handle in Schwarza mit Autoteilen.«

»Und vor der Wende?«

»War ich Koch beim Armeesportclub in Oberhof. Der Olympiamannschaft der DDR und dem Weltmeister Gerhard Grimmer hat mein Essen immer geschmeckt.«

»Und weshalb sind Sie nicht Koch geblieben?«

»Weil die alte Zeit nach 89 unwiederbringlich abgelaufen war. Und wer damals ehrlich vor sich bleiben wollte, musste die Vergangenheit beenden und etwas Neues beginnen.«

Für ihn sei das selbstverständlich gewesen. Für die Politiker im Landtag und die Beamten mit CDU-Parteibuch in den Thüringer Ministerien wahrscheinlich nicht. »Die sitzen dort fest wie angenagelte Bretter oder eingesponnene Schmetterlingspuppen und werden ihr Denken und Handeln trotz der neuen linken und grünen Minister nicht ändern.«

Als Peter Lutschian bemerkt, dass ich hinke, empfiehlt er mir ein Mittel gegen Knieschmerzen: Weihrauchharz aus der Wüste in den Arabischen Emiraten. Ich solle ihn in Schwarza besuchen, dann könnten wir Weihrauch kauen und über ehrliche Politik reden.

Ich nicke, und Ercan wickelt mir den Döner in Alufolie.

Auf dem Heimweg ruft ein Redakteur der »Zeit im Osten« an. Ob ich nicht darüber schreiben will, wie sich nach der Wahl des Roten das Leben in Thüringen verändert. Es wäre doch spannend, zu erfahren, wie die Thüringer nach 25 Jahren CDU-Herrschaft auf eine »mögliche Wiederkehr des realen Sozialismus« reagieren würden. Wie sie in ihren Stammkneipen bei Bratwurst, Rostbrätel, Bier und Klößen über die alten und neuen Roten diskutieren. Und welche Konsequenzen sie aus dem Wahlsieg der »SED-Nachfolger« zögen.

»Nichts wird sich hier verändern!«, erwidere ich. Die Thüringer werden abwarten und einfach nach der Wald-Weisheit »Gleich welcher Vogel auf dem Baum hockt, er bekleckert immer die auf den unteren Ästen Sitzenden« weitermachen. Sie würden erst reagieren, wenn ihr Dorf eingemeindet und die Schule geschlossen wird oder Lohn und Renten steigen und die Steuern sinken. Außerdem stünde Weihnachten vor der Tür, da wären Tannenbäume, Freilandgänse und Silvesterraketen allemal wichtiger als Bodo Ramelows linke Projekte, Wolfgang Tiefensees sozialdemokratisches Wirtschaftsprogramm und Anja Siegesmunds grüne Probleme. Nein, das wäre kein Thema für mich.

Als er nicht lockerlässt, einigen wir uns, dass ich lediglich »die Thüringer in den Zeiten der Veränderungen« beobachte.

Volkers Bagger steht nicht mehr auf der Wiese. Jemand schaufelt im Graben mit der Hand. »Hättest mit der Drecksarbeit auf mich warten sollen«, rufe ich Volker zu.

Als ich näher komme, bemerke ich, dass es nicht Volker ist. Der Mann im Graben trägt einen fast schulterbreiten aus

**Bodo Ramelow – der rote Wahlsieger**
© dpa Martin Schutt

Bast geflochtenen Hut wie ein vietnamesischer Reisbauer. Er sieht mich, klettert behände aus dem Graben, wischt seine Lehmfinger an einer grauen Wattejacke ab, bevor er mir die Hand gibt, und erklärt, dass er Fridolin heißt. »Fridolin Scheusel. Kannst aber Frieder zu mir sagen.«

Ich frage barsch, was er hier macht, denn der Ein-Mann-Unternehmer Volker hatte mir gesagt, dass er außer seinem Bagger keine weiteren »Kollegen« beschäftigt.

»Ich helfe ihm, wenn Not am Mann ist und er mit seinem Bagger am Fledermaushotel arbeiten muss.«

Missmutig entgegne ich, dass meine Rechnung wegen seiner Handschachtung um ein paar Hunderter teurer wird. »Was bezahlt dir Volker in der Stunde?«

»Wegen Weihnachten kriege ich nicht erst ab 1. Januar 15, sondern schon heute 8,50 Euro Mindestlohn! Aber sagen wir mal: Bei dir 7 Euro und zum Frühstück immer ein frisches Gehacktesbrötchen und 'ne Flasche Schwarzbier.« Schließlich sei er keine Fachkraft für Meliorationsbau, sondern nur ein, wie er es nennt, Schachtarbeiter.

Ich nicke, und Frieder steigt wieder hinunter in den Schlamm. Er bewegt sich flink wie ein 20-Jähriger, und seine Augen strahlen spitzbübisch. Aber ihm wächst schon ein grauer Vollbart.

Als ich bezweifele, dass sein Basthut eine ideale Kopfbedeckung für den Winter ist, widerspricht er. »Nu pass mal gut auf, ich muss dich mal schlaumachen: Mein Großvater, der in der Kriegsgefangenschaft auf den heißen Feldern der usbekischen Sowjetrepublik Baumwolle pflücken musste, hat mir beigebracht: Was im Winter gut gegen Kälte ist, hilft im Sommer auch gegen die Hitze. Ich habe seine Weisheit nur umgedreht.« Außerdem hätten schon die Vietcong-Kämpfer im Krieg gegen die Amerikaner beim Ausschachten der Laufgräben solche Hüte getragen.

Ich hole ihm eine Flasche Bier und sage, dass wir, weil ich zu einem Axel-Prahl-Konzert nach Erfurt fahre, für heute Feierabend machen.

Als würden wir uns seit Jahren kennen, fragt Frieder unvermittelt: »Nimmst du mich mit?«

»Nein«, sage ich. »Alles ausverkauft. Es gibt keine Karten mehr.«

Bevor Frieder geht, erinnert er mich, dass er Montag erst nach eins kommt. Ich soll rechtzeitig sein Gehacktesbrötchen holen, denn der Dorfbäcker macht montags schon am Mittag zu. Das sei ja hier traditionell so. Und Traditionen würde auch Bodo Ramelow nicht ändern können. »Die Roten werden keine Revolution machen! Ordnung muss Ordnung bleiben. Sonst gibt es Chaos im Land.«

Gewöhnlich öffnet der Einlassdienst die Saaltüren in der Alten Erfurter Oper eine halbe Stunde vor dem Beginn des Konzerts. Doch heute sind die Türen eine Viertelstunde vorher immer noch geschlossen. Die Besucher drängeln sich ungeduldig im Foyer. Ich stelle mich, weil ich Ansammlungen parfümierter Menschen möglichst meide, abseits an einen Ecktisch, auf dem Zeitungen ausgelegt sind. Gestern, so lese ich auf einer Titelseite, demonstrierten Tausende Thüringer mit brennenden Kerzen, um vor einer Wahl des roten »kommunistischen Stasi-Belebers Bodo Ramelow« zu warnen. Und in einer die halbe Seite füllenden Anzeige fordern Träger des Thüringer Verdienstordens – unter anderem der Schriftsteller Reiner Kunze und der Jungunternehmer Stephan Schambach – die Abgeordneten auf, durch ihre Wahl zu verhindern, dass einem Ministerpräsidenten der Linken, »den Gefängniswärtern von gestern, die Schlüssel wieder ausgehändigt werden«.

Als die Fans 10 Minuten vor ultimo endlich hineingelassen werden, hektisch schubsend ihre Plätze gefunden haben, Axel Prahl zwar fast pünktlich auf der Bühne erscheint, aber die Orchesterstühle leer bleiben, schimpft ein Mann neben mir: »Kaum sind die Linken dran, klappt im Freistaat wieder nischt mehr.«

Axel Prahl entschuldigt seine Musiker mit einer »Fahrverspätung von Rügen«, dann mit »Verwechseln der Uhrzeit und dem Weihnachtsmarkt«. Nach den ersten zur Gitarre gesungenen Liedern verhaspelt er sich, als er in einem Nebensatz sagen will, dass heute die Linken, »… also die sind jetzt in Thüringen … also im Landtag …«. Die Zuhörer verstehen ihn trotzdem, und einige klatschen verhalten. Frenetischer Beifall dagegen, als er das »großartige Erfurter Publikum« zum Mitsingen auffordert: »Es ist schön, gemeinsam ein Lied zu singen.« Einmal, zweimal, dreimal. Alle erheben sich. Ich habe wieder einmal das Gefühl, nicht zur Mehrheit zu gehören. Nur ein Pärchen in der Reihe vor mir bleibt ebenfalls sitzen. In der Pause warte ich, bis der Mann zur Toilette geht. Ich wasche mir lange die Hände und frage, weshalb seine Frau und er sitzen geblieben sind. »Wir stehen weder vor Merkel noch vor Herrn Gysi und auch nicht bei Axel Prahl auf. Dieses Ritual ist für uns seit 89 endgültig passé.« Mehr sagt er nicht. Nur, dass er, Karl Breuer, bald 63 wird und Einrichter in der Erfurter Schuhfabrik »Paul Schäfer« war. Kein Wort zur neuen Regierung.

Nach der Pause singt Axel Prahl vom »Tanz auf dem Vulkan« und »Es fährt ein Schiff auf hoher See, und keiner weiß, wohin …«.

Am nächsten Morgen stehen meine Stiefel neben dem Graben. In einem steckt eine kleine Flasche Wurzelpeter. Nikolaustag.

Der Kräuterlikör wird meine Rettung, als Richard, ein 60-jähriger ehemaliger Monteur bei Simson, fluchend aus dem Wald kommt. Richard, wie immer sorgfältig rasiert, aber auch wie immer mit am Hintern aufgerissener Manchesterhose bekleidet, sucht seit vielen Jahren vergeblich eine feste Arbeit. Er lebt, wie er manchmal verlegen sagt, von den Hartz-IV-Almosen und holt Tag für Tag mit seinem klapprigen Leiterwagen Holz aus dem Wald. Gewöhnlich beklagt er sich bei mir nur über die neuen Reichen, die sich am Ortsrand von Suhl schöne Häuser bauen lassen, nicht aber sein Holz kaufen, weil es für ihre Kamine angeblich zu dünn ist. Heute aber flucht er über alles. Über den Holzplan des Landes Thüringen, der die Forstleute zwingt, auch im Frühling Bäume zu fällen. Über die Quads, die, von Polizei oder Förstern unkontrolliert, die Waldwege kaputtfahren. »Schlimmer als damals die Russenpanzer!«

Richards Handwagen, beladen mit meterlangen Buchenstämmen, ist heute auf einer der Fahrrinnen des geschundenen Waldweges zusammengebrochen.

Also öffne ich den Wurzelpeter. Den ersten Schluck trinken wir auf Richard und seinen Wunsch nach einer festen Arbeitsstelle. Vor dem zweiten frage ich: »Auf die Neuen in Erfurt?« – »Nee, auf die nicht. Der rote Ramelow hat auch keinen Goldesel, der ihm Euros für die Haushaltskasse scheißt.« Und deshalb würde auch er keine zusätzlichen Polizisten einstellen, die die Quadterroristen im Wald zur Ordnung rufen, und könnte auch den Holzplan nicht ändern.

»Gut, er hilft vielleicht den Flüchtlingen, aber die bringen Thüringen kein Geld, die brauchen welches.« Außerdem verstünden die Roten wenig von der Wirtschaft, behauptet er. »Sonst wäre die DDR ja wohl nicht pleitegegangen.«

Ich hole ihm meinen Leiterwagen. Er lädt das Holz um, und obendrauf packt er seinen zerbrochenen Wagen. Als Richard mit der wackligen Fuhre im Dorf verschwunden ist, entdecke ich von weitem Frieders spitzen Hut.

Er sei nur gekommen, um sich zu erkundigen, ob mir das Axel-Prahl-Konzert gefallen hat. »Mir hat er zwischen den Liedern zu viel gequatscht.«

Ungläubig frage ich: »Du hast noch eine Karte bekommen?«

»Nu pass mal gut auf, ich muss dich da mal schlaumachen: Der Freund meines Bruders ist 1997 unter den Gutachtern gewesen, die die Alte Oper wegen Sicherheitsmängeln schließen ließen.« Natürlich hätte man die Mängel auch beheben können. Aber den damaligen Ministerpräsidenten Vogel hätte erstens das Gerippe des nicht fertiggebauten DDR-Kulturhauses, des »Schiffshebewerkes«, gestört, und zweitens soll er ein leidenschaftlicher Opernfreund gewesen sein. »Also musste sowohl das Schauspielhaus als auch die Alte Oper in Erfurt geschlossen werden, um eine repräsentative Oper bauen zu können. Als die fertig war, konnte in der Alten Oper, die inzwischen privatisiert wurde – wer dadurch wie viel verdient hat, weiß selbst der Freund meines Bruders nicht –, also da konnten nach einigen Reparaturen wieder Konzerte stattfinden. Tja, wenn ein Thüringer Ministerpräsident Opern liebt …«

Und er will wissen, welche künstlerischen Vorlieben der neue Ministerpräsident hat. Ich kenne sie nicht.

»Vielleicht mag er Dramen«, meint Frieder. »Mit einer Stimme Mehrheit regieren! Ob die Grünen und die Sozis dichthalten, wenn es ums Eingemachte geht? Vielleicht läuft schon einer mit dem Dolch im Gewand herum … Einer von den eigenen Leuten, der keinen Posten in der neuen Regierung erhalten hat.«

»Rede nicht so einen Scheiß! Mich interessiert im Moment nur, ob wir endlich das Leck in der Leitung finden.«

Frieder grinst. »Davon redete ich doch gerade!«

Am Nachmittag werde ich nach Weimar zum Thüringer Hochseefischer-Stammtisch fahren. Dreimal im Jahr treffe ich mich dort mit mehr als 100 ehemaligen Fischern aus der DDR. Wir hatten bei der zweitgrößten Hochseefischerei-Flotte der Welt gearbeitet. Von ihr sind nach der Wiedervereinigung drei Schiffe unter isländischer Flagge übriggeblieben. Und die Erinnerungen. Die frischen wir regelmäßig bei Bier und Schnaps auf.

Ich frage Frieder, ob er mitkommen will.

»Nee. Ich werd seekrank, wenn's irgendwo zu heftig schaukelt.«

Es schaukelt erst beim vierten Korn. Nach dem fünften, den mir mein früherer Schiffskoch spendiert, ertappe ich mich, dass ich Einzelheiten des Semannstreffens trunken und nach Frieders krummer Art symbolisch auf die Politik übertrage. Zuerst versteigern wir lautstark Ladenhüter: die Leuchten eines pleitegegangenen Unternehmens. Zugunsten des neuen Seenotrettungsdienstes! Danach läuft ein Dokumentarfilm über die Schinderei an Bord der Fang- und Verarbeitungsschiffe, die gleichzeitig eine nie zuvor und nie mehr danach empfundene Gemeinsamkeit schuf. Alle in einem Boot …

Schiet Symbolik! Ich trinke nur noch Kaffee, hole das Notizbuch aus der Tasche und will von meinen Tischnachbarn – Dieter Nohr, früher Matrose, Rudolf Voss, seinerzeit Bootsmann, und Thomas Schultz, einem der besten Netzmacher – wissen, was sie über die neue Thüringer Regierung denken.

Dieter, der inzwischen bei Mellingen in zwei Becken Forellen, Barsche und Welse züchtet, fragt schlitzohrig: »Bodo Ramelow, das ist doch einer von der Linkspartei. Die war früher PDS und noch früher SED. Also ein Kommunist?

Ein Kommunist wie Honecker. Erich regierte zwar nach heutigen Koordinaten außer Thüringen gleichzeitig noch Sachsen, Sachsen-Anhalt, Brandenburg und Mecklenburg-Vorpommern, aber Chef ist allemal Chef! Bodo und Erich …«
Ob ich vergessen hätte, wie es früher bei Staatsbesuchen war.

Bevor sie mir was erzählen, soll ich 'ne Runde ausgeben, und außerdem wollen sie noch mal die Geschichte vom Staatsbesuch im Volkseigenen Fischkombinat Rostock-Marienehe hören. »Zur Erinnerung, wie es damals bei den Roten war!«

Der ehemalige Politoffizier Hans-Georg Weil, auf dem Dampfer wurde er wie alle seiner Art »Linksaußen« genannt, setzt sich zu uns.

»Wie oft denn noch«, frage ich, aber als ich ihre schon in Vorfreude grinsenden Gesichter sehe, gebe ich nach. »Also der Honecker hatte sich rechtzeitig zum Staatsbesuch angemeldet. Auf Weisung der Kombinatsleitung begannen wir sofort, Bordsteinkanten zu streichen, Stiefmütterchen zu pflanzen, Fähnchenschwenken zu üben und Sprechchöre einzustudieren. So weit, so gut. Zwei Tage vor dem Staatsbesuch jedoch hatte ein Mitglied der Kombinatsleitung eine schreckliche Ahnung: Was machen wir, wenn der Staatsbesuch unsere Schiffe sehen will? Die Schiffe trugen wie immer die Zeichen schwerer Kämpfe mit den Naturgewalten: Rost statt Farbe. Da ordnete der Genosse Kombinatsdirektor an. Erstens: Die entladenen Schiffe werden zu Erkundungsfahrten in die Ostsee geschickt! Zweitens: Die übrigen gehen einstweilen auf dem Schrottsammelplatz des Kombinats vor Anker. Drittens: Das Schiff, das für die Ordensverleihung vorgesehen ist, muss sofort gestrichen werden! Doch obwohl die Betriebskampfgruppe und sowjetische Soldaten zu den Verschönerungsarbeiten hinzugezogen wurden, hätte der Anstrich nicht rechtzeitig fertig werden können. Da machte ein verantwortlicher Genosse des Zentralkomitees den rettenden Vorschlag: Wir streichen den Dampfer nur von der Landseite!

Vier Tage nach dem Staatsbesuch lief der ›Hälfte hui und Hälfte pfui‹-Dampfer zur großen Fahrt aus. Als einige Matrosen maulten, dass sie nicht auf Karnevalskähnen fahren würden, versicherte der Genosse Reparaturdirektor, dass die Farbe spätestens in einer Woche wieder abgeplatzt sei.«

»Ja, so war es eben bei uns Kommunisten«, bestätigt der Politnik.

Und Dieter Nohr: »Glaubst du, heute werden die Straßen nicht gekehrt, verfallene Häuser nicht hinter Bauplanen versteckt und die Kruzifixe nicht auf Hochglanz poliert, wenn Bodo Ramelow, die Merkel oder der Papst sich zum Besuch anmelden? Aber du wolltest wissen, wie wir über die linke Regierung denken. Im Moment hoffe ich nur.«

Im vergangenen Jahr sind ihm einige Tonnen Fische verendet, als das Hochwasser sie aus ihrem gewohnten Gefängnisbecken in die ungewohnte Freiheit schwemmte. Nun hofft er, dass die neue Regierung ihm den Rest der Hochwasserschäden bezahlt.

Außerdem begrüßt er das von der Linken versprochene kostenlose Kindergartenjahr. »Man kann von gefangenen großen Fischen schwärmen, doch essen wirst du sie erst, wenn sie in der Pfanne braten.«

Rudolf Voss, heute Holzhändler in Tambach-Dietharz, hilft ihm seit Monaten, die beschädigten Becken zu reparieren. »Ich habe FDP gewählt. Die ist nun nicht mehr im

Landtag. Ich bin nicht für die Linke, aber jeder sollte fairerweise seine Chance haben.«

»Der Bodo Ramelow ist nicht nur Kommunist, der ist auch strenggläubig. Und ich hab was gegen Pfaffen«, sagt Thomas Schultz.

Der ehemalige Politnik hat genauer hingesehen: »Bei der Vereidigung hat er nicht ›So wahr mir Gott helfe‹ gesagt. Er will's wohl selber hinkriegen.«

»Aber ob er bei Sturm ein guter Käptn ist, muss er noch beweisen. Die Lieberknecht ließ sich das Ruder ja von Leuten aus der Hand nehmen, die für Doppelgehalt angeheuert haben oder keinen Kurs halten konnten«, meint Thomas.

Zwischenruf vom Nachbartisch: »Hey, was soll das Gerede. 50 Prozent der Thüringer sind nicht mal zur Wahl gegangen, aber ausgerechnet die zerreißen sich jetzt das Maul.«

Thomas unkt weiter: »Und wenn die nur noch als Landratten am Kai arbeitenden Kollegen von der CDU und die unerfahrenen AfD-Aufsteiger die Ladung schief vertäuen oder ein Meuterer aus der eigenen Mannschaft das Ruder blockiert, kannste als Kapitän nur noch heldenhaft brüllen: Alle in die Boote, ich gehe mit dem Kahn unter.«

Ende der Coffeetime. Wir trinken wieder auf den Landgang in Labrador und das Fischen vor Angola. Auf die Äquatortaufe, die Rekordfänge von Makrelen …

Am nächsten Abend feiert der Dorfarzt von Dietzhausen, MR Dr. Wolfgang Geiger, seinen 75. Geburtstag im ehemaligen Kloster von Rohr. Am Vormittag hatte er mir noch mit Tabletten gegen Kopfschmerzen von der gestrigen Seemannssause ausgeholfen.

Seine verstorbene Frau war Ärztin in Dietzhausen, sein Sohn ist Arzt in Dietzhausen, seine Tochter ist Ärztin im Nachbarort Rohr. Und er arbeitet noch mit 75 Jahren! In der DDR war er Mitglied der LDPD.

Etwa 50 Verwandte, Kollegen und Freunde sitzen an der langen Tafel. Eine würdige Feier für den Jubilar. Nur eine Frau mit kurzen schwarzen Haaren – wahrscheinlich eine Bekannte der Geiger-Dynastie – bringt für kurze Zeit Kümmernis in die Erinnerungsgespräche. Wegen akuter Schmerzen im Knie bittet sie den alten Doktor, der die Überweisung ausgestellt hat, um Hilfe, damit sie, obwohl nicht privat versichert, bereits im nächsten Monat einen MRT-Termin erhält. Er schüttelt hilflos den Kopf. Danach bedauern die Tochter und schließlich auch der Junior. Im Umkreis von 80 Kilometern werden sie in den nächsten Wochen keinen Termin organisieren können.

Die kleine Frau bemerkt die Verstimmung der Geburtstagsgäste und erzählt lachend, dass sie vor 30 Jahren schon nach zwei Wochen eine künstliche Hüfte erhalten hat, obwohl man in der DDR oft jahrelang darauf warten musste. Sie hatte gedroht, nicht zur Volkswahl zu gehen. »Drohe heute mal: Wenn ich keinen MRT-Termin bekomme, werde ich nicht wählen!«

Am lautesten lachen die Geburtstagsgäste aus den alten Bundesländern.

Als ich am Morgen aufstehe, hat Volker bereits ein flaches Loch ausgebaggert und ist verschwunden.

Später kommt Frieder. Wir schachten mit dem Spaten, um die Wasserleitung unter dem Elektrokabel freizulegen, sie absperren und danach feststellen zu können, ob sich das

Leck schon in den ersten 600 oder in den restlichen 300 Metern befindet.

»Täglich 1,3 Kubikmeter Wasser, dafür bekommst du fast sechs Flaschen Schwarzbier«, rechnet Frieder.

»Oder vier und ein Gehacktesbrötchen«, sage ich schlechtgelaunt. Danach erzähle ich von der Geburtstagsfeier und dem MRT-Termin. Das kennt er. Er habe es vom vielen Schachten im Rücken. Doch er und sein Freund Olaf haben aus der Not eine Geschäftsidee entwickelt. Weil Olaf einen »Arzt mit Beziehungen« kennt, hätten sie einen kleinen Nebenverdienst.

»Der Arzt organisiert einen MRT-Termin, und mein Freund Olaf versteigert ihn im Internet.«

Ich glaube es nicht.

»Also, nu pass mal gut auf: Der Olaf stammt aus meiner Gegend, dem Teufelsmoor.«

»Teufelsmoor?« Kenne ich nicht.

»Aber Worpswede kennste? In der Nähe, am Rande vom Teufelsmoor, hat auch Bodo Ramelow seine Kindheit verbracht.« Deshalb könne er mir erklären, weshalb der so geworden ist, wie er heute ist.

»Das Teufelsmoor und dazwischen die Hamme, im Winter ist sie zugefroren, da konntest du als Kind kilometerweit übers Eis flitzen. Wahrscheinlich ist auch der kleine Bodo damals aufs Eis gegangen.« Es ist das größte Torfmoor Deutschlands. Die ersten Kolonisatoren versuchten es vor rund 400 Jahren mit Schaufel, Spaten und Pickel urbar zu machen. Viele kamen dabei um. Der Boden ist wenig ertragreich. Die Siedler kämpften um die kleinen Ackerflächen. Schließlich verkauften sie Torf als Brennmaterial. »Mit über tausend kleinen Segelschiffen brachten unsere Vorfahren den Torf bis nach Hamburg, Bremen und Kiel.«

»Schiffe mit roten Segeln?«, frage ich grinsend.

»Nee, mit geteerten schwarzen.«

Hunderte Millionen Tonnen Torf wurden bis zum 20. Jahrhundert aus dem Teufelsmoor herausgeholt. »Zu viel gestochen und zu viel verkauft. Es ist kaum etwas geblieben. Torf wächst nun mal nicht nach. Das haben die Nachfahren der Kolonisatoren zu spät begriffen.«

Was das alles mit Bodo Ramelow zu tun hat?

»Weil der es als einer vom Teufelsmoor inzwischen begriffen hat.«

Ich schaue ihn verständnislos an.

»Also, ich muss dich mal schlaumachen, mein Lieber: Bodo Ramelow weiß genau, er muss in Thüringen erst was aufbauen, bevor er was abbauen kann. Dann bleibt Thüringen reich. Man nennt das Werte schaffen.

Er wird zuerst, das kann ich dir schon heute sagen, mit den Chefs von 50hertz und Trianel verhandeln. Die braucht er für die wichtigsten gewinnbringenden Investitionen: die Stromtrasse und das Pumpspeicherwerk. Nicht nur wegen der Bauaufträge und der Arbeitsplätze. Nee, der Wert ist der im Pumpspeicherwerk erzeugte Strom, der macht Thüringen später reich. Und dann hast du was für Schulen oder so.«

Deshalb, so unkt Frieder, werde Bodo Ramelow nur halbherzig gegen Trassen und Pumpspeicherwerk reden, aber »zum ökonomischen Nutzen Thüringens« handeln. Außerdem natürlich auch ein wenig zu seinem eigenen Nutzen. »Stell dir mal vor, der würde jetzt als Erstes die von der früheren CDU-Regierung geholten milliardenschweren Unternehmen wie Trianel und 50hertz abblitzen lassen. Darauf warten Merkel, Seehofer und andere doch nur. Die Linke als Investorenschreck! Also macht er das Gegenteil. Er ist einer vom Teufelsmoor.«

Als Kind habe er Bodo Ramelow nicht gekannt. »Wie auch? Er ist nach Rheinhessen gezogen.«

Ausgerechnet in der Wüste, in der Sahara, sei er ihm begegnet, als der Ramelow mit 5 anderen Touristen und 6 Kamelen 14 Tage auf dem alten Karawanenweg von Marokko nach Timbuktu gezogen ist. »Ich war damals in Algerien für das Tränken und Satteln der Kamele zuständig, und Bodo Ramelow war schon ein hohes Tier in der PDS. Er hat nur einen Tag auf dem Kamel gesessen. Sonst ist er gelaufen. Er schwärmte von der grenzenlosen Weite, dem Gefühl der unendlichen Freiheit. Einen Satz habe ich mir ungefähr gemerkt: Die Wüste wächst unaufhörlich. Wehe, wenn man Wüsten in sich trägt.«

Ich glaube ihm weder die Teufelsmoor-Kolonisatoren-Wertschöpfungsgeschichte noch die von der Wüste. Ich sage nur: »Du spinnst.«

Beleidigt steigt er aus dem Graben, und ich esse zwei Tage lang die Gehacktesbrötchen allein. Am dritten Tag trinkt er, bevor wir hinunterklettern, zwei Schwarzbier und behauptet, ohne einen Widerspruch zu dulden: »Bodo Ramelow war in der Wüste!«

Ich würde Bodo Ramelow gern danach fragen. Doch erstens habe ich ihn lange nicht gesehen, und zweitens ist er, so melden gerade die Medien, anstatt endlich zu regieren, mit seiner Frau nach Venedig gefahren.

Mir fällt ein, dass die Suhler Landtagsabgeordnete Ina Leukefeld, die schon viele Jahre mit Bodo Ramelow zusammenarbeitet, noch Schulden bei mir hat. Um sie damit im neuen Jahr nicht in Verlegenheit zu bringen, sage ich am Telefon, würde ich mir das Geld abholen.

Ihr Wahlkreisbüro befindet sich in der Suhler Rüssenstraße (dort wohnten keine »Rüssle«, also Russen, sondern in der Rüsse mussten die Flachspflanzen so lange faulen, bis nur noch die Fasern übrigblieben). Das Bürohaus im Lichtschatten von DDR-Plattenbauten hat die Linke von Herrn Marx aus Passau gemietet.

Ina Leukefeld glaubt nicht, dass Bodo Ramelow als stellvertretender Vorsitzender der PDS-Bundestagsfraktion zu seiner Erbauung mit einer Kamelkarawane durch die Wüste gezogen ist.

Doch sie nickt, als ich sie nach seiner Kindheit am Teufelsmoor frage. Weil er unter Legasthenie litt, der Lese- und Rechtschreibschwäche, über die man damals nicht viel wusste, sei er von den Mitschülern gehänselt worden. »Da gibst du auf oder wirst eine Kämpfernatur – und später Ministerpräsident.«

Als sie bemerkt, dass ich ihre Antworten notiere, erkundigt sie sich, weswegen ich überhaupt danach frage.

Ich zucke mit den Schultern. Vielleicht kann ich es für den Artikel brauchen.

Dann, sagt sie, soll ich auch ihre »DDR-Vergangenheit« erwähnen. »Ich habe inoffiziell bei der K1 gearbeitet, einer speziellen Abteilung der Kripo!« Vor ihrer Kandidatur für den Thüringer Landtag hat sie das offengelegt und ist von den Suhlern trotzdem dreimal als Direktkandidatin, selbst gegen prominente CDU-Leute wie den ehemaligen Thüringer Finanzminister Voß, in den Landtag gewählt worden.

Obwohl sie als arbeitsmarkt- und sozialpolitische Sprecherin der Linken gute fachliche Voraussetzungen hat, wusste sie schon während der Koalitionsverhandlungen, dass sie unter Bodo Ramelow weder Staatssekretärin noch Ministerin werden wird. »Er versicherte immer wieder, dass für seine Regierung niemand mit Stasi-Beziehungen in Frage kommt. Als Ministerin für Arbeit und Soziales holte er Heike Werner aus Sachsen nach Thüringen.«

»Hat dich das gewurmt?«

»Da musst du drüberstehen und dir sagen: In der Politik ist man als Indianer vielleicht wichtiger als ein Häuptling. Man guckt nicht vom Berg herunter, sondern müht sich in der Ebene.«

»Vielleicht ist Bodo Ramelow doch durch die Wüste gelaufen?«, sinniere ich. »Und jetzt die Predigt auf dem Berg?«

Statt darauf einzugehen, erklärt sie mir, dass sie in der Regierung manches erreichen können, was zuvor unmöglich schien. »Schon vor 5 Jahren haben Bodo und ich zusammen geträumt, was man verändern müsste. Inzwischen kalauert er immer öfter: Ich hab mit der Ina ein Ding zu laufen.«

»Du ein Ding mit Bodo?«

»Wir wollen Langzeitarbeitslose in einem öffentlichen Beschäftigungssektor wieder in Lohn und Brot bringen. Ihnen Selbstbewusstsein und Würde zurückgeben. In dieser Wahlperiode vorerst 3000. Und Mindestlohn zahlen, damit sie, ohne aufstocken zu müssen, von ihrer Arbeit leben können.«

»Das wird das Land Millionen kosten.«

»Wir werden bei Schäuble Geld für dieses bundesweite

Pilotprojekt beantragen, selbst wenn er Rot-Rot-Grün nicht liebt.

Jetzt müssen wir nicht mehr wie als Opposition bei den regierenden CDU-Ministern und Staatssekretären bitten und betteln, um einen Vorschlag von uns diskutieren oder gar umsetzen zu dürfen. Jetzt haben wir Abgeordneten der Linken plötzlich kurze Wege. Da gehst du einfach zum Staatssekretär oder zur Ministerin und sagst: Wir müssen uns mal gemeinsam kümmern, dass …«

Natürlich würde das nicht immer so klappen wie an ihrem 60. Geburtstag. »Ich saß im Plenum. Es war der 12. Dezember. Bodo hatte gerade seine erste Regierungserklärung gehalten. Da simste der Suhler Oberbürgermeister sinngemäß: Späte Rache der Schwarzen. Haushalt im Landesverwaltungsamt nicht genehmigt. Kein Baubeginn am Portalgebäude möglich. Finanzstopp …«

Schon vor der Wahl hätten die Suhler CDU und die Linke über die Zukunft des Portalbaus vom ehemaligen Kulturhaus gestritten. »Die CDU und ihr Spitzenkandidat Voß wollten abreißen. Wir wollten ihn erhalten und vielleicht zum Stadtarchiv umbauen. Der Stadtrat entschied sich für Erhalten. Baubeginn nach genehmigtem Haushalt. Das sah alles gut aus.

Ich leitete die SMS mit der Hiobsbotschaft an Bodo weiter, der auf der Regierungsbank neben der Finanzministerin saß. Nach einem kurzen Gespräch mit ihr simste er: Schon erledigt und geklärt. Gruß Bodo. – Natürlich war das Problem damit nicht geklärt, aber wenigstens in den Köpfen gespeichert.«

Trotzdem hegt sie keine allzu großen Erwartungen, vor

Die neue Thüringer Landesregierung (von links nach rechts): Sozialministerin Heike Werner (Linke), Landwirtschaftsministerin Birgit
Keller (Linke), Bildungsministerin Birgit Klaubert (Linke), Umweltministerin Anja Siegesmund (Grüne), Justizminister Dieter Lauinger
(Grüne), Ministerpräsident Bodo Ramelow (Linke), Staatskanzleichef
Benjamin-Immanuel Hoff (Linke), Finanzministerin Heike Taubert
(SPD), Wirtschaftsminister Wolfgang Tiefensee (SPD) und Innenminister Holger Poppenhäger (SPD)
© dpa Martin Schutt

allem wenn es ums Geld geht. »Jeden Monat lade ich Hartz-
IV-Empfänger in Suhl zum Arbeitslosenfrühstück ein. Essen, trinken und reden. Als Bodo Ramelow gewählt war,
drückten mir einige die Hand und sagten: Ina, Die Linke
war schon immer gegen Hartz IV. Jetzt könnt ihr in Thüringen diesen menschenunwürdigen Spuk beenden! – Mit-
streiter in Bürgervereinen erwarten, dass Rot-Rot-Grün nun
die Trassen über den Rennsteig verhindern. Manche hoffen,
dass die Renten in Ost und West – auch eine Forderung der
Linken – endlich angeglichen werden. Doch das sind Bun-

desgesetze. Thüringen hat 16 Milliarden Schulden. Mehr als seinerzeit die DDR. Die Banken verdienen umso mehr, je höher die Schulden sind. Man müsste sie verstaatlichen, denke ich. Aber auch eine Regierung unter einem roten Ministerpräsidenten muss die Banken bedienen. Das nennt man erzwungene Diplomatie. Genau wie bei der Wohnungsbaugenossenschaft (GEWO) in Suhl. Die gehört zu 100 Prozent der Stadt und hat auch eine soziale Verantwortung. Man kann die Hartz-IV-Leute dort nicht einfach rausschmeißen. Wo sollen sie wohnen, wenn nicht in den kommunalen Blocks? Aber die GEWO war mit 50 Millionen verschuldet. 21 Millionen übernahm die Stadt. 29 Millionen die Bank. Und nun diktiert die Bank, ähnlich wie die EZB in Griechenland, wie viele Mitarbeiter einzusparen, also zu entlassen sind. Und dagegen kann auch der Ministerpräsident nichts machen!«

»Was ist unter Rot-Rot-Grün zu verändern?«

»Vielleicht gelingt uns eine ehrlichere, für alle durchschaubarere Politik.« In der DDR hätten sich die Bürger nicht mehr für die Politik der SED und der übergehorsamen Blockparteien interessiert, weil sie die Kluft zwischen den euphorischen Verlautbarungen und den traurigen Tatsachen des Alltags nicht mehr ertragen konnten. Inzwischen würden viele auch den neuen Politikern misstrauen. »Denn was, wie und worüber die Politiker reden, das hat wenig mit dem Leben der Leute zu tun. Es ist nur noch ein politisches Kauderwelsch zur Machterhaltung.«

»Und was werdet ihr den Bürgern sagen?«

»Wir dürfen als Dreier-Koalition nichts diplomatisch verschleiern oder verschweigen, nichts beschönigen, selbst wenn die auszusprechenden Wahrheiten unbequem sind, weil wir uns getäuscht haben.« Als ich mir diesen Satz in meinem Notizbuch rot unterstreiche und ein Ausrufezeichen danebensetze, fragt sie: »Ist solch ein Politikstil unmöglich?«

Ich sage ihr, dass ich keine Regierung kenne, die Fehler öffentlich und ohne relativierende Ausrede zugegeben hat.

Sie wechselt das Thema. »Opposition ist viel leichter. Da kannst du kritisieren. Aber wenn du selbst regierst … Ich will doch öffentlich nichts gegen die eigene Regierungspolitik sagen.«

»Also abducken?«

»Nein. Als bei den Koalitionsverhandlungen ein Bekenntnis der Linken zur DDR als ›Unrechtsstaat‹ nötig wurde, habe ich öffentlich dagegen polemisiert, weil …« Doch darüber müssten wir jetzt nicht mehr diskutieren. »Wir sind mit diesem Experiment zum Erfolg verurteilt. Wenn wir scheitern, geht's in Thüringen nach rechts.« Es sei ja nicht so gewesen, dass die Thüringer mit großer Mehrheit eine rot-rot-grüne Regierung unter Bodo Ramelow wollten und wählten. 2009 wäre eine satte Mehrheit zustande gekommen. 51 Abgeordnete für Rot-Rot-Grün und nur 37 für CDU und FDP. Aber seinerzeit wollten SPD und Grüne noch nicht mit der Linken koalieren. Und heute müssen sie mit 46 gegen 45 regieren.

Sie ist überzeugt, dass Bodo Ramelow genügend Mut und Durchsetzungsvermögen hat, damit es gelingt. »Er muss nur ab und an sein Temperament ein wenig zügeln. Und nicht, wenn er unrecht hat, auf seiner Meinung beharren!«

Als ich sie nach seinen typischen Charaktereigenschaften frage, erzählt sie, dass ihre Tochter einen seltenen roten Stein aus Norwegen mitgebracht hat. »Das weiche Wasser des Flusses hat ihn zwar glattgeschliffen, aber trotzdem erkennt man noch Schrammen und Einlagerungen. Er passt also zu Bodo. Nach der Wahl habe ich ihm den Stein geschenkt und gesagt: Trag ihn immer in deiner Jackentasche. Er wird dir Kraft geben für die Auseinandersetzungen. Er wird dich besänftigen, wenn du aufbraust, und er wird dich, solltest du abheben, auf die Erde zurückholen.«

Ich frage, was er davon am meisten brauchen kann.

»Der Stein wirkt nur im Dreiklang.«

Nun bitte ich sie doch, mir einen Kontakt zu Bodo Ramelow herzustellen. Sie nickt und bezahlt ihre Schulden für die Solidaritäts-CDs, mit deren Erlös wir strahlengeschädigten Kindern von Tschernobyl helfen.


Beim Rückweg komme ich an den drei schottischen Hochlandrindern von Karl Dietl vorbei, die auch im Winter auf der Weide im Seßlestal stehen. Die Braune hat gekalbt. Ich rufe ihn an, und er sperrt Kuh und Kalb separat in ein Gatter und gabelt Heu in die Raufe. Die anderen beiden müssen die Dezemberreste des kargen Weidegrases suchen.

Ich hacke Holz, um mir Feuer zu machen, und lese die Post der vergangenen Tage. Eine Anschrift lautet: »Dietzhausen – Suhl, Volksdemokratische Republik Thüringen«. Roland Lattemann, Klempnermeister aus Neunhofen, prophezeit ironisch: »Es geht mit dem schönen Seßlestal nun zu Ende. Die Roten werden mit ihrer Regierung dem ganzen Land den Garaus machen. Nehmt also die letzten guten Tage noch mit viel Freude und Genuss auf ...« In einem mitgeschickten Leserbrief, den eine kommunale Thüringer Zeitung veröffentlichte, schrieb er: »Wenn ein Herr Mohring schon wenige Minuten nachdem Herr Bodo Ramelow zum neuen Ministerpräsidenten des Landes Thüringen gewählt worden war, ankündigt, dass er alles tun werde, um die Regierungszeit der Linken schon vor Ablauf der Legislaturperiode zu beenden, ohne dass er abwartet, ob dies aus der Sicht des Volkes überhaupt notwendig sein wird, dann ist er nicht nur ein schlechter Verlierer, sondern ein noch schlechterer Demokrat.«

Helmut Püpcke, ehemaliger Gymnasiallehrer in Frankfurt/Main, der aus politischen Gründen schon vor 1961 aus Halle in den Westen gegangen war, gratuliert zur neuen Regierung: »Meinen herzlichsten Glückwunsch zur Wahl Bodo Ramelows zum thüringischen Ministerpräsidenten! Er gehört zu den ganz wenigen Politikern, die einen Sargnagel der deutschen Demokratie beklagen, nämlich den eklatanten Rückgang der Wählerbeteiligung. Wenn nur noch die Hälfte der Wahlberechtigten ihr Wahlrecht wahrnimmt, sollte man auch in Deutschland das Recht zur Pflicht machen (wie in Belgien). Denn am Wahltag hängen wir auf der Chaiselongue, weil's regnet, oder feiern am Grill, weil die Sonne scheint, und verraten ein weiteres Mal den letzten Rest von Demokratie.«

Klaus Liebscher, ein ehemaliger Kommilitone an der Fakultät für Journalistik in Leipzig, schreibt mir warnend: »Der Genosse Bodo Ramelow wird, wenn es um Sein oder Nichtsein der neuen Koalition geht, alle Ideale der Linken, außer dem Kampf gegen die Nazis und die Solidarität mit den Asylanten, der neuen Macht opfern …«

Abends besucht mich Frank Quilitzsch. Er schreibt über

seinen Vater, der viele Jahre in der Moskauer DDR-Botschaft gearbeitet hat. Als der Vater nach der Wende Bücher las, in denen die Verbrechen Stalins und anderer kommunistischer Führer dokumentiert waren, bezeichnete er sich als einen »unnützen Menschen«. Einen, der rückblickend sein Leben in der DDR als sinnlos empfand.

Ich erzähle Frank von meinen Beobachtungen nach der Wahl des »roten Bodo Ramelow«, den Briefen und der Hoffnung einiger Linker, dass dieses Regierungsbündnis vielleicht als ein Versuch genutzt werden könnte, in einer demokratischen Gesellschaft sozialistische Ideen – ein sozial gerechtes und ökologisches Miteinander – auszuprobieren.

»Schreib das auf! Vielleicht in einem Buch ›Der neue Erste‹ oder ›Der Rote‹«, sagt Frank.

Wir trinken an diesem Abend viel Wodka.

## Vom versäumten Anruf des Ministerpräsidenten, meiner Verwandlung in einer Erfurter Suppenküche und einem präparierten Mufflon-Schädel im Vorzimmer der Ministerin

Zwei Tage später – ich stelle mein Handy meist auf stumm – schickt mir Ina Leukefeld eine vorwurfsvolle SMS: »Du musst aber auch drangehen, wenn dein Ministerpräsident anruft.«

Weil ich seinen Anruf nicht noch einmal verpassen will, lasse ich das Handy sogar an, als ich zu einem Krankenbesuch in die bayrische Herzklinik von Bad Neustadt fahre. Die modernen Klinikgebäude ähneln eher einem Erlebniscenter. Auf der Station will eine freundliche Schwester wissen, ob ich ebenfalls aus Thüringen komme wie der Patient. Als ich nicke, behauptet sie unvermittelt: »Mit den Kommunisten in Ihrer neuen Regierung werden wir in Bayern keine Probleme haben. Die Herzkranken aus Thüringen kommen weiter zu uns. Kranke interessieren sich nur, ob die Ärzte gut sind und das Essen schmeckt.«

Aber sie hätte während der Nachtschicht im Radio gehört, dass der rote Chef in Thüringen eine einheitliche gesetzliche Krankenversicherung bevorzugt, wie es sie in der DDR gab.

Gegen 21 Uhr klingelt das Handy.

»Hallo, Dichter, hier ist Bodo Ramelow.« Danach Schweigen, weil ich mich nicht entscheiden kann, ob ich »Guten Abend, Herr Ministerpräsident!« sage oder ihn wie früher noch mit »Genosse« und »Du« anspreche.

Der neue Ministerpräsident vor der Staatskanzlei in Erfurt
© Michael Reichel

Wir kennen uns an die 20 Jahre. Bodo Ramelow hatte 1995 die »Erfurter Erklärung« mit ausgearbeitet, die unter anderem auch Ulrich Plenzdorf, Friedrich Schorlemmer und Probst i.R. Dr. Dr. Heino Falcke unterschrieben. Es war ein rot-rot-grünes Programm, das mir Hoffnung für die Zukunft nach der Wiedervereinigung machte. Bei Lesungen und Diskussionen zitierte ich daraus »Ramelow'sche« Sätze:

»Die deutsche Einheit wird zum massivsten Umverteilungsprozess von unten nach oben seit Bestehen der Bundesrepublik missbraucht …

… Die Erwerbsarbeit der Zukunft muss auf gesellschaftlichen Nutzen und ökologische Nachhaltigkeit verpflichtet werden. Finanzierung von Arbeit statt Arbeitslosigkeit …

… Statt die ›Zwänge‹ der deregulierten Güter- und Kapitalmärkte als Schicksal hinzunehmen, brauchen wir eine Regierung, die handelt …

… Wir brauchen eine Regierung, die ohne inneres Feind-bild regiert.«

Wir hatten uns auch getroffen, als sich die Kali-Kumpel in Bischofferode mit dem allerletzten Mittel, dem gemein-samen Hungerstreik, gegen die willkürliche Schließung ih-rer Grube wehrten. Bodo Ramelow organisierte monatelang den Kampf der Kumpel, und ich las auf Solidaritätskund-gebungen und einmal auch vor den Hungerstreikenden, die ausgerechnet im Speisesaal des Betriebes schon den 63. Tag ohne Essen ausharrten.

Ich stottere, dass ich mich über seinen Anruf freue. Aber, dass ich … äh … ehrlich gesagt … äh … plötzlich Hem-mungen hätte, weil … äh … ich nicht mehr mit dem Ge-werkschafts- und Parteirebellen Bodo Ramelow, sondern mit dem ersten Repräsentanten Thüringens, dem Ministerpräsi-denten, spreche.

Er entgegnet, dass nicht nur ich, sondern auch er sich manchmal fragen würde, was mit ihm und um ihn herum geschehen ist.

Frühmorgens ständen die Personenschützer in seinem Hausflur, und auf der abgesperrten Straße warteten zwei Li-mousinen. »Im Autoradio meldet der Nachrichtensprecher: Das Thüringer Kabinett wird heute beschließen, dass …, und es dauert eine Weile, bis ich begreife: Der redet von mei-nem Kabinett.«

Aber ich bräuchte mir über Formalitäten keinen Kopf zu machen. »Schließlich hast du schon 1999 über mich ge-schrieben.« Bei der Erinnerung daran erwähnen weder er noch ich »Pinocchio«, den Namen, den Bodo Ramelow nach der Veröffentlichung zum »Unwort« erklärt hatte.

Damals war er der von der Regierung und einigen Wirtschaftsvertretern am meisten gefürchtete und am häufigsten verklagte Landtagsabgeordnete. Dabei hatte er nur das umgesetzt, was der ehemalige Sprecher des Landtages immer wieder behauptete: »Der Thüringer Landtag ist gläsern.«

Also veröffentlichte er im Internet Fakten aus dem Rechnungshofbericht, informierte über Stellen von Geschäftsführern, die ohne vorherige Ausschreibungen vergeben worden waren, über Missbrauch von Fördermitteln im Wirtschaftsministerium und stellte einen Kontoauszug der Thüringer Entwicklungsgesellschaft Südwest über angebliche Gelddepotüberweisungen nach Luxemburg ins Internet.

Der ehemalige Thüringer CDU-Wirtschaftsminister Schuster bezichtigte Bodo Ramelow daraufhin, sich »kommunistischer Methoden« zu bedienen. (Wobei das Öffentlichmachen von geheimen Informationen nicht unbedingt zu den typischen Merkmalen der kommunistischen Agitation gehörte.) Die Entwicklungsgesellschaft, die damals von Stefan Baldus geleitet wurde, verklagte ihn, drohte 100 000 DM Geldbuße an, und Ministerpräsident Vogel schimpfte, dass sich kein Unternehmer in Thüringen ansiedeln würde, wenn er Angst haben müsste, dass seine Geschäftsergebnisse von Herrn Ramelow im Internet veröffentlicht würden.

Dass ich über seine Internetenthüllung ausführlich geschrieben hatte, fand er gut. Weniger einverstanden war er mit meiner Beschreibung seines Äußeren. »Wenn ich ihn sehe, muss ich an die Pinocchio-Puppe denken. Zwar hat er keine lange, spitze Nase, aber etwas abstehende große Ohren, listig lustige Augen und zerfranste, in die Stirn gekämmte Haare.«

Am Telefon heute kein Wort davon. Stattdessen erzählt er über seine ersten Tage in der Staatskanzlei.

»Zuerst habe ich die Chefs des Thüringer Bauernverbands besucht. Obwohl der Bauernverband und das Landwirtschaftsministerium immer eine Domäne der CDU waren, haben wir die Probleme schnell und konstruktiv gelöst. Als ich einige Tage später in der Vollversammlung vor den Bauern sprach, gab es nicht nur langen Beifall, sondern einige würdigten meine Rede sogar mit stehenden Ovationen.«

Der Geschäftsführer des Bauernverbandes ist übrigens jener Stefan Baldus, der ihn seinerzeit als Chef der Entwicklungsgesellschaft Südwest verklagt hatte und mit dem er sich, als dieser CDU-Staatssekretär des Innen- bzw. Landwirtschaftsministeriums war, bis aufs Messer gestritten hat. »Nach der Versammlung gab er mir die Hand und bedankte sich für den Beginn einer sehr guten Zusammenarbeit.«

Wichtig sei für ihn auch der Besuch des Erstaufnahmeheimes für Asylbewerber in Suhl gewesen. »Die vorherige Landesregierung schickte immer mehr Asylanten nach Suhl, ohne sich um Mobiliar und Mitarbeiter zu kümmern. Wenn wir das Problem dort nicht lösen, manifestiert sich der Ausländerhass. Ich habe über eine Stunde mit dem Oberbürgermeister besprochen, wie wir Suhl bei diesem Problem finanziell unter die Arme greifen können. Wir müssen unsere Mittel so aufteilen, dass wir denen helfen, die uns bei der Unterbringung der Asylbewerber unterstützen.«

Als neuer rot-rot-grüner Ministerpräsident müsste er selbstverständlich auch mit den vielen schwarzen Chefs und Mitarbeitern in seiner Staatskanzlei auskommen, von denen manche schon unter Ministerpräsident Vogel gedient haben.

»Nur durch Parteienvielfalt funktioniert Demokratie. Also habe ich jedem erst einmal die Hand gegeben, mich auch bei denen bedankt, die in der CDU sind, und abschließend gesagt, wenn einer Probleme mit meiner Partei hat, gehen wir gemeinsam zum Personalrat. Irgendetwas finden wir.«

Ich erkundige mich nicht nach der Beseitigung von altem Filz in der Staatskanzlei und den Ministerien. Heute noch nicht.

Aber zum Schluss frage ich ihn: »Stimmt es, dass Sie … äh … dass du mit anderen Touristen und 6 Kamelen zwei Wochen lang auf der alten Seidenstraße nach Timbuktu durch die Wüste gezogen bist?«

»Ja, das war eine gute Zeit«, antwortet er und zitiert seinen Leitspruch von Nietzsche, den ich in abgeänderter Form bereits von Frieder gehört habe: »Die Wüste wächst: weh dem, der Wüsten birgt.«

Er will nicht wissen, woher ich seine Wüstengeschichte kenne, und verspricht, dass ich ihn – »falls du wirklich über mich schreiben willst« – in der kommenden Woche unter anderem beim Geburtstagsempfang für Wirtschaftsminister Tiefensee und bei seinem Besuch im »Restaurant des Herzens« begleiten kann.

An die tägliche Termin-Hatz müsste er sich erst gewöhnen, sagt er mit fast stolz klingendem Unterton. »Ich bin, was die Zeit betrifft, oft noch fremdbestimmt.« In den nächsten 5 Jahren werde er damit leben müssen und hoffentlich lernen, die Fremdbestimmung so oft wie möglich in Selbstbestimmung umzuwandeln.


Frieder und ich sind ebenfalls noch fremdbestimmt, denn weil die Plasterohre weder akustisch noch elektronisch mit

Geräten zu orten sind, schaufeln wir vorsichtig mal links und mal rechts, um den Verlauf der Leitung zu finden. Zum Frühstück bekommt der Kanalarbeiter heute 2 Gehacktesbrötchen, weil ich mich für mein »Du spinnst ja« entschuldigen möchte.

»Der Ministerpräsident hat mir am Telefon bestätigt, dass er durch die Wüste marschiert ist.«

Ich erzähle auch, wie der »Rote« bei seinem Auftritt vor dem bisher mit der CDU-Politik sympathisierenden Bauernverband (die Demokratische Bauernpartei Deutschlands war am Ende der DDR mit Struktur und Eigentum von der CDU geschluckt worden) sogar mit stehenden Ovationen …

Frieder lässt mich nicht ausreden.

Einer, der nicht dabei war, wäre, als er das Zeitungsfoto vom Händedruck zwischen Ramelow und dem Bauernverbandspräsidenten Gumpert gesehen hätte, aus dem Verband ausgetreten.

»Ich muss dich da mal schlaumachen: Hans-Georg, dem ich neulich seinen Mistlader repariert habe, hat erzählt, dass die Bauern in ihrer Versammlung im vergangenen Herbst beschlossen hatten, keine Landesregierung zu unterstützen, die den Grünen das Landwirtschaftsministerium überlässt! Das wusste Bodo Ramelow. Und als die Linken, die Sozis und die Grünen sich wegen der neuen Regierung in der Sache einig waren, musste noch das Problem mit dem Ministerium für Landwirtschaft, Forsten und Umwelt, das die Grünen haben wollten, geklärt werden. Die Grünen wären dann in den Bundesländern mit vier Landwirtschaftsministern aufgeschlagen. Sie hätten den Bauern wahrscheinlich noch mehr Unsinn wie den mit dem Mist und der Jauche aufdrücken können. Die darfst du nämlich nicht mehr aufs Feld schütten, wenn die Gruben zwar voll sind, aber der Boden gefroren ist.«

Also hätte man in Thüringen das Ministerium einfach getrennt. »Die Grünen bekamen die Umwelt und obendrauf noch den Verbraucherschutz. Die Landwirtschaft dagegen wurde einem Ministerium für Infrastruktur mit einer Ministerin der Linken überlassen. Außerdem erhielten die Grünen das Justizministerium, das bisher der SPD-Minister Poppenschläger geleitet hatte, und der wurde dann eben Innenminister.«

Der Innenminister heißt nicht Poppenschläger, sondern Poppenhäger, aber Frieder ist nicht zu unterbrechen. »Deswegen haben die Bauern Bodo Ramelow beklatscht. Hans-Georg ist dabei gewesen und kennt außerdem die Frau eines Landtagsabgeordneten, der er jede Woche handgemolkene Milch bringt. Auch so ein Öko-Tick!«

Mit mir könnte er über diese Öko-Freaks ja reden. Mit Baggerfahrer Volker jedoch nicht. Der mit seinem Fledermaushotel hätte auch ein grünes Gen.

Ich schaufele, bis der Rücken streikt, damit wir vor Silvester das Leck finden. Auch Frieder meint, ich sollte zu Audi fahren und mir Weihrauchharz aus der Wüste geben lassen. Doch ich möchte die Zeit nutzen und vor dem Treffen mit Bodo Ramelow nachlesen, was er während seiner Abgeordnetenzeit in den vielen Interviews über sich gesagt hat oder gesagt haben soll. (Bisher hat er Interviews vor der Veröffentlichung nie autorisieren lassen. Auch die folgenden Äußerungen sind nicht autorisiert und deshalb nicht als wörtliche Rede zu verstehen.)

Ich bin ruppig, weil ich Klarheit haben will.

Ich bin im Prinzip gegen Privateigentum an Grund und Boden und stattdessen für Nutzungsrechte.

Ich bin für ein Schulsystem ohne die Bösartigkeit eingeschränkter Chancengleichheit.

Ich lasse mir mein Heimatgefühl für Deutschland auch nicht von deutschlandkritischen Linken zerstören.

Ich kann nicht ständig nur über angebliche oder reale Feinde diskutieren, denn dann mache ich die in meinem Kopf zu groß und mich selbst zu klein.

Ich bin gläubig, und Gott ist für mich nicht nur ein Ersatz für das, was ich nicht weiß, sondern das große Geheimnis all der Dinge dieser Welt, die wir nicht erklären können und nie erklären wollen.

Ich möchte, dass Angst den Menschen nicht niederdrückt, sondern ein Anfang für Widerstand wird.

Ich bin nicht zum Politiker geboren, ich wäre auch ein guter Gärtner oder Dreher geworden und könnte dann den Erfolg meiner Arbeit nicht erst in einigen Jahren, sondern schon am Ende des Tages sehen.

Ich bin kein ideologischer Parteigänger, sondern ein praktischer Politiker.

Ich bin für ein Abgabesystem, das höhere Einkommen auch höher besteuert.

Ich bin für den Brecht-Satz, den ein Armer zu einem Reichen – man kann das auch auf Länder beziehen – sagt: Wäre ich nicht arm, wärst du nicht reich, und wärst du nicht reich, wäre ich nicht arm!

Ich bin dagegen, den Zustand einer Gesellschaft nur nach dem statistischen Durchschnitt zu bewerten. Was zählt, ist das Schicksal des Einzelnen.

Ich bin in Vereinen und Parlamenten für öffentliche Abstimmungen, damit sich keiner mit seiner Meinung bei geheimen Wahlen verstecken kann.

Ich bin gegen jegliches Lagerdenken.

Ich bin für Volksbegehren auch auf Bundesebene.

Ich bin dagegen, irgendetwas als alternativlos zu bezeichnen.

Ich bin dafür, dass alle Bürger – auch Politiker und Beamte – nur noch in ein einheitliches staatliches Sozialversicherungssystem einzahlen.

Ich bin als Gewerkschafter dagegen, dass sich die ehemals solidarischen Gewerkschaften, um »auf Augenhöhe zu verhandeln«, selbst zu Konzernen aufblähen.

Ich bin gegen die Anhäufung von immer mehr Besitz, um dadurch immer mehr Macht zu erlangen.

Ich bin dagegen, dass Linke Finanzkrisen herbeisehnen, nur um sich nicht von ihrem antikapitalistischen Weltbild trennen zu müssen.

Ich bin dafür, dass sich die Reichen wieder verantwortlich fühlen für die Armen dieser Gesellschaft.

Ich bin gegen Politiker, die Weihnachten ein paar Pakete austragen oder in Suppenküchen gehen und sich mit Obdachlosen fotografieren lassen ...

Silvester bin ich im Nachbardorf Rohr bei dem Pressefotografen Burkhard Fritz zur alljährlichen Mittags-Party eingeladen. In der Nachbarschaft steht das Elternhaus des stellvertretenden Vorsitzenden der CDU-Landtagsfraktion Michael Heym. Ich kenne ihn seit vielen Jahren, wir sind per Du, und ich hoffe, von ihm zu erfahren, wie sich die CDU-

Abgeordneten mit der Wahl von Bodo Ramelow abgefun-
den haben. Seine Eltern öffnen mir. Leider sei Michael heute
»außerhäusig«, aber sie werden ihm Bescheid sagen. »Und
wenn er mit Ihnen reden möchte, wird er Sie anrufen.«

Er ruft nicht an.

Ungefähr 20 Leute stehen bei Burkhard im Garten. Eine
am Dachfenster angebrachte Videokamera filmt das Jahres-
endereignis. Über dem offenen Feuer hängt ein Kessel mit
Linsensuppe und Würstchen. »Glück und Geld für 2015.«

Ob der Ministerpräsident heute auch Linsensuppe isst?

Einige stoßen auf die neue Regierung an, andere darauf,
dass wir auch Silvester 2016 traditionell feiern und Suhl und
Umgebung inzwischen nicht mit Asylbewerbern über-
schwemmt worden sind. Ein älterer Mann in einem dicken
Wintermantel bleibt beim Anstoßen abseits. Er ist im Nachbarort Christes Rechtsanwalt. Seine Frau hat mit Burkhards
Frau viele Jahre in der Buchhaltung des Centrum-Warenhau-
ses in Suhl gearbeitet. Als es nach der Wende von Kaufhof
übernommen wurde, kämpften die Mitarbeiter um Tarif-
löhne. Damals, erzählt Kurt Rath, hätte er Herrn Ramelow
als Vorsitzenden der Gewerkschaft Handel, Banken und Versicherungen bei den Betriebsversammlungen erlebt. »Der redete nicht nur leidenschaftlich und scharfzüngig, wie ihm
der Schnabel gewachsen war. Der verstand auch was vom
Geschäft und beherrschte obendrein die Paragraphen. Bei
den Tarifauseinandersetzungen waren Anzug- und Schlips-
menschen aus dem Westen Vertreter der Kaufhof-Unterneh-
mer. Und gegenüber auch ein Wessi, Bodo Ramelow, als Mit-
streiter der Kaufhof-Leute, aber in Jeans und Holzfällerhemd!«

Doch von Sympathie oder Antipathie dürfte man sich

weder bei der Beurteilung eines Politikers noch bei der Vertretung eines Klienten beeinflussen lassen, da zählten nur Fakten.

Kurt Rath hat schon in der DDR als Justitiar gearbeitet. Nach der Wende sei ihm die Umstellung auf das BRD-Recht nur durch den »unüberschaubaren Dschungel der Verordnungen zu den Verordnungen« schwergefallen. »Als Student hatte ich noch das sowohl in der DDR als auch in der BRD gültige Bürgerliche Gesetzbuch (BGB) gelernt.« Das sei in der DDR später vereinfacht worden. »Verständlichere Sprache für die Bürger. Doch wenn man die Paragraphen begriff, bedeutete das nicht wirklich, auch Recht zu bekommen. Und der bürgerliche Eigentumsbegriff wurde sozialistisch ideologisiert: Privates Eigentum war kein rechtlich zu schützendes Gut mehr. Deswegen konnten die Neubaugebiete problemlos errichtet werden. Doch nach der Wende wollten die alten Eigentümer den Boden, auf dem nun Hochhäuser, Datschen und Garagen standen, zurück.«

Ende 2000 sei der Kaufhof in Suhl geschlossen worden. 120 Mitarbeiter wurden entlassen oder nach Köln versetzt.

Eine schlanke, sportlich aussehende Frau in einem auffälligen blauen Anorak kommt kaum zum Essen, weil sie von ihrer Jugend in Meiningen erzählt.

Ulrike hatte an der Musikhochschule in Weimar klassischen Gesang studiert. Ihr Freund André war Rockmusiker. Mit Hilfe seiner Eltern, der Vater war Direktor des Meininger Mühlenkombinats und später Technischer Direktor des Fleischkombinates, also ein »Mann mit Beziehungen«, renovierten sie ein altes Fachwerkhaus in der Meininger Mauergasse, bei dem der Lehm aus den Gefachen bröckelte. Das

Haus wurde Wohnung für das junge Paar, Probenraum und Treffpunkt für DDR-kritische Freunde. 1987 erhielten Ulrike und André den Bescheid, dass das Haus abgerissen werde, um Neubauwohnungen errichten zu können.

»Es gab keine gerichtliche Widerspruchsmöglichkeit, Privateigentum war nicht geschützt. Wir erhielten 23 Pfennig Entschädigung pro Quadratmeter.«

Zwei Jahre später, am 2. Januar 1989, stellten Ulrike, ihr Mann und die Schwiegereltern die Ausreiseanträge. Es sei ihr nicht leichtgefallen, denn sie hatte inzwischen die Sonderklasse am Meininger Theater besucht, Auftritte in »Evita« und »Pension Schöller« und eine Perspektive als Sängerin am Theater.

»Im Juni verließen wir die DDR. Nach dem Aufnahmelager verteilte man uns, wie heutzutage die Asylbewerber, auf einzelne Orte. In Bad Honnef gab es erst vier ›Ausländer‹ (DDR-Bürger). Wieder zogen wir in ein Fachwerkhaus, das 1771 gebaut worden war und bei dem der Lehm bröckelte. Doch ich fand dort in der Fremde eine Frau, die mich wie ein aus dem Nest gefallenes Vögelchen betreute. Ihr Mann machte mir Mut, als ich keine Arbeit erhielt: Was ihr in der DDR an künstlerischem Handwerk erlernt habt, das ist euer Schatz. – Später bot man mir eine Arbeit am Computer an. Ich hatte keine Ahnung von Computern.«

Inzwischen arbeitet sie bei einer Softwarefirma in Bonn. Sie ist zum zweiten Mal verheiratet und hat vier Söhne, ihr Jungenquartett.

Regelmäßig besucht sie die Eltern hier im Ort.

»Ich hatte bei der Ausreise befürchtet, dass ich sie nie wiedersehen werde, vielleicht nicht einmal zu ihrer Beerdigung fahren darf. Ich weiß nicht, ob sie deshalb gegen meine Ausreise waren oder aus politischer Überzeugung. Beide waren in der SED und im VEB Robotron Zella-Mehlis/Meiningen in leitender Position. Vater im technischen und Mutter im sozialen Bereich.«

Ich frage Ulrike Holtkamp, was sie über die neue Regierung denkt, und hole ihr, damit sie in Ruhe überlegen kann, Nachschlag von den Glücks- und Geldbringelinsen.

»Bodo Ramelow kommt aus dem Westen. Da kann ich nicht sagen: Die alte rote Brut ist wieder da. Ich will ihm auch glauben, dass er für soziale Gerechtigkeit eintritt. Gefühlsmäßig bin ich jedoch gegen die neue Macht. Wer an der Macht ist, will was bewegen. Aber in welche Richtung? Die Roten haben mir damals einen Stein in die intakte Scheibe meines Lebens geschmissen. Das Loch in der Scheibe ist inzwischen notdürftig geflickt. Aber wenn es regnet, ist das Fenster trotzdem nicht dicht. Und ich friere.«

Vor dem Abschlusstrunk frage ich Burkhard, wozu er die Videoaufnahmen von unserem Silvester-Mittag 2014 braucht.

»Damit wir 2015 sehen und hören können, was wir heute getan und gesagt haben.«


Vor dem »Restaurant des Herzens« kann man nicht parken. Ich fahre in eine nahegelegene Tiefgarage. Am Ausgang drücke ich den falschen Knopf und stehe in der Schmuckabteilung von Karstadt.

In den engen Gassen der von Touristen belagerten Altstadt kennt niemand das »Restaurant des Herzens«. Doch als ich endlich die evangelische Stadtmission im Johannes-Lang-

Haus gefunden habe, muss ich nicht weiterfragen. Auf den Stufen der Treppe zum ersten Stock stehen vielleicht 30 Frauen und Männer. Ich reihe mich grußlos ein – auch von den nach mir Kommenden sagt niemand guten Tag – und erkundige mich bei meinem Vordermann, wann das Restaurant öffnet.

»Um eins. Bist neu hier?«

Ich nicke. Ob er oft hier isst.

»Es wird nur im Dezember und Januar geöffnet. Meine Frau und ich kommen täglich. Das Essen kostet ohne Kuchen einen Euro. Man muss sich zeitig anstellen. Manchmal sind alle 150 Plätze besetzt.«

Der 64-Jährige fuhr in der DDR zuerst einen Betonmischer, später arbeitete er im Erfurter Gartenbauamt auf dem städtischen Friedhof.

»Damals hatten wir viele Assis, die arbeitsscheu waren und deshalb zur Arbeit auf dem Friedhof verurteilt worden waren. Die wurden ständig kontrolliert. Weißt du, früher wurden Faule zur Arbeit gezwungen, heute Fleißige zur Arbeitslosigkeit.«

Nach und nach füllt sich der Aufgang bis hinunter zur Haustür. Einige Alte sitzen auf den Stufen. Punkt eins bewegt sich die Schlange. An der Tür zum Speisesaal steht Bodo Ramelow mit buntkariertem Schlips, dunkelblauem Jackett und hellblauem Hemd. Die nicht stur vorbeigehen, sondern ihn erstaunt anschauen, begrüßt er mit Handschlag. Als er mich sieht, nickt er und grinst.

Ich setze mich an einer der langen Tafeln rechts neben den Friedhofswärter. Leider hört er nur auf dem linken Ohr, und links von ihm sitzt seine Frau. Ungefragt erzählt er, dass er zwei Jahre vor seiner Rente gegangen worden ist. Trotzdem könne er von Glück reden, dass er nach der Wende nicht wie andere zu einer privaten Firma gewechselt, sondern bei der Friedhofsverwaltung geblieben ist. »Die bei den Privaten waren noch eher arbeitslos als ich, denn wir auf dem Friedhof wurden vom öffentlichen Dienst übernommen.«

Auf der weißgedeckten Tafel steht an jedem Platz eine Kaffeetasse, ein Glas und ein Teller mit einer Mandarine. Noch wird kein Essen ausgeteilt, und ich versuche meinen täglich um diese Zeit beginnenden diabetischen Hungeranfall zu unterdrücken.

Mir gegenüber sitzt ein jüngerer Mann mit flachsblonden Haaren. Wenn ich mal Langeweile hätte, könnte ich ihn nach 17 Uhr im Obdachlosenhaus in der Mittelhäuser Straße finden. »Musst nur nach Martin fragen und ein Bier für mich und eins für dich mitbringen.« Er zeigt auf den Ministerpräsidenten und lästert: »Der hat's anscheinend mit dem Essen und Trinken! Weihnachten im Kaisersaal bei der Speisung der Armen. Verköstigung von Arbeitslosen in seinem Regierungssitz. Und heute hier. Der sollte lieber Politik machen. Schließlich könnte er jetzt was dafür tun, dass es unsereins bessergeht.«

Bodo Ramelow wünscht am Ende seiner kurzen Rede viel Gesundheit. »Alles andere kommt, wie es kommt, und es soll viel Gutes kommen.« Statt eines Schecks überreicht er ein Kuvert. »Bare Ware.«

Die ehrenamtlichen Helfer der Mission – auch die Köchinnen und Köche sind Ehrenamtliche – servieren endlich Nudeln mit Tomatensauce und kleingeschnittenem Putenfleisch und schenken Selters und Saft ein. Rechts neben mir sitzt ein sehr alter grauhaariger und bartstoppliger Mann. Er geifert. Er spuckt. Er kleckert die Tomatensauce auf die speckige Hose. Und riecht nach Urin. Ständig schimpft er auf die »Scheiß neue Zeit« und erwartet meine solidarische Zustimmung. Stattdessen halte ich den größtmöglichen Abstand und versuche, an einem Gespräch drei Stühle weiter teilzunehmen. Ein breitschultriger, aber sehr gekrümmt sitzender Mann zeigt seinem Gegenüber eine Zeitung mit der Schlagzeile »Bodo Ramelow für Arbeit bis 70«. Das sei wohl das Dümmste, was man sich denken könnte. »Wenn der wie ich mit 18 angefangen hätte, Ziegel aufs Dach zu schleppen, würde er so 'nen Quatsch nicht erzählen. Mit 50 haste als Dachdecker anstelle der Wirbelsäule ein löchriges Skelett und kannst vor Schmerzen weder stehen noch liegen. Bis 70 arbeiten! Ja, seine Sesselfurzer vielleicht. Er hätte sich lieber für ›Rente ab 55 bei schwerster körperlicher Arbeit‹ starkmachen sollen!«

Der Mann hat es bis 54 auf dem Dach ausgehalten, danach saß er als Billigjobber in einem Pförtnerhaus. Ich will ihm entgegnen, dass der Ministerpräsident die Arbeit bis 70 nicht als Forderung, sondern als Möglichkeit und gleichzeitig als Chance beispielsweise für Ärzte, die überall in Thüringen fehlen, formuliert hat. Aber ich stutze. In der letzten Reihe sitzt eine Frau, die ich flüchtig kenne, und bei »Pförtnerhaus« fällt mir ein, woher: vom Thüringer Landtag. Sie ist rundlicher geworden, doch ihre Augen blicken freundlich wie damals. Sie hier im »Restaurant des Herzens«?

Karola Stange, Landtagsabgeordnete der Linken, die Essen austeilt, erzählt mir, dass die private Sicherheitsfirma ihren Beschäftigten damals nicht einmal 5 Euro gezahlt hat, deshalb wäre die Rente heute entsprechend gering. »Wir haben die Armut in der Landtagsverwaltung selbst produziert, und die Proteste einiger Abgeordneter gegen diese Billiglöhne blieben lange Zeit ungehört.«

Der Friedhofswärter meint, dass er, wenn er morgen vor mir hier ist, den Platz links für mich reserviert und seine Frau auf der rechten Seite sitzen lässt.

Der Ministerpräsident geht die Tischreihen entlang und verteilt freundliche Worte. Als er mich entdeckt, legt er seine Hände auf meine Schulter, sagt, dass er sich freut, mich zu sehen, und redet mit meinem Gegenüber über das leckere Essen …

Die Fotoreporter scharen sich um ihn. Tolles Motiv. Der Ministerpräsident so nah bei den Menschen, seine Hände schützend auf der Schulter eines Bedürftigen! Ich löffle stumm, bis Bodo Ramelow weitergeht.

Dem Kassierer gebe ich zwei Ein-Euro-Münzen. »Du hattest doch keinen Kuchen«, sagt er und legt einen Euro neben meinem Teller.

Als der Friedhofswärter geht, die Frau aus dem Landtagspförtnerhaus verschwunden ist und ich kein Wort mit dem von Jugendlichen, Ehrenamtlichen und Leitern des Restaurants umringten Ministerpräsidenten wechseln kann, mache auch ich mich auf den Weg. Fahre wieder von der Schmuckabteilung des Kaufhauses mit dem Fahrstuhl zum Auto. Der Automat verlangt 3 Euro fürs Parken. Dafür könnte ich 3 Tage im »Restaurant des Herzens« zu Mittag essen.

Am nächsten Tag veröffentlichen zwei Zeitungen das Foto vom Ministerpräsidenten, der die Hände auf die Schulter eines Bedürftigen gelegt hat. »Thüringens neuer Minister-

Im »Restaurant des Herzens« in Erfurt
© Marco Schmidt

präsident Bodo Ramelow (Die Linke) besuchte gestern das
›Restaurant des Herzens‹ in der Allerheiligenstraße in Erfurt.
Die Einrichtung … bietet bedürftigen Menschen ein täg-
liches warmes Mittagessen …« Obwohl ich mein Gesicht tief
über den Teller gebeugt hatte, riefen Freunde meine Frau an
und fragten besorgt, was bei uns passiert ist. Weshalb ich in
der Suppenküche essen muss …

Am Landtag parke ich vor dem neuen Haupteingang an der
Jürgen-Fuchs-Straße. Das Portal an der Arnstädter Straße
wurde geschlossen, als zu Zeiten von Ministerpräsident Dieter Althaus ein repräsentativerer Plenarsaal gebaut worden
war, weil es im alten zog und einige Abgeordnete angeblich
froren.

Ich will vom neuen Trakt ins alte Gebäude, in dem sich,

nach Parteifluren getrennt, die Büros der 91 Landtagsabgeordneten befinden. Doch trotz der Wegweiser verlaufe ich mich
und stehe schließlich vor Türen, die man mit einem Transpon-
der öffnen muss. Ich habe nur eine Besuchernummer. Als auch
die Tür hinter mir plötzlich geschlossen ist und ich auf den
Namensschildern lese, dass ich mittlerweile in der Landtagsverwaltung angelangt bin, klopfe ich ans nächste Büro.

Ein Hüne von Mann erhebt sich von seinem Schreibtisch.
Er öffnet mir nicht nur die Durchgangstüren, sondern begleitet mich zum Abgeordnetenhaus, denn bestimmte Bereiche sind sicherheitshalber für Besucher gesperrt. Staatsanwalt
Riemann ist vor reichlichen zwei Jahren von der Staatsanwaltschaft Erfurt in die Landtagsverwaltung gewechselt und
hat vor allem die Mitglieder des NSU-Untersuchungsaus-
schusses rechtlich beraten.

»Gestern unter CDU-Regentschaft, heute unter den Linken?« Er lässt mich nicht zu Ende reden, sondern sagt lediglich: »Ich diene keiner Partei. Ich diene nur dem Land
Thüringen.«

Die ehemalige CDU-Ministerpräsidentin Christine Lieberknecht ist in ein Büro neben der Landespressekonferenz
umgesiedelt worden. Marion Walsmann, ihre frühere Chefin der Staatskanzlei, hat noch einen freien Raum im Flur
der AfD-Fraktion gefunden. An etlichen Räumen steht:
FDP-Fraktion in Liquidation.

Das Büro des stellvertretenden CDU-Fraktionsvorsitzen-
den Michael Heym ist verschlossen. Eine freundliche Vorzimmerfrau, die in einem Nebenzimmer die wahrscheinlich
schon längere Zeit verwaisten Blumen gießt, sagt, dass er
heute nicht mehr in den Landtag kommt.

Sie arbeitet schon lange bei der CDU-Fraktion. Natürlich sei es traurig, dass die Partei nach 25 Jahren Regierung nun in die Opposition gehen muss. »Aber« (das sagte auch meine Mutter in besonders schwierigen Situationen), »aber wir müssen eben das Beste daraus machen.« Frau Möller füllt die Gießkanne auf. »Die brauchen trotzdem frisches Wasser.«

Nun rufe ich Michael Heym an, um endlich zu fragen, wie seine Partei mit der neuen Rollenverteilung zurechtkommt. Er sagt, dass er mir nichts sagt. »Worüber soll ich mit dir reden? Es ist noch nicht regiert worden, nichts ist passiert, worüber man sprechen kann. Bodo Ramelow verteilt neue Posten und war zur Erholung in Venedig. Den Haushalt werden sie frühestens im Mai beschließen. Nichts, aber auch gar nichts geschieht. Und gefühlsmäßig geurteilt: Schlimmer als die Linke ist die SPD, diese Seitenwechslerin.« Vielleicht würde er in einem Jahr mit mir reden. »Wenn sich was bewegt hat in der Regierung.«

»Und wenn's was Gutes ist, was Bodo Ramelow und seine Minister bewegt haben, kannst du dann damit umgehen?«

»So seid ihr Schreiberlinge! Schon hast du mich am Haken. Ich hab kein Wort gesagt, dass er was Gutes machen wird«, stöhnt er.

Von der CDU gehe ich hinauf ins oberste Stockwerk zur Linken. Der Flur ist vollgestellt mit Möbeln, Farbeimern, Brettern und Regalen.

»Es musste alles mal erneuert werden«, sagt ein Abgeordneter. Am Zimmer der neuen Partei- und Fraktionschefin Susanne Hennig-Wellsow steht noch: Die Linke. Bodo Ramelow. Fraktionsvorsitzender.

Die Fraktionsvorsitzende steuert auf die Herrentoilette zu.

Ich will sie zurückhalten, aber die Damentoilette ist geschlossen, und sie hat weder Zeit nach unten zur SPD zu gehen, noch lange mit mir zu reden. Sie bestätigt nur: »Das ist ein schönes Chaos. Aber wir schaffen das!«

Wahrscheinlich meint sie damit nicht den Umbau und die geschlossene Toilette.

»Ja, es wird ein Teufelsritt! Doch wir sind zum Erfolg verdammt. Um künftige Koalitionen von Rot-Rot-Grün in anderen Bundesländern nicht zu gefährden, müssen wir beweisen, dass es geht.«

Ich streichele respektvoll ihren großen schwarzen Hund, den sie im Gegensatz zu Bodo Ramelows kleinem Attila als »richtigen« Hund bezeichnet, vereinbare einen Gesprächstermin mit ihr und gehe wieder ins neue Gebäude. Diesen Weg von alt nach neu müssen alle Landtagsabgeordneten spätestens zur Mittagszeit zurücklegen, denn der Speisesaal befindet sich gleich neben dem Eingangsbereich.

Vor dem Speisesaal erklärt mir der Pförtner, dass sich die Türen zum Restaurant jetzt wie in einer Klinikschleuse per Knopfdruck öffnen lassen. Das Angebot reicht heute vom Wahlessen 1: Mediterrane Gemüsesuppe zu 1 Euro bis zum Aktionsessen: Bratenteller mit Rosenkohl und Thüringer Klößen zu 5,20 Euro.

Doch ich will nichts essen, sondern mit den »Zuschlägern« vom Ministerpräsidenten, also seinem Büroleiter und dem »Persönlichen«, besprechen, an welchen Terminen von Bodo Ramelow ich teilnehmen darf.

Alexander Klein ist Rechtsanwalt und arbeitet erst seit zwei Jahren in der Fraktion. Frank Schenker hat Politik studiert und war lange Zeit Mitarbeiter im Büro des Abgeordneten Bodo Ramelow. Ich verstehe nicht, weshalb sie hierher, zwei Kilometer von der Staatskanzlei entfernt, zum Mittagessen kommen.

»Erstens gibt es für die 200 Kollegen in der Staatskanzlei zurzeit keine Kantine. Und zweitens haben wir dort bisher weder Büros noch bezahlte Stellen. Wir arbeiten zwar in der Staatskanzlei, sitzen aber in unseren früheren Büros in der Landtagsfraktion.«

Das verstehe ich noch weniger.

»Die alten Mitarbeiter von Christine Lieberknecht können nicht entlassen, also auch nicht aus dem Stellenplan der Staatskanzlei gestrichen werden. Und Bodo kann die drei Neuen, die er mitbringen darf, also Regierungssprecher, Büroleiter und Persönlichen, nicht auf die Zahl der in der Staatskanzlei Beschäftigten draufsetzen.«

Und weil ich immer noch nichts kapiere, erklärt Frank Schenker: »Drei neue Stellen in der Staatskanzlei, das wäre eine Aufstockung des Haushaltsplanes. Das heißt, Rot-Rot-Grün müsste dafür Schulden anmelden.« Und das sei weiß Gott nicht das Erste, was man der CDU als Steilvorlage für einen Angriff liefern möchte.

»Also sind wir in der Staatskanzlei sozusagen Gast und arbeiten dort ehrenamtlich für den Ministerpräsidenten.« Grinsen. Aber sie sind überzeugt, dass Bodo Ramelow und die Finanzerin bald eine Lösung finden werden. Kummer bereitet ihnen – vor allem Alexander Klein, der einen bald 2 Jahre alten Sohn hat – nur die fehlende Zeit.

Ich könnte in den nächsten Tagen beim Treffen der Sternsinger in der Staatskanzlei dabei sein, außerdem wäre es möglich, den Ministerpräsidenten bei seinem Friseurtermin und dem Treffen von Regierungshund Attila mit dem Zeitungshund der Thüringer Allgemeinen, dem Herrn Lehmann, zu begleiten.

Es sei ein gutes Arbeiten mit ihm, sagen beide. Probleme gäbe es nur, wenn er ohne Rücksprache spontan entscheide und das dann auch noch öffentlich bekanntgeben würde. Wie seine Äußerung, dass er für bestimmte Berufsgruppen die freiwillige Arbeit bis 70 befürworte, aus der die Presse dann die Schlagzeile »Bodo Ramelow für Rente ab 70« gemacht hat.

Weil ich den Pressesprecher der neuen grünen Umweltministerin telefonisch nicht erreiche, gehe ich durch den bei Hunden und Herrchen beliebten Park, der den Landtag vom Umweltministerium trennt. Vor dem Ministerium steige ich eine Freitreppe hinauf. Der Wachhabende, ein älterer Herr, fragt, mit wem ich verabredet bin. Weil ich mich erst verabreden möchte, darf ich vorerst nicht ins Ministerium hinein. Dann telefoniert Herr Kann, damit ich vielleicht doch noch an Herrn Kann vorbeikann. Er sucht die Nummern in der Telefonliste des Ministeriums mit dem Zeigefinger. Wir haben Zeit zum Reden.

»Ist doch gleich, ob Herr Minister Reinholz von der CDU oder Frau Siegesmund von den Grünen regiert. Nur dass Herr Reinholz jetzt als Abgeordneter wahrscheinlich weniger Geld bekommt.« Aber das weiß er nicht genau. »Die oben verstehen sich schon. Sie streiten sich doch meist nur pro forma. Hinterher sitzen sie zusammen in der Kantine.«

Herr Kann ist gelernter Feinmechaniker. Er hat bei Robotron in Erfurt gearbeitet. Als er nach der Wende die Arbeit verlor, war die letzte Möglichkeit der Sicherheitsdienst. Er bestätigt, was ich schon weiß. »Jahrelang erhielten wir rund 5 Euro in der Stunde. Obwohl wir hier den Staat bewachten, war es dem Staat egal, ob wir so bezahlt werden, dass wir von unserer Arbeit leben können. Wenn ich um mein Häuschen nur einmal keinen Schnee geschippt habe, bestraft mich der Staat. Doch wer bestraft den Staat, wenn der seine Straßen nicht vom Schnee befreien lässt?«

Auch Herr Kann erreicht den Pressesprecher nicht. Deprimiert fragt er, ob er mich an die Frau, die für Öffentlichkeitsarbeit zuständig sei, vermitteln könne. Sie ist im Haus, kommt zur Pforte, stellt fest, dass es schwierig ist, mich weiterzuleiten, und ruft im Vorzimmer der Umweltministerin an.

Sie darf mich hochbringen.

Beim Eintreten erblicke ich zuerst einen präparierten Mufflon-Schädel mit gekrümmten Hörnern und danach erst den Beamten. Typischer Grüner, denke ich. Sehr mager und Pferdeschwanz. Doch Stefan Braunitsch hat bereits unter der CDU hier gearbeitet. Damals sei er für die Thüringer Naturparks verantwortlich gewesen. Und weil die vielleicht ein besonderes Lieblingskind der Grünen wären, hätte man ihn am 5. Dezember hierhergeholt.

»Und jetzt machen Sie also grüne Politik?«

»Wir machen hier überhaupt keine Politik. Wir verwalten und kleiden die Politik in Recht und Gesetz.«

Termine für ein Gespräch mit der Ministerin, Frau Siegesmund, oder dem Staatssekretär, Herrn Möller, kann er mir nicht geben. Aber er bestätigt, dass die Wächter in der Pförtnerbude inzwischen nach Mindestlohn bezahlt werden.

Zur Geburtstagsfeier von Wirtschaftsminister Wolfgang Tiefensee werde ich ohne Probleme eingelassen. Das Fest soll um 15.30 Uhr beginnen, weil aber der Ministerpräsident erst eine viertel Stunde später erscheinen wird, lässt der Büroleiter mich schon zum Aufwärmen in den Saal. Dort proben 14 Studenten der Musikhochschule Weimar Stücke von Vivaldi und Bartók. Die 11 Stehtische sind noch leer. Nur im Vorraum wieseln rotgekleidete Frauen umher, stellen Garderobenständer auf, entkorken Sektflaschen und füllen Saft und Wasser in Gläser.

Am aufgeregtesten ist Katja Scharfenberger. Sie soll dem Ministerpräsidenten und dem Minister den Sekt reichen. »Wenn ich die beiden bediene, ohne zu stolpern, habe ich heute alles überstanden«, sagt sie.

Ich meine, dass sie so etwas doch gewohnt sein müsste. Zum Beispiel von den Geburtstagsfeiern des vorherigen Wirtschaftsministers Matthias Machnig, der wegen »doppelter Vergütungen« das Amt räumen und als Staatssekretär nach Berlin geschickt werden musste.

»Ach wo. Dessen Geburtstag kannte hier keiner. Er hat immer ohne die Mitarbeiter gefeiert.«

Die hohen Fenster im Saal reichen fast zum Fußboden. Ich setze mich auf eines der Fensterbretter. Frau Scharfenberger reicht mir fürsorglich, »bevor die Massen aus den Büros herunterströmen«, ein Glas Sekt. Ich lausche Vivaldi und trinke allein. Die Wand hinter dem Orchester schmückt ein großes Banner: »Thüringen. Hier hat Zukunft Tradition.«

Als ein Mann mit einem Cello hereinkommt und ich begreife, dass er kein Musiker, sondern der Minister höchstpersönlich ist, stelle ich das Glas hinter mich. Man merkt ihm an, dass ihn offizielle Anlässe nicht aus der Ruhe bringen, schließlich war er Oberbürgermeister von Leipzig und Bundesverkehrsminister. Er lehnt das Cello in die entfernteste Ecke und bittet den Dirigenten sehr leise um einen zweiten Notenständer.

Kurz vor drei viertel vier drängen die Mitarbeiter des Ministeriums aus Fahrstuhl und Treppenhaus in den Saal. Hundert? Zweihundert? Ich frage mich, was sie alle zu verwalten haben. Tag für Tag und Monat für Monat und Jahr für Jahr.

Die 11 Stehtische reichen nicht. Ich lasse drei Frauen auf der Fensterbank sitzen. Als die Personenschützer dem Ministerpräsidenten eine Gasse durch die Menge bahnen, stehen die Frauen wieder auf. Anstoßen. Reden. Der Minister wählt die Worte mit Bedacht. Nur als er von dem Versuch des Ministerpräsidenten berichtet, ihm gestern eine Gratulation im Dreivierteltakt auf seiner Mailbox zu Gehör zu bringen, lacht er. Nun hätte er wie der BILD-Chefredakteur nach dem Anruf des Bundespräsidenten Wulff ein Dokument auf seinem Handy, ein positiveres zwar, aber ein genauso geschichtsträchtiges. Danach bedankt er sich, dass die Mitarbeiter ihm ihre wertvolle Arbeitszeit opfern. Er lädt zu Saft, Sekt und Wasser ein. Häppchen gibt es keine. Genau wie das erst zu beratende Haushaltsbudget des Landes sei sein persönliches für 2015 noch in Arbeit.

Bodo Ramelow, der so vertraut neben dem Minister steht, als wollte er sich an ihn lehnen, würdigt die Gemeinschaftsarbeit in der Koalition, spricht von den für Thüringen nützlichen Erfahrungen des Ministers, der zwar nach seiner Geburt in Gera nur drei Jahre in Thüringen lebte, aber 57 Jahre später gern zurückgekehrt sei. Der Ministerpräsident wird im nächsten Jahr 60. Er bedankt sich bei seinem Minister, dass der vormacht, was ihm 2016 bevorsteht. Und er wird nicht beratungsresistent sein. »Zumindest, was die Feier betrifft.«

Zwei Männer, die mich von Lesungen kennen, wollen mit mir anstoßen. Sie misstrauen zelebrierten Männerfreundschaften. Auch wenn die Oberen in der neuen Dreierkoalition zur Gemeinsamkeit verpflichtet sind, würden von den Abgeordneten, die in den nächsten Landtag wiedergewählt werden wollen, wahrscheinlich bald einige heimlich die Gefolgschaft verweigern.

Als sie bemerken, dass ich die Worte des Ministers und des Ministerpräsidenten notiere, raten sie mir: »Scherzer, schreiben Sie lieber einen Krimi. Suchen Sie nach dem Leck in der mit einer Stimme Mehrheit regierenden Koalition. Vielleicht ist es der ehemalige SPD-Landeschef und Kulturminister Matschie. Weil der neue SPD-Landesvorsitzende Bausewein unbedingt den Tiefensee als Minister wollte und der Matschie keinen Posten erhalten hat?«

Ich gehe zu den Frauen hinüber, die wieder auf dem Fensterbrett hocken. Für die eine, die zuvor im Bereich »Arbeit« des Wirtschaftsministeriums beschäftigt war, wird es die letzte Feier im Hause sein. »Wir sind jetzt dem Sozialministerium zugeschlagen. Und die von der Kultur gehören zur Staatskanzlei. Und die vom ›Schulobst‹ weder zum Sozialnoch zum Bildungsministerium, sondern zum Justizministerium, konkret zum Verbraucherschutz.« Auf dem Papier ginge so etwas sehr einfach, aber nun müsse umgezogen werden. Sie fragt sich, wie viel das kostet. Und ob sie die alten Möbel mitnehmen wird oder neue erhält …

Minister Wolfgang Tiefensee kündigt die Musiker an. »Sie werden uns 25 Minuten mit einem kleinen Konzert erfreuen.« Einige Mitarbeiter schauen besorgt auf ihre Uhr. Die Schwergewichtigen im Saal wechseln schon nach dem ersten Stück von einem Bein aufs andere. Nach dem Ständchen bedankt sich der Minister mit dem Wort »fulminant« bei den Musikern. Weil er ein Verfechter der Demokratie ist, möchte er zuerst die Mitarbeiter fragen, ob sie – und er zeigt auf das in der Ecke stehende Cello – noch eine Zugabe hören wollen. Sogar die nochmals auf die Uhr Schauenden klatschen.

Der Minister erzählt, dass er bisher nur sein Cello nach Thüringen mitgenommen hat und das Stück heute (wohl im Gegensatz zu seinem Spiel bei der Präsentation zur Olympiabewerbung von Leipzig) nicht geprobt hat. Er werde einfach spielen. Der Mann neben mir: »Wie die Regierungskoalition.« Doch das Cello ist wegen der Kälte beim Transport verstimmt. Während wir warten, dass es sich erwärmt, erzählt der Minister Bratscherwitze. »Weil das Kind nicht schlafen will, sagt ein Bratscher zu seiner Frau: Dann bringe ich es heute ins Bett. Die Frau bittet: Willst du es nicht erst im Guten versuchen, bevor du Bratsche spielst?«

Der Minister spielt sehr gut. Viel Beifall. Die Frau, die bald umziehen wird, lobt ihn, weil er von vielen Mitarbeitern schon nach einem Monat die Vornamen kennt.

Schließlich nimmt er die Glückwünsche von Verbänden, leitenden Mitarbeitern und Industriellen entgegen. Einer sagt, dass er wahrscheinlich bald Probleme bekommen wird, weil 50herz nicht auf die Querung des Rennsteigs mit Stromtrassen verzichten wird. Der Minister meint, dass beträfe nun das Ministerium von Frau Siegesmund.

Ich verabschiede mich von Anja Scharfenberger, die erleichtert ist, nicht gestolpert zu sein.

Weil mir Frieder irgendwann gesagt hatte, dass er zur Arbeit Bier, sonst aber am liebsten Sekt trinkt, schenke ich ihm eine Flasche für das Wochenende. Ich weiß nicht, ob er sie allein oder mit einer Frau trinken wird. Darüber spricht er nicht.

Doch als ich berichte, dass ich meine ersten Begegnungen mit Bodo Ramelow hatte, ohne mit ihm ein Wort wechseln zu können, will er die Flasche jetzt gleich öffnen und auf meine Gespräche mit dem Ministerpräsidenten anstoßen. »Mit ihm wirst du es schwerer haben als mit all deinen Buchhelden. Einen vom Teufelsmoor kannst du nicht mit noch so geschickten Fragen aus der Reserve locken.«

Er würde mit mir um 10 Flaschen Sekt wetten, dass ich es in den ersten 100 Tagen seiner Regierungszeit nicht schaffe, Bodo Ramelow dahin zu bringen, dass er mir seine Gefühle und Gedanken über sich, die Politik und die Welt anvertraut.

Als ich einschlage, ergänzt er: »Er wird dir keine Regierungsgeheimnisse verraten. Wieso sollte er? Aber vielleicht erzählt er, weshalb bei ihm nicht, wie bei der Fraktionschefin der Linken, das ›Kommunistische Manifest‹, sondern die Bibel auf dem Schreibtisch liegt.«

Woher er das wisse. Er antwortet ausweichend: »Ich hatte dir doch von meinem Bekannten, dem Ökobauern mit dem kaputten Mistlader, erzählt, der einmal in der Woche der Frau eines Abgeordneten handgemolkene Milch bringt. Und der Abgeordnete kennt die Putzfrau. Die übrigens auch das Hundekörbchen im Regierungszimmer gleich rechts neben der Tür saubermacht und …« Ich höre nicht mehr hin.

Die schottischen Hochlandrinder von Karl Dietl werden nicht gemolken. Die schlachtet er. Jedes Jahr eins. Das Fleisch, schwärmt er, sei eine Delikatesse. Und weil ich der Braunen und ihrem Kalb ab und an Heu in das enge Gatter gabele, will er mir beim nächsten Mal ein Filetstück schenken. Karl ist zufrieden, dass die wilde Braune sich mit dem Kalb an das Gatter gewöhnt hat. »Früher ging sie wie eine Rakete hoch, wenn du ihr nur das Halteseil gezeigt hast.« Aber seit sie ihr Fressen nicht mehr selbst suchen muss, sondern regelmäßig gefüttert wird, bleibt sie sogar ruhig liegen, wenn man ihr das Fell striegelt. »Fressen ist für die Viecher wichtiger als Freiheit«, philosophiert Bauer Karl. Sogar für die mit den gefährlichen Hörnern.

Noch in diesem Winter wird er ein Tier schlachten, weil er Geld für einen neuen Schlepper braucht. »Unsereiner bekommt die Euro ja nicht in den Arsch gesteckt wie die Ausländer oben auf dem Friedberg.«

Frieder weiß, wie ich bei einer Diskussion über Ausländer reagiere, und lenkt ab. Weil der Bodenfrost wahrscheinlich bald strenger wird, sollten wir Volker die freigelegte Wasserleitung, in der wir kein Leck gefunden haben, vorsorglich mit seinem Bagger zuschütten lassen.

Den restlichen Sekt trinken wir mit Karl auf das schwarze Kälbchen.

»Du solltest es Bodo taufen«, schlage ich vor. Doch Frieder meint, dass ein Wisent auf der Höhe zwischen **B**randenstein und **R**anis schon »**BR**amelow« heißt.

Um keine weitere dumme Antwort zu erhalten, frage ich nicht, woher er das weiß.

## Von der Schweigepflicht eines Friseurs, der Mehlstauballergie des Ministerpräsidenten und Veganern, die gegen die Salamisierung des Abendlandes demonstrieren

Am nächsten Tag warte ich überpünktlich im Erfurter Friseursalon von David Liebmann auf den Ministerpräsidenten. Im The Barber sitzen ein junger Mann, dessen Haare eine Friseuse wäscht, und ein Herr, dessen schlohweiße Haare vom Chef geschnitten werden.

David Liebmann fragt mich freundlich, aber bestimmt, ob ich bestellt bin. Ich schüttele den Kopf, und der Chef bedauert, dass er im Moment nur bestellte Kunden bedienen kann. Als ich erkläre, dass ich hier mit Bodo Ramelow verabredet bin, will er wissen, ob ich zu den Personenschützern gehöre, die im Voraus die Sicherheit kontrollieren müssen. Ich denke: Wie könnte man hier bei all den scharfen Scheren und noch schärferen Messern die Sicherheit garantieren, und erzähle, dass ich den Ministerpräsidenten ab und an begleite, um über ihn zu schreiben. Darauf meint David Liebmann, dass in der DDR Friseure wahrscheinlich bedeutender gewesen sind als Ministerpräsidenten, denn über einen Ministerpräsidenten hat damals niemand ein Buch geschrieben, wohl aber über einen Friseur!

Mit dem Kopf deutet er auf das Fensterbrett. Dort liegt das DDR-Kultbuch »Friseur Kleinekorte in Venedig und anderswo«. Das kennt auch der weißhaarige Herr und zitiert die immer wiederkehrende Begrüßung: »Nemse Platz, Herr

Jeheimrat. Was gibsn Neues aufm Bau? Wieder Nachtschicht jehabt?« Seinerzeit seien Friseure »die Beichtväter der Atheisten« gewesen. Heute sei man beim Haareschneiden schweigsamer. Doch wie von Kleinekorte inspiriert, erzählt er, dass er seit 11 Jahren zu Herrn Liebmann kommt, dass ihm, wenn er als 83-Jähriger frisch frisiert durch Erfurt geht, die Frauen noch hinterherschauen, dass er ein Grundstück von 2000 Quadratmetern mit 6 reichlich tragenden Apfelbäumen sein Eigen nennt, dass er inzwischen wartet, bis die Äpfel herunterfallen, und sie dann vergräbt. »Früher nahm man sie mir im Konsum ab. Heute will keine Verkaufsstelle Äpfel, die unterschiedlich groß sind.«

Draußen halten zwei Limousinen.

»Seit 5 Jahren ist Herr Ramelow immer pünktlich, sogar als Ministerpräsident«, schwärmt David Liebmann.

Bodo Ramelow kommt allein. Seine Personenschützer hat er trotz scharfer Scheren und noch schärferer Messer vor der Tür gelassen.

Er grüßt und bleibt wartend stehen. Der Ministerpräsident trägt weder Jackett noch Hemd mit Schlips, sondern einen dunklen Rollkragenpullover. »Das ist mein Friseur-Pullover«, erklärt er. Außerdem hätte er anschließend ein Interview und einen Fototermin beim »Kinder-Spiegel«. Und dabei würde er im Pullover – ich weiß nicht mehr, ob er »geiler« oder »cooler« gesagt hat –, also er würde »mehr hermachen«!

Der alte Herr steht behände auf und blickt zufrieden in den Spiegel. Als ich ihm sage, dass ich im Herbst seine Äpfel pflücken werde, damit er sie nicht vergraben muss, erklärt Bodo Ramelow sofort, dass es in Thüringen noch kleine Lohnmostereien gibt, dass Streuobstwiesen gefördert werden müssten, dass nicht-EU-gerechte Äpfel in den Dorfläden verkauft werden sollten, dass wieder Obst-Genossenschaften gegründet würden, dass alles, was in Thüringens Land-, Forst- und Gartenwirtschaft wächst, vermarktet … Wertschöpfung …

Der Friseur weiß, wie der Ministerpräsident seine Haare tragen will. Es ist ein besonders kunstvoller Schnitt, den nur wenige beherrschen. Bodo Ramelow hatte einen dieser Haarkünstler in seiner Berliner Abgeordnetenzeit kennengelernt. »Vorher hatte man mir immer nur so 'nen Pisspottschnitt gemacht. Bei der neuen Methode, die aus Amerika kommt, wird erst millimetergenau die Kopfform analysiert, und dieser Form entsprechend schneidet man die Haare an den verschiedenen Stellen verschieden lang.«

Nachdem er 2009 sein Bundestagsmandat abgegeben hatte und als Fraktionsvorsitzender in den Thüringer Landtag zurückgekommen war, suchte er lange im Internet, bis er auch in Erfurt jemanden fand, der diesen speziellen Schnitt kann. »David Liebmann macht das großartig.«

Ich zeige Bodo Ramelow den Vorgänger Liebmanns, doch von Friseur Kleinekorte hat er noch nichts gehört. Dabei kennt sich der geborene Wessi mit der DDR-Literatur gut aus. Eines von drei Büchern, die er mit auf eine einsame Insel nehmen würde, wäre Stefan Heyms »Fünf Tage im Juni«.

»Der Schluss des Buches ist wie ein Leitspruch für mein politisches Handeln geworden.« Zum ersten Mal bestaune ich sein phänomenales Gedächtnis, als er zitiert: »Wenn von Schuld die Rede ist, wer wird schon aufstehen und sagen: Auch ich war schuld. Wenn ihr alle Schuld aber nur beim Feind sucht, wie mächtig macht ihr damit den Feind?«

Er schaut nicht in den Spiegel, während der Friseur die

Haare sorgfältig mit dem Kamm aufstellt und stutzt. Ich nutze die Gelegenheit, um ihn zu fragen, was für ihn in den 25 Jahren, die er in Thüringen und Berlin verbracht hat, besonders wichtig war. Ich kann nicht so schnell mitschreiben, wie er sich erinnert. Er würde jede Ecke von Thüringen kennen, denn nach der Wende war er als Gewerkschafter überall unterwegs. Erlebte die Schließung von Konsumgenossenschaften, den Bau teurer Spaßbäder, musste als Vorstandsvorsitzender der Arbeiterwohnungsbaugenossenschaften entgegen seinen politischen Ansichten die Altschulden, an denen die neuen Banken verdienten, bestätigen. Er organisierte Streiks, Tarifkämpfe und Solidaritätsaktionen in den Kaligebieten, konnte Betriebe, die von westdeutschen Konkurrenten übernommen und dann geschlossen wurden, wie das Kugellagerwerk Zella-Mehlis, nicht retten, war machtlos gegen die Profitgier von westdeutschen Handelsunternehmen, Versicherungen und Gebrauchtwagenhändlern mit Goldkettchen. Er wusste, dass mit der Übergabe des DDR-Marktes und all der Werte, die damals von bundesdeutschen Unternehmen und Behörden eingesackt wurden, die DDR-Bürger den Umtausch ihrer Währung in D-Mark doppelt und dreifach bezahlt hatten.

Nur Friseur Kleinekorte kennt er nicht. Doch der hätte ihn sowieso nicht wie Maestro David Liebmann Strähne für Strähne gestylt.

»Erst abmessen und danach schneiden. Oder vermessen und dann praktisch umsetzen. Regierungsarbeit«, sagt Bodo Ramelow grinsend.

Ohne Pinocchio zu erwähnen, werfe ich ein, dass ich ihn noch mit der kecken Haarspitze auf der Stirn kenne.

Verbeugung vor Angela Merkel
© ddp Henning Schacht

»Ja, der Herr Liebmann wollte sie mir sofort abschneiden. Doch es war gerade die Plakatkampagne zur Landtagswahl angelaufen. Und auf den Plakaten war ich mit der Haarspitze auf der Stirn zu sehen. Die Werbefirma hätte mich umgebracht, wenn ich plötzlich mit einer anderen Frisur aufgetreten wäre.«

David Liebmann bürstet den Rollkragen ab. Bodo Ramelow gibt ein präsidiales Trinkgeld und ermuntert den jungen Mann, dessen Haarpracht gerade geföhnt wird, mit dem hoffnungsvollen Rat: »Durch eine gute Frisur kannste Ministerpräsident werden.«

Die Friseuse schaltet den Fön aus, geht zur Tür und sagt: »Das muss ich gesehen haben: Zwei Regierungslimousinen vor unserem Laden, und Bodo Ramelow fährt damit weg.«

Ich bleibe. David Liebmann ist 34 Jahre alt und hat zwei kleine Söhne. Seine Lehre hat er vor 18 Jahren in Forchheim gemacht. Er stammt aus Neuhaus am Rennweg. Aber sein Konzept mit speziellen Haarschnitten nur für Herren hätte im »verschlafenen Neuhaus« nicht funktioniert. Deshalb sei er in die Landeshauptstadt gegangen, wo er inzwischen nicht nur Politiker frisiert (das Geschäft befindet sich 200 Meter vom Landtag entfernt), sondern auch Unternehmer wie den Chef einer Firma aus Schwarza, die Edelgasanlagen für China produziert, und den Leiter des Geraer Druckhauses, das die Wahlplakate für Die Linke druckt.

Ob und was er erzählt, wenn er mit Bodo Ramelow allein im Salon ist?

»Vieles. Politisches und manchmal Privates.« Mehr sagt er nicht. »Ein Friseur unterliegt genau wie ein Arzt der Schweigepflicht.«

Wie jedes Jahr kommen am Dreikönigstag die mit Kronen und Umhängen geschmückten Sternsinger und überbringen im Landtag, in den Ministerien und in der Staatskanzlei den christlichen Segen. Zum ersten Mal wird sie in der Erfurter Staatskanzlei kein christdemokratischer, sondern ein linker Regierungschef willkommen heißen.

»Wir hatten Glück mit dem Herrn Ramelow«, behauptet der Erfurter Pfarrer Neudert, der den Einzug der Sternsinger schon unter Bernhard Vogel, Dieter Althaus und Christine Lieberknecht organisierte.

Um 15.00 Uhr öffnet sich die Eingangstür der Staatskanzlei. Zum Umziehen bringt der Pfarrer die Kinder in die hinteren Gemächer des Regierungshauses.

Die Sternsinger aus Buttelstedt haben zwar eine goldene Krone zu viel im Gepäck, doch unterwegs wahrscheinlich einen Königsumhang verloren. Ich helfe der aufgeregten Ines Pfundheller, in letzter Minute aus verschiedenen Stoffen noch einen Umhang zusammenzustecken.

Über 100 Sternsinger versammeln sich im Vestibül und der unteren Hälfte des linken Treppenaufgangs. Auf der rechten Treppe platzieren sich die Neugierigen, die Betreuer und Journalisten. Einer moniert: »Im vergangenen Jahr war alles anders herum aufgestellt.«

Zuerst singen die Kinder »Wir kommen daher aus dem Morgenlande«. Bei der zweiten Strophe »Wir grüßen dich Jesus mit frommem Sinn« erscheint (das war bestimmt nicht geplant) der Ministerpräsident auf der oberen Hälfte des linken Aufgangs.

Er freue sich, dass die drei Könige aus einer fremden Welt, aus dem Morgenlande, gekommen sind, um Gottes Schutz und Christus Segen zu bringen. Es ist gut, dass sie, die »40 mal drei Könige«, in diesen Tagen, in denen Deutsche gegen Ausländer demonstrieren, solidarisch mit Menschen aus der Fremde sind.

Die Sternsinger sammeln Geld für Kindergärten auf den Philippinen, damit die Kinder dort gesundes Essen bekommen und aus Pflanzen Vitamine machen, verkündet einer der kleinen Könige.

»Der Herrgott lässt auf unserer Erde doppelt so viel wachsen, wie wir Menschen brauchen. Doch zwischen die gewachsene Nahrung und die hungernden Menschen haben sich die großen Lebensmittelbörsen gedrängt. Sie bestimmen die Preise für Weizen, Reis, Kaffee und Früchte. Damit verdienen sie Milliarden. Und es ist ihnen dabei gleich, ob durch ihre Spekulationen Millionen verhungern«, sagt der Ministerpräsident.

Er geht die Treppe herunter, stellt sich zwischen die kleinen Könige und ist kaum größer als sie. Die Fotografen monieren, dass Mitarbeiter der Staatskanzlei immer noch gegenüber auf der Treppe stehen und die Harmonie des Bildes »Ministerpräsident und Sternsinger« stören. Bodo Ramelow ruft hinauf: »Herr Grünhage, alle Mitarbeiter sollen sofort die Treppe räumen.« Und ergänzt: »Verstehen Sie das aber bitte nicht als Diskriminierung des Beamtentums.«

Er bedenkt jede der 9 Pfarreien, aus denen die Kinder kommen, mit einer Spende, kniet auch vor dem kleinen Jungen aus Buttelstedt, dem ich den Umhang gebunden hatte, und übergibt ihm das Kuvert.

Gemeinsamer Gesang: »Stern über Bethlehem, nun bleibst du stehn.«

Ich kann mir nicht vorstellen, wie das abgelaufen wäre, hätten die Abgeordneten am 5. Dezember nicht den gläubigen Genossen Bodo Ramelow, sondern beispielsweise den atheistischen Genossen Steffen Dittes zum Regierungschef gewählt.

Bodo Ramelow lädt die Sternsinger zum Kuchenessen in den Festsaal ein. In der Mitte steht eine vierstöckige goldene Torte. Sie ist nur Dekoration für die drum herum platzierten Kuchen, Plätzchen, Muffins und … »Mohren«köpfe.

Die Chefs der Thüringer Konditoreninnung bilden mit der Thüringer Stollenkönigin, die einen prächtigen Reifrock trägt, Spalier. Währenddessen plaudert der Ministerpräsident fast väterlich mit den Mädchen und Jungen, hockt sich schließlich in ihre Mitte.

Erinnerung an seine Kinder? Vor Jahren hatte er mir erzählt, dass er als Vater der beste Geschichtenerfinder war.

Sein Sohn beantwortete im Kindergarten die Frage nach dem Beruf des Vaters mit »Geschichtenerzähler«. (Was ihm heutzutage wahrscheinlich manchmal auch als Regierungschef zugutekommt!)

Aber Bodo Ramelow lag auch viele Tage in der Klinik auf der Intensivstation, um dort dem an Leukämie erkrankten jüngsten Sohn Knochenmark zu spenden. »Er wurde geheilt, und ich gehe den langen stetigen Weg zu Gott noch hoffnungsvoller.«

Nachdem er die Kinder ermuntert hat, sich auf den Kuchen zu stürzen, stehen sie im Kreis um ihn, schmatzen »Mohren«köpfe und fragen ihm ein Loch in den Bauch.

»Herr Präsident, was machen Sie den ganzen Tag hier in ihrer Arbeitsstelle?«

»Ich sitze vor einem großen Stapel mit Akten.«

»Was sind das für Akten?«

»Einmal die grünen, in denen Briefe und Vorschläge liegen, die ich beantworten muss. Und dann gibt es noch den Stapel mit den roten Akten. Die sind sehr dringend. Die muss ich sofort erledigen.«

»Haben Sie auch ein großes Auto?«

»Ja, ich habe zwei. Ein großes und ein kleines. Das kleine fährt vorneweg, um mich in manchen Situationen vor Unfällen zu schützen.«

»Wenn Sie Hunger bei der Arbeit haben, sagen Sie dann einfach: Ich habe Hunger, bringt mir etwas?«

»Nein, aber ich könnte es. Die Sekretärin würde etwas bestellen und mir bringen.«

»Können Sie nicht auf die Straße gehen und sich selbst zu essen holen?«

»Das kann ich, aber es gibt hier im Haus einen grünen Piepser. Sobald ich den passiert habe, piepst der. Da kommen die Sicherheitsleute angerannt und gehen mit mir hinaus.«

»Dann sind Sie ja nie allein?«

»Nein, so richtig allein bin ich nicht. Manchmal gehe ich trotzdem fast allein. Mit meinem Hund.«

»Was haben Sie für einen Hund?«

»Einen Jack Russel. Wenn ich mit ihm Gassi gehe, läuft ein Polizist davor und ein Polizist dahinter. Und mein Hund Attila und ich in der Mitte.«

»Nervt es Sie nicht, dass immer so viele Leute um Sie herum sind und Sie nie Ruhe haben?«

»Wenn ich eine Pause haben will, dann gehe ich in den Wald.«

»Mit den Polizisten?«

»Nein, allein, das sage ich denen nicht. Die sind danach zwar böse, aber der Hund bewacht mich ja.«

»Ich glaube auch nicht, dass sich jemand an Sie rantraut«, sagt der Junge aus Buttelstedt.

»Und wenn Sie früh aufstehen und überhaupt keinen Bock auf die Arbeit haben?«

»Dann sage ich: Hm! Hm.«

»Und können Sie dann Ihre Wut an den Kollegen hier auslassen?«

»Nein, ich kann nur ›hm, hm‹ beim Aufstehen machen.«

»Und wenn Sie einmal unerkannt sein wollen?«

»Das funktioniert nicht. Ich gehe alleine in die Stadt und setze mir eine Mütze auf. Aber alle Leute kennen inzwischen Attila, meinen Hund. Also wenn man mich nicht erkennt, erkennen sie Attila und sagen: Da kommt der Ministerpräsident!«

Als wäre er ein Popstar, bitten ihn die Kinder um Autogrammkarten. Alexander Klein bringt einen Stapel: Bodo mit Schlips, Anzug und »amerikanischem« Haarschnitt.

Während er die Fotos signiert, sagt ihm ein Junge, dass er von seinem Papa Grüße ausrichten soll. Der würde dem Ministerpräsidenten, obwohl er ihn nicht persönlich kennt, alles Gute wünschen.

»Und woher kommst du?«

»Aus dem Eichsfeld.«

Der Ministerpräsident schaut in meine Richtung und ruft: »Auch aus dem schwarzen katholischen Eichsfeld werden dem ›Roten‹ Grüße bestellt. Schreib das auf, schreib das ruhig auf!«

Danach begrüßt er die Thüringer Stollenkönigin und den Konditormeister Lorenz Endter aus Schmalkalden-Asbach, der mitverantwortlich ist für die Vergabe des Qualitätssiegels für original Thüringer Stollen und Erfurter Schittchen. »Zum Weihnachtsmarkt«, erzählt er stolz, »haben 14 Stollenbäcker aus verschiedenen Thüringer Regionen an einem gemeinsamen Stand ihre Stollen präsentiert, verkosten lassen und verkauft.«

Bodo Ramelow lobt den trotz der Konkurrenz solidarischen Zusammenhalt. »Es soll ja möglichst allen gutgehen!«

Eine bislang schweigende Bäckersfrau sagt: »Ihnen, Herr Ministerpräsident, geht es wahrscheinlich gut. Hoffentlich haben Sie sich in Venedig prächtig erholt.«

Lorenz Endter will das entstandene Schweigen brechen. »Das ist Verena aus der Bäckerei in Elxleben. Ihr Mann …«

Doch Bodo Ramelow lässt ihn nicht ausreden. »Meine liebe Frau, Sie kommen aus Elxleben. Aber meine Frau kommt aus Parma. Deshalb haben wir, wie jedes Jahr vor Weihnachten, gemeinsam die Mutter meiner Frau besucht. Und weil die Hotels in Parma zu dieser Zeit dreimal so teuer sind wie die im nahegelegenen Venedig, schliefen wir eben in Venedig. Und haben das Hotel, wie schon im vergangenen Jahr, 12 Monate im Voraus für nächstes Weihnachten gebucht. Über die Hintergründe meiner Venedig-Reise hätten Sie sich übrigens auch in der Zeitung schlaumachen können.«

»Ich muss arbeiten. Ich komme nicht zum Zeitungslesen.«

Konditor Endter vervollständigt nun seinen angefangenen Satz: »… ihr Mann ist nicht nur Bäcker, sondern auch der Obermeister unserer Thüringer Bäckerinnung.«

»Er steht fast täglich 18 Stunden in der Backstube«, erklärt seine Frau, »und er tritt nicht gern in der Öffentlichkeit auf. Deshalb bin ich für ihn hergekommen.«

Trotz der Schinderei könnte es jedoch möglich sein, dass sie in ihrer Bäckerei bald die Rollläden herunterlassen müssen. »Die Billigangebote in den Supermärkten und die Backwarenkette nebenan mit ihren maschinellen Produkten werden uns, die wir fast alles noch mit der Hand machen, in die Pleite treiben. Mindestens an zwei Backshops kommen die Käufer vorbei, bevor sie eventuell bei uns halten. Herr Ministerpräsident, Sie sollten uns Handwerker unterstützen, indem Sie uns weniger besteuern als diese Konzerne. Die Linken müssen den Kleinen helfen, nicht den Großen.«

»Ich kenne das Problem aus unserer Familie«, erzählt Bodo Ramelow. »Ich sollte in der kleinen Bäckerei meines Großvaters lernen und später den Betrieb übernehmen. Wir hatten alte Maschinen, sogar einen vorsintflutlichen Dampfbackofen. Aber es war eben Familienbesitz. Als Schüler verdiente ich mir manchmal ein Taschengeld, indem ich Säcke mit Getreide verlud. Und jedes Mal hatte ich danach geschwollene Augen, bekam kaum Luft, und der Arzt stellte fest, dass ich in höchstem Grad allergisch war gegen Getreide- und Mehlstaub! Aus war der Traum von der eigenen Bäckerei.«

Sie wäre allerdings sowieso bald geschlossen worden, denn in der Nähe öffnete der erste große Massa-Markt, der trieb mit seinen Billigprodukten die Bäcker der Umgebung gnadenlos in den Konkurs.

Leider sei dieses Prinzip, durch Billigprodukte auf Teufel komm raus auch die kleine Konkurrenz zu liquidieren, heute noch aktueller geworden. »Und dazu der Unsinn, den der Bundeslandwirtschaftsminister vertritt: Markengeschützte Landesprodukte wie original Thüringer Bratwürste sollen nach dem TTIP-Abkommen international nicht mehr geschützt sein. Auch in den USA kann man dann Thüringer Bratwürste herstellen. Und sie in Europa, vielleicht sogar in Deutschland, als Markenartikel unter Wert verkaufen.«

Wie er denn diesen Markenausverkauf verhindern wolle und wie ihre Bäckerei weiterexistieren könnte, fragt die Bäckersfrau unbeirrt weiter.

Konditor Endter meint, dass die Leute in Zukunft in den Supermärkten billig einkaufen, aber bei Fleischern, Bäckern, Biobauern und Gärtnern gute Produkte kaufen werden.

Bodo Ramelow bekräftigt das mit der Konfuzius-Weisheit, dass es allemal besser ist, eine Kerze anzuzünden, als nur über die Dunkelheit zu klagen. Er verabschiedet die Sternsinger und dankt für ihren Segen. Dann sagt er zu Alexander Klein: »Die Autogrammkarten sind alle. Wir müssen nächste Woche neue machen lassen.«

Ich gebe der Frau aus Buttelstedt meine Adresse und kündige an, mich ab und an nach ihren kleinen Königen zu erkundigen.

Meine Hoffnung, den Ministerpräsidenten mindestens 7 Tage von früh bis spät begleiten zu können, erweist sich als frommer Wunsch. In seinem Vorzimmer erklären mir Alexander Klein und Frank Schenker, dass es nicht möglich ist, bei vertraulichen Investorengesprächen, beispielsweise mit 50hertz oder Trianel, dabei zu sein. Auch wären Bundesratssitzungen, Tagungen des Kabinetts und Entscheidungen des Ministerpräsidenten über die Besetzung von Stellen in der Staatskanzlei und in Ministerien kein Stoff für ein Buch.

Sie würden mir jede Woche einige öffentliche und nichtöffentliche Termine für meine Recherchen vorschlagen. Am Freitag könnte ich am Gespräch des Ministerpräsidenten mit dem Direktor der Schmalkaldener VR-Bank und den Vertretern von ENERCON im Hotel Waldhaus teilnehmen. Dort wird man über die Finanzierung und den Bau von Windrädern und Solaranlagen in Thüringen sprechen. Allerdings möchte der Ministerpräsident nicht, dass ich während der Beratung eine Frage stelle. Ich bin einverstanden.

Das Hotel befindet sich abseits der Landstraße von Schmalkalden nach Trusetal wirklich mitten im Wald. Davor stehen einige Männer nur im Anzug neben dem schon dreckigen Januarschnee und frieren. Sie warten.

Holger Auerswald, der persönliche Mitarbeiter des Abgeordneten Bodo Ramelow, versichert nach einem Telefonat, dass der Ministerpräsident pünktlich kommen wird.

Wir versuchen uns die Füße warm zu treten.

Von den Wartenden kenne ich noch Steffen Harzer, den energiepolitischen Sprecher der Linken, und Manfred Hellmann, den Bürgermeister der »Solarkommune« Viernau.

Ich nutze meine noch nicht eingeschränkte Redefreiheit und unterhalte mich mit den drei Männern, die am meisten frieren. Um den Ministerpräsidenten in protokollarischer Anzugordnung begrüßen zu können, haben sie ihre Mäntel schon im Hotel abgelegt. Zwei vertreten den ENERCON-Konzern, der in aller Welt Windräder und andere energetische Aggregate aufbaut. Projektleiter Holger Clausen erklärt mir, dass seine Firma mit einem Spezialturmdrehkran Segmente rund 160 Meter hinaufhieven und im Wald Windräder auf sehr kleiner Rodungsfläche montieren kann. Doch er ist nicht bei der Sache. Unentwegt blickt er in die Schneise, aus der die Limousine des Ministerpräsidenten kommen wird.

Sein Kollege, der schon ausgeprägte Geheimratsecken hat, überreicht mir sofort seine Karte. »Michael Liesner, Government and Political Relations«. Auf gut Deutsch: Michael Liesner, verantwortlich für Politik und Regierungsbeziehungen.

Nein, heute wollen sie natürlich keine Windräder verkaufen, aber sie sind dankbar, dass sie mit der Bank und dem »höchsten politischen Entscheider von Thüringen« ins Gespräch kommen können. Mitarbeiter des Thüringer Ministeriums für Landwirtschaft, Forsten, Umwelt und Naturschutz (er kann nicht wissen, dass es dieses Ministerium so nicht mehr gibt) hätten signalisiert, dass Herr Ramelow die Energiewende unterstützt, für die dezentrale Energiever-sorgung der Kommunen eintritt und auch den Bau von Windrädern im Wald toleriert.

Am herzlichsten begrüßt mich Stefan Siebert, der Direk-tor der VR-Bank Schmalkalden/Bad Salzungen. Der 51-Jäh-rige kommt zwar aus dem Rheinland, hat aber eine Schmal-kalderin geheiratet. Noch als der Ministerpräsident schon vorgefahren ist, erzählt er mir hastig, dass jeder von seinen 150 Mitarbeitern eine Woche kostenlos Urlaub in bankeige-nen Ferienwohnungen am Wörthersee, auf Mallorca oder an der Ostsee machen kann ...

Im Beratungsraum ist an der Stirnseite ein Frühstücksbuf-fet aufgebaut. Mit Zwiebelwürfelchen bestreute Gehacktes-brötchen sind auch dabei. Frieder würde sich draufstürzen, denke ich.

Die Stühle und Gedecke reichen nicht für alle Teilnehmer. Der Ministerpräsident entschuldigt sich, dass seine Delega-tion leider etwas größer geworden ist.

Nach der Vorstellungsrunde beginnt ein »energetisches Fachgespräch«, von dem ich wenig verstehe. Ich müsste eigentlich Zwischenfragen stellen.

Am verständlichsten erscheint mir die Idee des Energie-sparbuchs, die Stefan Siebert verwirklichen will.

»Wir besitzen als Genossenschaftsbank schon 9 Windräder in Thüringen. Für die nächsten, die wir bauen, möchten wir ein Energiesparbuch ausgeben. Wenn ein Windrad zum Bei-spiel 10 Millionen Euro kostet, werden wir als Bank 5 Mil-lionen investieren, und die restlichen 5 Millionen begleichen wir mit den Einlagen aus den Energiesparbüchern. Dafür erhalten die Besitzer auch bei ständig sinkenden Zinsen kontinuierlich 2 Prozent. Wir verkaufen den Strom an die Kommunen, und die 5 Millionen Euro der Sparbuchbesitzer bleiben als Wertanlage im Land Thüringen.«

Der Ministerpräsident findet den Vorschlag nicht nur wegen der »Wertschöpfung in Thüringen« gut, sondern auch wegen der kontinuierlichen Zinsen.

Der Bankdirektor will »Windräder mit Energiesparbuch« nicht nur im Territorium von Schmalkalden und Bad Salzungen bauen lassen, sondern beispielsweise auch in der Nähe des Erfurter Flughafens. Dazu muss die Schmalkaldener VR-Bank mit der VR-Bank von Erfurt kooperieren. Doch die Volksbanken in Thüringen sind betriebswirtschaftlich und organisatorisch eigenständige Unternehmen.

Der Ministerpräsident hat die Schwierigkeiten solcher Kooperationen auch nach der Wende kennengelernt, als er die Insolvenz der Thüringer Konsum-Verbände durch Zusammenlegung verhindern wollte. Das sei nicht an technischen oder strukturellen Problemen, sondern am Faktor Mensch gescheitert. In einem großen Konsum-Verband hätten Vorstandsmitglieder der früheren kleinen Verbände auf Spitzengehälter oder Dienstautos verzichten müssen. »Privat ist eben oft wichtiger als gesellschaftlicher Fortschritt.«

Der Direktor der VR-Bank bittet den Ministerpräsidenten, seinen politischen Einfluss zu nutzen, um die kommunalen Sparkassen zu einer gemeinsamen Finanzierung der alternativen Energiegewinnung zu bewegen. Und Bodo Ramelow bittet, dass er sich, bevor er als Ministerpräsident zum umstrittenen Thema der »vermaledeiten Trassenführung über den Rennsteig« spricht, ein Brötchen vom Buffet holen kann.

Auch für das, was er zu den Trassen ausführt, fehlen mir die Detailkenntnisse. Wenn das Thüringer Landesverwaltungsamt im laufenden Planfeststellungsbeschluss den dritten Bauabschnitt durch den Thüringer Wald bis zur bayrischen Grenze bestätigt, müsse er die Suppe auslöffeln, die ihm die CDU-Regierung eingebrockt hat.

»Ich zähle jeden Strommast von hier bis zum Froschgrundteich an der Grenze nach Bayern. Ich werde versuchen, den unnötigen Bau von zwei Umspannwerken bei Schalkau zu verhindern. Ich werde die Nutzung einer schon bestehenden Leitung von Altenfeld über Suhl prüfen lassen. Ich werde eine weitere Stromtrasse von Schalkau zum bald abgeschalteten Atomkraftwerk Grafenrheinfeld durchs Heldburger Unterland zu verhindern versuchen …«

Er zeigt die Streckenführung auf einer Karte, erklärt mögliche Alternativen, nimmt sich noch ein Brötchen und kaut, während er spricht. Ich erinnere mich, dass meine Mutter immer sagte: Junge, du musst schneller essen und langsamer reden.

Doch selbst wenn er langsamer geredet hätte, wäre ich nicht schlauer geworden. Ich weiß zwar, dass die Linke unter Führung der jetzigen Ilmenauer Landrätin Petra Enders seit 10 Jahren gemeinsam mit Bürgerinitiativen gegen diese Trasse protestiert hat, aber ich kann nicht beurteilen, ob und was bei einer Genehmigung noch zu verändern ist.

Der Projektleiter von ENERCON bedankt sich für die Möglichkeit, mit dem Ministerpräsidenten sprechen zu können, und berichtet, dass Grundstücksmakler und dubiose

Firmen den Kommunen, Waldbesitzern und Bauern ihr Land abkaufen, um es als Reservegebiete für Wind- oder Solarparks an Hedgefonds, Finanzhaie oder Konzerne zu verhökern.

Stefan Siebert sagt, dass es gut ist, wenn Grund und Boden sowie Planung, Finanzierung und Verwertung der Wind- und Solarstromgewinnung in den Thüringer Kommunen, Genossenschaften und Banken bei sogenannten Energiekombinaten in einer Hand bleiben.

»Aber besser nicht von einem Kombinat reden«, rät der Ministerpräsident. »Es gibt Leute, die sofort wieder Stasi und Hasi hören.«

»Der Begriff ›Kombinat‹ ist gut. Den kennen die Leute hier«, widerspricht Stefan Siebert.

Der Ministerpräsident versichert, dass er und seine Regierung verhindern möchten, dass in Thüringen mit kommunalem Land spekuliert wird. Doch der Handel mit Grundstücken und Energie ist eben ein lohnendes Geschäft.

Der Bankchef kennt das. Der Bauernverband oder staatliche Stellen können zwar abraten, für schnelles Geld Land zu verkaufen, sie können spekulative Verkäufe aber nicht verhindern. »Wir leben schließlich im marktwirtschaftlichen Kapitalismus und nicht mehr in der planwirtschaftlichen DDR.«

Man müsste gemeinschaftliche Ideen, die dem Land nützen, auch gegen private Profitinteressen durchsetzen, ermutigt der Ministerpräsident im Schlusswort. »Es ist natürlich profitabler, einen Windpark mit 30 Rädern zu bauen, als nur ein Rad für eine Kommune oder für die Eigenstromversorgung der Sportanlagen in Oberhof aufzustellen. Doch politisch bin ich für den Bau eines Windrades, um die Kommunen energetisch unabhängig zu machen. Auch deshalb können sowohl die VR-Bank als auch ENERCON – ohne dass ich der Meinung des Hauses von Anja Siegesmund vorgreife – bei der Umsetzung ihrer Vorhaben mit der Unterstützung durch die rot-rot-grüne Regierung rechnen.«

Beifall.

Visitenkartentausch. Man wird sich wieder treffen.

Der Ministerpräsident bekommt zum Abschied ein Fachwerkhaus, das mit Nougat vom Schmalkaldener Süßwarenbetrieb Viba gefüllt ist, und das Modell eines Windrades, das er eigenhändig zusammenbauen kann. Ob er dafür Zeit findet, weiß er nicht. »Aber ich hätte dann wie Frau Siegesmund ein Windrad auf meinem Schreibtisch stehen.«

Er schreibt ins Gästebuch, dass ihm das Essen gut geschmeckt hat.

Nachdem Bodo Ramelow abgefahren ist, meint der Wirt, dass er persönlich nichts gegen einen roten Ministerpräsidenten hat. Geschäftlich würde ihm die FDP mit ihrer Wirtschaftspolitik und den Fördermaßnahmen für Hotels natürlich näherstehen. »Aber auch in der DDR war meine persönliche Meinung eine andere als die ideologische, die für das Geschäft nützlich war.«

»Und Windräder im Wald?«, frage ich.

»Nee, in unserem Grund bläst der Wind nicht oft.«

Bevor wir uns verabschieden, frage ich den Bankdirektor, ob wirklich alle Mitarbeiter seines Unternehmens eine Woche kostenlos die Ferienwohnungen nutzen können. »Ja, jeder einmal im Jahr.« Sie hätten auch einen Arzt, der die Belegschaft betreut, man kümmere sich um Kindergartenplätze, organisiere Patenschaften von jungen Leuten für Menschen im Seniorenheim … Als Direktor einer Bank im Osten könne er Stück für Stück seinen Traum einer sozialen, solidarischen Gemeinschaft, den er schon in Westdeutschland geträumt hat, realisieren. »Vielleicht versucht das auch Herr Ramelow und wollte deshalb hier ganz nach oben.«

Im Osten die alten Träume der West-Linken verwirklichen? Ich sage, dass ich mir meine Träume von einer gerechteren Gesellschaft, die ich in der DDR hatte, auch heute nicht erfüllen kann. »Sie sind ja auch nicht Ministerpräsident oder leiten eine Bank«, sagt er lachend. »Außerdem haben sich Westdeutsche im Osten auch andere Träume erfüllt.«


Am Abend marschiert Sügida (**Sü**dthüringer **g**egen **I**slamisierung **d**es **A**bendlandes), der Ableger von Pegida, durch Suhl. Ihre Anhänger treffen sich zur ersten großen Thüringer Demonstration auf dem Marktplatz vor dem Suhler Rathaus. Es ist das Rathaus, in dem 1920 sozialdemokratische, kommunistische und parteilose Arbeiter die junge Republik und die Demokratie gegen die Soldateska des putschenden deutschnationalen Generals von Lüttwitz verteidigten. Über der Rathaustür erinnert die Tafelinschrift »Im grünen Wald die rote Stadt, die ein zerschossen' Rathaus hatt« an diese Kämpfe.

Ein Bündnis aus Vertretern der Kirche, der Vereine, Gewerkschaften, der Linken, SPD und Grünen hat die Bürger von Südthüringen aufgerufen, sich gegen den Aufmarsch zu wehren und den über 1000 Flüchtlingen, die vorübergehend auf dem Suhler Friedberg Asyl erhalten haben, das

Gefühl zu vermitteln: Ihr seid hier willkommen! Sie versammeln sich auf dem Platz der Deutschen Einheit, der früher nach Ernst Thälmann und noch früher nach Bismarck benannt war.

Ich laufe auf dem Steinweg, der die Kundgebungsorte verbindet, zum Marktplatz. Suhler, die mir entgegenkommen, rufen: »Scherzer, du gehst in die falsche Richtung!«

Sowohl das Rathaus als auch der davor stetig hämmernde steinerne Waffenschmied sind heute nicht beleuchtet. Die ersten, zumeist kurzgeschorenen jungen Demonstranten stehen vor der Rathaustreppe, montieren Scheinwerfer und Lautsprecher. Einer von ihnen zeigt in Richtung Platz der Deutschen Einheit und informiert die Kameraden: »Die Kanalratten dort sind auch nicht mehr als wir hier.«

Ein älterer Mann steht abseits der inzwischen deutsche und fränkische Fahnen schwenkenden Gruppen. Sein Rücken ist stark gekrümmt. »Ich bin Maurer«, erklärt er mir, als ich ihn nach seinem Leiden frage. Er kommt aus Mühlhausen. »Wir hatten gehört, dass die Pegida endlich auch in Thüringen gegen Ausländer und deutsche Volksverräter demonstriert. Deshalb sind wir nach Suhl gefahren.«

Seine Frau ergänzt: »Nicht nur deshalb. Willi wollte sich hier auch an seine Arbeit erinnern. Er hat an der Autobahn von Meiningen über Suhl nach Ilmenau mitgebaut.«

»Ja, wir haben damals Tag und Nacht schuften müssen! Nicht wie die Ausländer, denen man heute fürs Nichtstun Essen, Wohnung und Schnaps bezahlt. Alles von unseren Steuern!« Morgen würde Bodo Ramelow das ehemalige Kasernengelände in Mühlhausen besichtigen. Angeblich, um ein neues Gewerbegebiet zu fördern. »Aber in Wirklichkeit will er dort Flüchtlinge unterbringen. Und dann gute Nacht, Mühlhausen!«

Die Organisatorin der Sügida-Kundgebung, Yvonne Wieland, die im Internet gefordert hatte, endlich mit Ausländern kurzen Prozess zu machen, und der Anführer des rechten »Bündnisses Zukunft Hildburghausen«, Tommy Frenck, begrüßen ihre Anhänger mit dem Schrei: »Hallo Suhl!« Die Masse schreit zurück: »Hallo Thüringen!« Noch einmal lauter Beifall. Bei »Hallo Deutschland!« reißen alle die Arme in die Höhe und brüllen.

Dann verliest die Anmelderin die Auflagen der Stadtverwaltung für die Kundgebung: »Keine Bierflaschen … Transparente nur in der Größenordnung von …« Als sie verkündet: »Keine Zahlen wie 14, 18, 28, 88 und mögliche Buchstabenkombinationen aus SS«, schreien einige: »Pfui Suhl!«

Danach die Reden: … der deutsche Arbeiter wird von der herrschenden Politikerklasse ausgebeutet … er hat niemanden mehr, der für ihn spricht … die Banken betrügen das deutsche Volk … die Gutmenschen sind die Verräter am deutschen Volk … eine schwarze Hautfarbe, und du darfst hier alles … das deutsche Volk wird von Bonzen betrogen … die Schnauze voll von der Lügenpresse …

Und : … Tausende Parasiten auf dem Friedberg …

Pfui! Pfui!

Und: Wollt ihr Deutschland vor Multikulti retten?

Und wieder wird geschrien: Ja!

Als einer sieht, dass ich Sätze der Rede aufschreibe, reißt er mir die Papierblätter aus der Hand. Es sind die leeren. »Scheiß Lügenschwein«, brüllt er und will mir die restlichen wegnehmen. Doch einer aus der Gruppe hält ihn zurück.

Die Polizisten in schwerer Schutzkleidung, es sollen mittlerweile 300 in Suhl sein, haben inzwischen den Steinweg mit Gittern abgesperrt.

Ein Mann ruft: »Sperrt lieber die Ausländer ein, damit die nicht mehr klauen können!«

In seinem Nachbarort Steinbach hätten mutige Einwohner eine Bürgerwehr gegründet. »Die Männer laufen nachts Streife, um ihr Hab und Gut vor Einbrüchen der Asylanten zu schützen.« Der Mann kommt aus Schönbrunn. Sein Schwiegersohn ist dort, wie er sagt, Bürgermeister. Auch sie würden im Ort jedes Auto mit einem fremden Kennzeichen beobachten. Er hätte heute – »damit uns alle hier verstehen können« – seine Lautsprecheranlage mitgebracht. Er fragt, ob ich die Koransuren kenne, in denen Mohammed die Muslime aufruft, alle Ungläubigen zu töten.

Als ich entgegne, dass die Christen mit Feuer und Schwert und Pogromen fremde Länder erobert hätten, um sie im Namen ihres Gottes zu christianisieren, bestätigt er das sehr laut und verflucht die Katholiken: »Diese Schweine, die heute Kinder missbrauchen.«

Der Demonstrationszug wird angeführt von Fahnenträgern. Dahinter halten Männer eine große prozessionsähnliche Standarte, auf der »Ami go home« steht, in die Höhe. Dazu Sprechchöre im Takt der Marschtritte. »Wir sind das Volk!« – »Lügenpresse, Lügenpresse!« – »Deutschland den Deutschen!«

Ich kenne »Sieg Heil!«-Aufmärsche, »Juda verrecke!« und Goebbels' »Wollt ihr den totalen Krieg?« nur aus Filmen. Filme der deutschen Vergangenheit. Heute Abend überlaufen mich zum ersten Mal Angstschauer vor der Gegenwart.

Ich drängle mich durch die Polizeikette. Auf dem Platz der Deutschen Einheit haben sich bestimmt 800 Menschen versammelt. Zwischen Samba-Trommlern und Bänder schwingenden Gymnasiasten steht auf der Freitreppe vor dem Portalgebäude fast ein Drittel der Thüringer Regierung. Bildungsministerin Birgit Klaubert hat sich eine rote Lichtschlange um den Hals gebunden, Finanzministerin Heike Taubert eine blaue. Der Justiz- und Migrationsminister Dieter Lauinger … nein, grüne Lichtschlangen gibt es nicht. Aber grüne Luftballons.

»Suhl bleibt bunt!« Der Ruf von Superintendent Martin Herzfeld ist nicht überall zu verstehen, denn hier fehlt eine Lautsprecheranlage. Mit einem Megafon versucht Birgit Klaubert sich auch in den hinteren Reihen verständlich zu machen. Sie rezitiert Brechts Kinderhymne:

»Anmut sparet nicht noch Mühe …«

Die Plakate sind auch aus der Entfernung zu lesen: »Auch Jesus war Ausländer.« – »Der Fuchs ist schlau und stellt sich dumm, bei Sügida ist es andersrum.« – »Wirr ist das Volk!« – »Veganer gegen die Salamisierung des Abendlandes!« – »Wenn ihr das Volk wärt, wär ich ein Flüchtling.«

Auch nach dem Ende der Kundgebung auf dem Platz der Einheit versperrt die Polizei den Aufgang zum Steinweg, denn die Anhänger des rechtsextremen »Bündnisses Zukunft Hildburghausen«, NPD-Mitglieder aus Hessen, Thüringen und Bayern, Kämpfer der »Freien Kameradschaften«, Hooligans und ausländerfeindliche Protestbürger aus Suhl marschieren noch durch die Stadt. Und Gegendemonstranten blockieren ihren Weg und schreien: »Nazis raus!«

Die SPD-Landtagsabgeordnete Diana Lehmann, die während der Kundgebung Tee ausgeschenkt hat, will zusammen mit Birgit Klaubert, die sehr zufrieden ist, weil sie 800 und die Nazis nur 600 waren, in ihr Büro auf dem Steinweg gehen.

Die Polizisten rücken dichter zusammen. »Kein Zugang zum Steinweg!« Birgit Klaubert, ich weiß nicht, ob sie ihren Ausweis deutlich gezeigt hat, fragt: »Auch für eine Thüringer Ministerin nicht?«

»Auch für eine Ministerin nicht!«

Diana Lehmann erklärt, dass sie als Abgeordnete in ihr Büro muss. Da wird die Polizeikette geöffnet.

In den Nebenstraßen widerhallt der dumpfe Ruf »Wir sind das Volk!«, und mir deucht, dass der Himmel darüber aufleuchtet, als ob er von Scheinwerfen angestrahlt wird.

Zu Hause lese ich Brechts Kinderhymne.

Auf der einen Seite die leisen poesievollen klugen Worte von Brecht über ein gutes Deutschland, das erblühen möge. Dazu die lauten Ministerreden vom »zivilgesellschaftlichen Widerstand«. Die Samba-Trommlerinnen. Die Luftballons und Leuchtschlangen. Die mit Filzstiften auf Pappen geschriebenen Willkommensgrüße. Die tanzenden und singenden Menschen.

Auf der anderen Seite die fanatischen Hassgesänge gegen Flüchtlinge. Die nagelbeschlagenen Stiefel der neuen Nazis. Die missbrauchte Behauptung: »Wir sind das Volk!«

Und dazwischen?


Am Morgen ist die Erde über der Wasserleitung noch tiefer gefroren. Frieder schwingt den Pickel. Zur Demo war er nicht. Stattdessen hat er sich beim Nachbarn die Tageszeitungen der vergangenen Woche geholt. »Der sammelt sie, und ich bringe seinen Hasen dafür mein altes Brot.«

»Und Weihnachten kriegste noch einen Braten dazu?« Er nickt.

Ist schon ein Schlitzohr, dieser Frieder, denke ich, verkneife mir aber die Frage, ob er die Zeitung braucht, um in seinem Kanonenofen Feuer zu machen. Frieder antwortet, ohne dass ich ihn gefragt habe. Er würde regelmäßig den Politik- und den Sportteil lesen.

»Borussia Dortmund hat leider schon wieder verloren. Und zwei Thüringer SPD-Landtagsabgeordnete sind angeblich von einflussreichen CDU-Politikern bestochen worden.« Dortmund stehe nun auf einem Abstiegsplatz. Aber die SPD-Abgeordneten sollten, wenn durch ihre Gegenstimme die rot-rot-grüne Regierung nicht zustande gekommen wäre, einen Posten in der dann möglichen schwarzroten Regierung erhalten.

»Haben sie aber nicht gemacht. Also war bei der geheimen Wahl kein Leck in den Koalitionsfraktionen.«

Doch diese Gefahr bestände nun bei jeder Abstimmung, vor allem beim Haushalt 2015. »Wenn's dabei mit der Ein-Stimmen-Mehrheit nicht klappt, klappt gar nichts mehr im Land.« Deshalb würde er Bodo Ramelow raten …

Ich unterbreche ihn. Ob es nicht vermessen ist, dass der Schachtarbeiter Fridolin Scheusel dem Ministerpräsidenten Bodo Ramelow Ratschläge für die Regierungspolitik erteilt.

»Nu pass mal gut auf: Ich war schließlich in Bayern fast zwei Jahre der private, sozusagen ehrenamtliche Berater von einem hohen CSU-Beamten. Der hatte sich als 18-Jähriger mit meiner Schwester Eleonora verlobt und schätzte noch später als Regierungsbeamter, dass ich ihm damals abgeraten hatte, sie zu heiraten, weil sie nämlich nicht häuslich ist. Ramelow würde ich raten, vor der entscheidenden Abstimmung einigen Spezis von der CDU bei den Haushaltsfinanzen eine Freude zu machen.« Er könnte beispielsweise für den Bund der Vertriebenen einige Tausender zusätzlich einplanen lassen. »Dann würde der Chef der Vertriebenen auch als CDU-Abgeordneter nicht gegen den rot-rot-grünen Haushalt stimmen. Bodo Ramelow bräuchte eben einen Berater wie mich!«

Ich ermahne ihn, mit seiner Angeberei nun aufzuhören und stattdessen mit dem Schachten fortzufahren. »Aber heute allein.«

# Von linken Gemischtwarenhändlern, dem großen Bahnhof bei der Suche nach einem Leck und zwei Hunden, die mit ihren Herrchen Ministersessel ausprobieren

Susanne Hennig-Wellsow lebt, besser, sie arbeitet immer noch im Chaos. Immer noch stehen Regale und Farbtöpfe auf dem Flur. Immer noch hängt das Schild »Die Linke. Bodo Ramelow. Fraktionsvorsitzender« an ihrer Tür. Und immer noch liegt die vergilbte Reclam-Ausgabe des »Kommunistischen Manifests« auf ihrem Schreibtisch.

Doch an die weißgetünchten Wände hat die linke Fraktionsvorsitzende vier Fotos gepinnt: Vor dem Zaun eines syrischen Flüchtlingscamps steht eine Frau mit ihrem Kind auf dem Arm … zwischen den Ruinen einer syrischen Stadt baumeln Plüschtiere auf der Leine … die fragenden Augen eines syrischen Mädchens … Kinder, die auf Brettern schaukeln, die mit Paketschnüren an Bäume gebunden sind.

Ein befreundeter Fotograf war in Syrien und im Irak.

Ich frage, weshalb sie am Montag nicht zur Protestkundgebung gegen den Aufmarsch von Sügida gekommen ist.

Erstaunt entgegnet sie: »Ich stand bei den Samba-Trommlerinnen und den Ministern direkt neben dir! Du hast nicht einmal gegrüßt.« Lachend beruhigt sie mich: »Ich hatte meine dicke Pudelmütze über den Kopf gezogen.« Wenn man die kurz geschorenen, sich auf Scheitelhöhe frech aufrichtenden strohgelben Haare (ähnliche, wie sie Bodo Ramelow in seiner Revoluzzerzeit trug) nicht sieht, bleibt sie in der Masse unerkannt.

»Ich muss als Politikerin nicht immer im Licht stehen. Vielleicht sollten wir uns angewöhnen, etwas zu tun, ohne vorher zu überlegen, ob und wie wir dabei wirken.«

»Also immer mit Pudelmütze?«

»Im Prinzip, ja. Aber bevor Bodo in die Normalität der Arbeit abtauchen kann, muss er erst mal sehr laut öffentlich rufen: He, hier bin ich! Ich, der Neue!«

»Revier abstecken? Oder Einkaufstour für neue Verbündete?«

»Beides. Vor allem Zustände und Zuständige kennenlernen, Ereignisse und Fakten studieren und alles auf seiner Festplatte im Kopf speichern.« Und dieses Speichervolumen sei fast unbegrenzt.

Als er zum Beispiel die Erstaufnahmeeinrichtung für Flüchtlinge in Suhl besucht hat, kam er zurück und informierte, als ob er dort seit Jahren arbeitete: 1189 Flüchtlinge, davon 241 Frauen, 113 Familien, 160 Kinder. 9 Betreuer. 18 Mitarbeiter des Sicherheitsdienstes. Für die Bearbeitung der Asylanträge müssen die Asylbewerber von Suhl in das Bundesamt für Migration und Flüchtlinge nach Hermsdorf gefahren werden. Hochqualifizierte Ausländer warten vergeblich, dass sie wenigstens ein Praktikum machen dürfen. Junge Afrikaner, die in ihrem Quartier die Wände anstarren, möchten hier einen Beruf erlernen.

Bodo Ramelow schlussfolgerte: Personal muss aufgestockt werden. Gelder dafür vom Land. Die Bundesstelle für Asylverfahren soll direkt nach Suhl verlegt werden, bürokratische Hürden beseitigen, damit asylsuchende Ärzte nach einer Prüfung sofort als Praktikanten eingestellt werden können. Mit der Industrie- und Handelskammer wird beraten, wie die

Im Gespräch mit Flüchtlingen in Suhl
© Karl-Heinz Frank

Berufsausbildung von jungen Ausländern organisiert werden kann. Zuvor wurde mit den Grünen und der SPD im Interesse der Familien und Kinder ein Abschiebestopp im Winter beschlossen.

Für diese Analyse und erste Konsequenzen würde mancher Ministerialbeamte einige Wochen brauchen.

Doch in einigen Situationen wüsste er noch nicht: Bin ich gerade der Privatmann oder der Ministerpräsident.

Bei einer Podiumsdiskussion über das staatliche Unrecht in der DDR hatte er angekündigt, nur als Zuhörer im Publikum zu sitzen. Fast eine Stunde schaffte er das auch. Doch als die frühere Lebensgefährtin des Jenaer Bürgerrechtlers Matthias Domaschk – der 1981 unter mysteriösen Umständen im Geraer Stasi-Gefängnis ums Leben kam – mitteilte, dass der Ministerpräsident ihren Brief mit der Bitte um Hilfe bei der Aufklärung der Todesursache nicht beantwortet hat, steht Bodo Ramelow auf und verspricht, sich zu kümmern. Nach der Veranstaltung redet er mit der Frau und seinem Justizminister. Aufarbeitung als Chefsache, aber eigentlich hätte er sich erst mit dem Justizminister abstimmen müssen.

Inzwischen hat er in der Staatskanzlei eine Arbeitsgruppe bilden lassen, in der Juristen und Sachverständige nicht nur den Fall Domaschk, sondern auch den eines an der DDR-Grenze angeblich durch Selbstmord umgekommenen Offiziers noch einmal aufrollen werden.

Ihr Mann ruft an und fragt, ob sie rechtzeitig nach Hause kommt, um das Kind zu stillen.

»Gib ihm die Flasche«, bittet sie. »Es wird später. Nach dem Scherzer noch ein Gespräch mit der Innenarchitektin, dann Abgeordnetenbesprechung.«

Ich frage, ob es schwer war, sich als Verhandlungsführerin der Linken bei den Koalitionsverhandlungen 10 bis 14 Stunden zu konzentrieren.

»Ich verstand mich mit Bodo Ramelow und Steffen Dittes, unserem stellvertretenden Parteivorsitzenden, fast blind. Doch die größte Hilfe war mein – Entschuldigung unser – noch kein Jahr alter Sohn Hugo. Ich reagiere wie Bodo sehr spontan. Aber man kann nicht mit dem Kind schimpfen, wenn es schreit. Man holt es ins Bett und beruhigt es. Man darf seine Aggressionen nicht am Partner auslassen, sondern muss ruhig bleiben. Das habe ich inzwischen gelernt.«

Wenn sie nicht entscheiden kann, ob sie ein Problem nach Feierabend noch hier bearbeiten oder nach Hause gehen soll, packt sie die Akten ein. »Wir wohnen in der Nähe. Eine halbe Stunde mit Hugo kuscheln. Das brauchen wir beide.«

Ihr Mann betreut das Kind. »Manchmal bringt er Hugo zum Stillen ins Büro. Aber während der Landtagssitzung das Kind an die Brust zu legen, wie das Frauen im Bundestag schon gemacht und sich nicht einmal verbeten haben, fotografiert zu werden – nee, das nie! Niemals!«

Inzwischen schafft sie den Spagat zwischen Politik und Baby. Ihr Problem dabei: »Ich wurde in der Jugend auf Kurzstrecken getrimmt. Ich bin keine Marathonläuferin.«

Mit 14 Jahren begann Susanne Hennig Eisschnelllauf zu trainieren. Direkt vor ihrem Bürofenster befindet sich die Eissporthalle. Sie hat 7 Jahre trainiert, aus dem Stand heraus sofort mit der schnellst möglichen Geschwindigkeit zu laufen. »In der Politik braucht man aber oft die Fähigkeit eines Langstreckenläufers. Das ist mir zu langweilig. Ich will schnell ans Ziel kommen.«

»Sprinter sind Einzelkämpfer. Einer gegen alle«, vermute ich. »In der Politik geht es wahrscheinlich nur mit Teamarbeit in der Fraktion und Zusammenarbeit zwischen Fraktion und Regierung.«

Im Prinzip würde das stimmen. »Doch auch eine Sprinterin läuft ihre Trainingseinheiten nie allein. Drei Runden schaffst du das geforderte Tempo. Dann müssen die anderen dich einholen und, sich gegenseitig anspornend, mit dir gemeinsam laufen. Nur so kannst du das Tempo halten. Auch in der Politik.«

»Und welche Marathonstrecken muss man als Sprinterin in der Politik bewältigen?«

»Beispielsweise den Haushalt. Alle wollen mehr Geld. Trotzdem darfst du keine neuen Schulden machen. Sparen durch den Abbau in öffentlichen Bereichen wird gefordert.

Aber gleichzeitig sollen wir mehr Lehrer und mehr Polizisten einstellen. Da brauchst du schon einen verdammt langen Atem. Außerdem ...« Sie redet nicht weiter.

»Außerdem?«

»Außerdem muss ich mich energischer dafür einsetzen, dass unsere Partei ihre linke Identität bewahrt. Wir dürfen nicht zu Gemischtwarenhändlern werden. Alles machen und alles verkaufen, damit alle zufrieden sind. Das funktioniert weder in der Regierungsarbeit des Ministerpräsidenten noch in der Politik der Linken. Die Mitglieder dürfen nicht das Gefühl bekommen, dass wir nur noch der verlängerte Arm des Ministerpräsidenten und der Ministerien sind. Bodo ist kein Parteiplayer. Wenn er zu einem Problem eine Meinung hat, vertritt er sie so überzeugend, dass kaum jemand widerspricht. Kurz gesagt: Ich werde höllisch aufpassen, dass sich die Linke in Thüringen nicht an Bodos überparteilicher praktischer Arbeit orientiert und unsere ›Ideologiepartei‹ damit zu einer ›Ramelow-Regierungspartei‹ degradiert wird.«

Der Ministerpräsident müsse zurzeit sehr viele Igel kämmen: Stromtrassen. Aufarbeitung von DDR-Unrecht. Unterkünfte für Asylbewerber. Pumpspeicherwerk am Rennsteig. Investorenansiedlung. Tourismuskonzept für Oberhof. Meinungsaustausch mit Botschaftern. Arbeitsmöglichkeiten für den Blindenverband. Förderung des Leistungssports. Begräbnis im Friedwald. ICE-Drehkreuz Erfurt. Interviews und Statements in allen großen deutschen Zeitungen und Fernsehanstalten. Talkshows. Alles ist ihm wichtig.

»Aber?«

»Aber vielleicht sollte ich ihm in einer ruhigen Minute von meinem Vater erzählen.«

Ihr Vater war in der DDR Kriminalhauptkommissar. Auch nach der Wende arbeitete er als Kriminalist. »Doch dann merkte er sich viele Einzelheiten nicht mehr. Er vergaß Zusammenhänge. Alzheimer! Er wollte es nicht wahrhaben, wurde böse und beschimpfte andere. Mit 56 Jahren war die Krankheit schon im Rückenmark nachweisbar. Seit einem Jahr liegt er in einem Heim. Jede Woche besuche ich ihn. Ich weiß nicht, ob er mich erkennt. Aber er wird plötzlich sehr ruhig. Vielleicht ist es ein Zeichen, dass er sich erinnert … Wenn ich aus dem Heim komme, ist in meinem Kopf plötzlich alles klar. Keine Politik mehr, die Probleme sind nichtig.«

Auch ihre Schwäche, manchmal zu wenig Selbstbewusstsein zu haben, spürt sie dann nicht mehr. »Aus dieser Schwäche kann Stärke wachsen, wenn man andere fragt und sich beraten lässt. Menschen, denen Selbstbewusstsein fehlt, werden beratungsresistent und überheblich. Das sage ich und Paul, was mein Mann ist, auch.«

Ich frage nach ihm. Sie grinst spitzbübisch. »Paul passt wahrscheinlich nicht ins Klischee.« Nicht wegen des Babyjahres, das jetzt bald zu Ende geht. »Also er kommt aus dem Westen, hat Politikwissenschaft studiert und arbeitete als Berater in der Fraktion. Den Job habe ich ihm organisiert.«

»Klingt nicht gut: Abgeordnete der Linkspartei verschafft ihrem Mann Posten in der Fraktion!«

»Stimmt so auch nicht. In Wirklichkeit verschaffte mir der Posten einen Mann. 2006 brauchte ich für mein Wahlkreisbüro einen festangestellten Mitarbeiter. Die Stelle wurde ausgeschrieben. Ich las fremde Lebensläufe und sah mir Porträtfotos an.«

Sie hat ihn nicht nach dem Gesicht ausgewählt. »Außerdem entsprach er überhaupt nicht meiner Idealvorstellung: dunkelhaarig, groß, sportlich … Paul ist zwar 2 Meter groß, aber blond. Und total unsportlich. Schon im Frühjahr 2007 verliebten wir uns. Sieben Jahre Prüfung und vor einem Jahr, kurz bevor Hugo geboren wurde, haben wir geheiratet.«

»Und wenn das Babyjahr zu Ende ist?«

»Geht Hugo in den Kindergarten, und Paul – das hat die Fraktion ohne mich entschieden – kann wieder bei der Linken arbeiten. Manchmal wird meine Mutter den Kleinen betreuen, aber sie arbeitet noch im Innenministerium.«

Ihr Persönlicher bringt Akten. Obwohl das Fenster mit Blick zur Eissporthalle geschlossen ist, bewegen sich die nur mit einer Reißzwecke befestigten Fotos im Windzug.

»Ich werde sie rahmen lassen.« Außerdem will sie neben der Tür eine dicke Decke ausrollen.

»Für deinen Hund?«

»Nein, als Spielecke für mein – Entschuldigung – für unser Kind.«

Auf der Fahrt nach Hause rufe ich die Mutter von Susanne Hennig-Wellsow an. Wenn sie demnächst Handwerker im Haus hat, wird sie einen Tag frei nehmen, und wir können uns unterhalten.


Im Hotel Thüringen Tourist muss die Trennwand vom Veranstaltungssaal zum Nebenraum wegen der unerwartet vielen Gäste geöffnet werden. Die für die Ramelow-Regierung aus Sachsen nach Thüringen geholte Ministerin für Arbeit, Soziales, Gesundheit, Frauen und Familie Heike Werner wird von Ina Leukefeld vorgestellt. Die Ministerin ist 45 Jahre, lacht aber noch mädchenhaft. Als Verlegenheitswort verwendet sie vor ihren Antworten auf knifflige Fragen ein: »Jaaah …« Danach Pause. Doch sonst sprudelt ihr Redefluss. Sie gestikuliert mit beiden Armen, schüttelt ihr schulterlanges dunkles Haar, schiebt die Strähnen immer wieder aus dem Gesicht. Ich nehme an, dass sie das vielleicht schon als 20-jährige Funktionärin der FDJ-Kreisleitung in Zwickau gemacht hat.

Aber ihre Vergangenheit ist bei der Veranstaltung kein Thema. Nur einmal fragt ein Mann, der seinen Hut beim Reden zerknautscht, wie sich wohl Minister Tiefensee als DDR-Bürgerrechtler und Mitbegründer der SPD fühlt, wenn er jetzt im Kabinett neben der früheren FDJ-Funktionärin Heike Werner sitzt.

Wie Herr Tiefensee sich fühlt, weiß sie nicht. »Wahrscheinlich eher gut. Außerdem halten wir Fast-Leipziger zusammen. Er hat in Leipzig Industrielle Elektronik studiert, ich Philosophie, Erziehungswissenschaft und Soziologie. Er war Oberbürgermeister von Leipzig, ich Fraktionsvorsitzende der Linken im Landkreis Leipzig.«

So viel zur Vergangenheit. Ansonsten Diskussion über Arbeit, Soziales, Familie, Gesundheit, Frauen und außerhalb ihrer Kompetenz über Integrationspolitik. In Suhl lebten vor der Wende 58 000 Menschen. Heute sind es – trotz der Eingemeindung umliegender Dörfer – noch knapp 35 000. Rund 20 000 sind über 50. Es gibt 7500 Arbeitspendler nach Bayern und Hessen und 2000 Unternehmen, die meisten beschäftigen einen oder weniger als 10 Arbeitnehmer.

Die Ministerin sagt, dass sie froh ist, heute in Suhl sein zu können und zu erfahren, welche Probleme es in der Stadt gibt.

»Vielleicht mehr, als Ihnen lieb ist, Frau Ministerin«, beginnt ein Vertreter der Handwerker. »Was wird, frage ich Sie, aus uns Kleinunternehmern, die nicht auf den großen Kriegskassen sitzen, wenn wir allen Beschäftigten den Mindestlohn zahlen? In einem halben Jahr können wir schon pleite sein.«

Die Ministerin: »Jaaah … wir werden das sehr genau analysieren müssen und verantwortungsbewusst für die Kleinunternehmen nach Möglichkeiten suchen, um …«

Man müsse den Prozess begleiten.

»Plötzlich kriminalisiert man die Unternehmer. Ein halbwegs kluger Mensch braucht täglich zwei Stunden, um die bürokratischen Formalitäten für den Mindestlohn auszufüllen. Doch ein Malermeister steht in der Regel selbst den ganzen Tag auf dem Gerüst.«

Man werde sich wegen der Formalitäten kümmern.

Eine Frau verlangt: »Es müsste ein Schwarzbuch geben, in dem alle Bäcker, Ladenbesitzer, Gastronomen, Friseure aufgelistet sind, die keine sozialen Standards einhalten und keinen Mindestlohn zahlen. Bei denen sollte man nicht einkaufen, nichts essen und nicht die Haare schneiden lassen.«

Protestgemurmel.

Ein Vertreter des Blindenverbandes: »Den Ein-Euro-Jobber, der sich mit den Problemen der Blinden vertraut gemacht hat, darf ich nicht länger als 6 Monate beschäftigen. Dann kommt ein neuer, der vielleicht nicht mit Blinden arbeiten will.«

Die Ministerin spricht von der Unmöglichkeit, Bundesgesetze zu ändern.

»Wer redet endlich darüber, dass mit den über 1000 Asylsuchenden in Suhl die Diebstahlquote sprunghaft angestiegen ist?«

»Ich bin alleinerziehende Mutter. Wegen des Kindes kann ich nicht mehr im Handel arbeiten. Ich möchte mich zur Erzieherin umschulen lassen. Dafür brauche ich 20 000 Euro Kredit. Woher nehmen und nicht stehlen? Niemand bezahlt das.«

Die Ministerin erzählt, dass auch sie Alleinerziehende war und nach der Veranstaltung mit ihr sprechen möchte.

Schließlich eine lange Diskussion über Langzeitarbeitslose. Es ist vorgesehen, noch in diesem Jahr einige hundert wieder in Lohn und Brot zu bringen.

Der Suhler Unternehmer Weidner: »Ich habe 15 Langzeitarbeitslose im Betrieb umgeschult. 7 davon arbeiten immer noch bei mir. Nur darüber reden, nutzt überhaupt nicht … Genauso, wie wir nur über Griechenland reden. Wir haben ein Verfahren entwickelt, wie man ohne Strom Wärme in Kälte umwandeln kann. In Kooperation mit der Provinzregierung von Kreta werden wir das ausprobieren.«

Die Ministerin dankt. Und lacht endlich wieder. Aber nur sehr kurz.

»Suhl hat keinen Neurologen. 40 Prozent der Hausärzte sind über 65 Jahre. 10 werden ihre Praxen demnächst schließen.«

»Wir alten Menschen können nicht mehr mit dem Taxi zum Arzt fahren. Wegen des Mindestlohns sind die Tarife um 30 Prozent gestiegen.«

»Kleinunternehmer, die sich selbst ausbeuten und nicht mehr verdienen als ein Hartz-IV-Empfänger, müssen trotzdem 344 Euro Krankenversicherung im Monat bezahlen. Für die ›Hartzer‹ gelten 177 Euro.«

»In 45 Jahren werden in Suhl wegen der Niedriglöhne nur

noch arme Rentner leben. Die Jungen gehen weg. Wissen Sie, worauf Sie sich überhaupt eingelassen haben, Frau Ministerin?«

Für die Ärzte, sagt sie, soll es materielle Anreize zur Neuansiedlung im ländlichen Raum geben. Außerdem Stipendien für Medizinstudenten, die nach dem Studium in Thüringen bleiben werden. »Die Probleme sollten wir gemeinsam am runden Tisch lösen.«

Widerspruch: »Die Ärzte werden nicht hierherkommen, weil wir uns am runden Tisch treffen. Ein runder Tisch bringt heute nichts mehr. Das war 1989/90 möglich, als alles noch möglich war.«

Es gäbe Fördermaßnahmen und Projekte …

Zwischenruf: »Wem nützt diese Projektitis? Die Projekte helfen den Bedürftigen nur kurz. Langfristig belohnen sie dagegen die bürokratischen Projektmacher in der EU, im Bund und in den Ländern. Die sichern sich damit ihre Posten und ihren Günstlingen Zusatzhonorare.«

»Und wie sieht die Förderwirklichkeit aus? Das Finanzamt will unser Geld sofort haben. Aber die Fördergelder? Ein Jahr Bearbeitungszeit in der EU, dann ein Jahr im Bund und schließlich ein halbes Jahr im Land. So ist das, verehrte Ministerin.«

Bei der Verabschiedung erhält sie viel Beifall. Und nach dem Beifall sagt jemand: »Es war gut, Frau Ministerin, dass wir das Gefühl hatten: Die weiß nicht alles, die hört zu. Die kann nicht alles, die wird sich aber kümmern.« Und der Suhler Bürgermeister Klaus Lamprecht (Die Linke): »Liebe Heike Werner, ich wünsche, dass es dir nicht so geht wie mir: Dass dich die eigenen Genossen später anpöbeln, weil du nicht durchsetzen kannst, was sie durchgesetzt haben wollten.«

Sie, schon im Gehen: »Wir sind eine junge Truppe in der Regierung. Die Umweltministerin ist 37, ich bin 45, der Chef der Staatskanzlei ist 48, einige Staatssekretäre sind noch jünger und die Übrigen etwas über 50. Leider fällt es einem, wenn man jung ist, schwer, sich auch die Ohnmacht beim Regieren einzugestehen. Doch wir haben noch viele Jahre vor uns.«


Das morgendliche Treffen am Graben würde ich heute als Arbeitsberatung bezeichnen, doch mein griechischer Freund Evangelos nennt es: großer Bahnhof. Angetreten sind Frieder mit Schaufel und Volker mit Bagger, Karl, der mit dem Traktor Heu für die Rinder bringt, und eben Evangelos, der mir Zaziki und Tarama als Gastgeschenk nach Berlin mitgeben will. Er produziert diese griechischen Spezialitäten mit seinen beiden Söhnen und zwei Frauen in seinem kleinen Suhler Betrieb und liefert wegen der guten Qualität bis nach Südbayern.

In Berlin soll ich Manolis Glezos seine Spezialitäten kosten lassen. »Am besten, du fotografierst es!«

Manolis Glezos hat als 18-Jähriger mit einem Freund die Hakenkreuzfahne der deutschen Besatzer von der Akropolis heruntergeholt. Später verurteilten ihn die Machthaber der griechischen Militärjunta – damals war Griechenland schon NATO-Mitglied (!) – mehrmals zum Tode. Viele Jahre hat er in ihren Kerkern verbracht und wurde zur Symbolfigur des griechischen Widerstands. Heute ist er der älteste Abgeordnete im Europäischen Parlament. 5 Tage vor der entscheidenden Wahl in Griechenland wird er in Berlin sprechen, und ich darf dort aus meinem Buch »Stürzt die Götter vom Olymp. Das andere Griechenland« vorlesen.

Evangelos fragt, ob Bodo Ramelow nach Berlin mitfährt.

»Weshalb sollte er das tun?«

»Aus Solidarität mit den Griechen. Wenn Tsipras gewählt wird, gibt es in Europa zwei linke Regierungschefs. Einen in Thüringen und einen in Griechenland! Tsipras wird gegen die Angst vor den Griechen in Europa und Bodo Ramelow gegen die Angst vor den Ausländern in Deutschland regieren müssen.« Dabei sei es normal, wenn Menschen, die in existentieller Not leben, woanders eine Zukunft suchen, meint Evangelos. »An der Bushaltestelle vor unserem Betrieb schimpften neulich Männer über die Flüchtlinge in Suhl. Ich bin zu ihnen gegangen. Wenn eure Kinder verhungern, weil es hier keine Arbeit gibt, ihr aber erfahren habt, dass es auf dem Mond Arbeit und Essen gibt und außerdem eine Leiter von hier bis zum Mond angelegt ist, würdet ihr dann nicht bis zum Mond hinaufsteigen?, fragte ich. Sie nickten und ich sagte: Die Flüchtlinge in Suhl mussten für Arbeit und Essen nur bis nach Deutschland kommen.«

Während die andern essen, redet er weiter. »Die Rüstungskonzerne müssten durch ein internationales Gesetz für alle Panzer, Gewehre und Drohnen, die sie verkaufen, in einen Fonds einzahlen, mit dem die Opfer ihrer Waffen, die Flüchtlinge in allen Gegenden der Welt, unterstützt werden können.« Aber solch eine Utopie würden weder Alexis Tsipras noch Bodo Ramelow verwirklichen können. Es würde schon reichen, wenn der Ramelow für die kleinen Unternehmer in Thüringen ein bisschen mehr Gerechtigkeit herstellt. »Wovon soll ich Maschinen kaufen? Von den 50 000 Euro Gewinn müssen meine Söhne und ich ein Jahr lang leben. Die Kredite für neue Maschinen kann ich nur drittelweise abschreiben. Doch das Finanzamt will jährlich 40 Prozent Steuern auch für die mit Kredit gekauften Maschinen.«

Volker pflichtet ihm bei, und Karl schimpft, dass das Fleisch seiner Rinder nicht so viel einbringt, dass man sie im Stall füttern kann.

Vor dem Saal am Berliner Mehringplatz gibt es griechischen Wein. Manolis Glezos ist umringt von Journalisten und Freunden. Ich drängle mich bis zu dem kleinen Mann mit dem dichten weißen Schnurrbart und der weißen Haarmähne durch, reiche ihm einen Löffel mit Zaziki. Er versteht, kostet und lobt. Evangelos wird sich freuen, obwohl niemand ein Foto gemacht hat.

Manolis Glezos läuft wie ein junger Mann zur Bühne. Am lebendigsten aber sind seine Worte. Er agiert nicht im Parteijagon, sondern erzählt Geschichten: von überfüllten Aschenbechern und nutzlosem Geschwafel in nächtlichen EU-Runden … und von seinem Bruder, den die Nazis mit 19 hingerichtet haben. »Jede Nacht besucht er mich, fragt: Manolis, was hast du heute geschafft? und ist ungeduldig, weil Manolis die Welt immer noch nicht verändert hat. Ich sage ihm dann: Geduld, mein Bruder.«

Heute ist auch er ungeduldig. »Die Geschichte klopft an die Tür, und wir Griechen müssen diese Tür öffnen!«

Ich beneide ihn um seinen Optimismus. Als ich ihm mein Buch schenke, sagt der 92-Jährige: »Wenn ich alt bin, werde ich selbst Bücher schreiben!« Und als er erfährt, woher ich

komme, bittet er, den »deutschen Tsipras«, den linken Ministerpräsidenten, zu grüßen. Ich nicke und denke, wenn es
Alexis Tsipras nur halb so einfach hätte wie Bodo Ramelow.

Gabi Zimmer, Fraktionschefin der 19 Linksparteien im
Europaparlament, erzählt bei einem Glas griechischen Wein,
dass sich auch ausländische Abgeordnete im EU-Parlament
nach Ramelow erkundigen. »Er ist also in Europa bekannt.
Und die ausländischen Genossen meinen, dass es mit einem
linken Ministerpräsidenten in Deutschland möglich sein
muss, den Einfluss von Angela Merkel in Europa aufzubre-
chen. Ich glaube es zwar nicht, aber es macht Mut, dass endlich auch die Linke in einem deutschen Bundesland regiert.«

Das erste Mal hat sie Bodo Ramelow in Bischofferode gesehen. »Er hat als Gewerkschafter nicht nur gegen Treuhand
und Kali-Bosse gekämpft, sondern auch gegen die westdeutsche Gewerkschaft, die die Schließung der Grube begrüßte.
Das fand ich mutig. 1998 haben wir ihn in einer Erfurter
Kneipe gefragt, ob er sich vorstellen könnte, als Gewerkschafter für die PDS bei der Landtagswahl zu kandidieren.

Fortan war er das Enfant terrible in Thüringen, weil er
Wirtschaftskorruption und Politikfilz aufdeckte. Wenn es
nach ihm gegangen wäre, hätten wir im Landtag im Jahr ein
gutes Dutzend Untersuchungsausschüsse einsetzen müssen.
Wir konnten oft gar nicht so schnell arbeiten, wie er als
Kundschafter in eigener Mission den nächsten Fall aufgriff.
Er warf einen Ball in die Luft, rannte weiter, und auffangen
musste ihn ein anderer.«

Gabi Zimmer hofft, er hat inzwischen gelernt, wie man
einander Bälle zuspielt. »Und dass er nicht vergisst, dass er
am Ende gefragt wird: Welche linken Positionen habt ihr

Linken zum Wohle der Leute in Thüringen durchsetzen können?«

Als ich Bodo Ramelow die Grüße von Manolis Glezos ausrichte, bedankt er sich und meint, dass wir Alexis Tsipras eine SMS schicken können. »Ich habe seine Nummer.«

Mit dem Fotografen der Thüringer Allgemeinen und dem Fernsehjournalisten von Salve-TV Weimar – dem Privatsender, in dem der Ministerpräsident seine Auftritte nachträglich bei Studiointerviews erklärt – warte ich im Flur der Staatskanzlei auf die Hunde, die sich hier zum ersten Mal begegnen werden. Und – wie die Deutschen das treffend formulieren – auf ihre Herrchen und Frauchen. Heute werden es allerdings nur zwei Herrchen sein. Der einladende Ministerpräsident Bodo Ramelow und der Redakteur der Thüringer Allgemeinen Robert Schmidt, dessen Hund per Zeitungsartikel um den Besuch gebeten hatte. Die vierbeinigen Hauptpersonen sind der Regierungshund Attila und der Zeitungshund Herr Lehmann, ein Langhaardackel, der die Leser regelmäßig mit Geschichten aus dem Menschen- und Hundeleben beglückt.

Nachdem sich die Tür der Staatskanzlei automatisch (auch für Hunde!) geöffnet hat und der Kameramann Herrn Lehmann filmt, beginnt der sofort laut und aggressiv zu bellen. Er wird ermahnt, sich hier ordentlich aufzuführen. Herrchen Robert Schmidt hält ihn an der Leine kurz, und der Mann vom Sicherheitsdienst weiß, dass in der Staatskanzlei bisher noch keiner gekläfft hat. »Attila jedenfalls nicht!«

Wie vor einigen Tagen die Sternsinger stehen wir an der Treppe und warten auf den Ministerpräsidenten. Als er mit

Attila an der Leine herabsteigt, bellt Herr Lehmann noch heftiger. Herrchen Robert Schmidt setzt seine Erziehungsversuche mit Ermahnungen fort: »Herr Lehmann, das ist der Regierungshund, der Hausherr. Du darfst ihm, wenn fotografiert wird, nicht deinen Hintern zeigen!«

Nachdem sich die Herrchen freundlicher als ihre Hunde begrüßt haben, der Ministerpräsident Herrn Lehmann für seine Munterkeit gelobt und der Redakteur Attila als »klug und angriffslustig wie sein Herrchen« bezeichnet hat, bitten die Fotografen, dass die Herrchen mit den Hunden auf den von hohen Mauern umgebenen Hof der Staatskanzlei gehen. Dort parken bei Beratungen die Karossen der Minister, und dort können die Hunde losgebunden werden. Sobald sie frei sind, erkunden Regierungs- und Zeitungshund gemeinsam das Terrain, ohne sich anzuknurren. Danach wetteifern beide Herrchen, wessen Hund am bravsten auf »Sitz!« gehorcht.

Der Ministerpräsident erzählt von seiner mündlichen Landtagsanfrage: »Dürfen Stubenkater oder andere Haustiere in die Staatskanzlei?« (Heike Taubert hatte bei ihrer Nominierung zur SPD-Spitzenkandidatin für die Wahl 2014 Bodo Ramelow als rundlichen Stubenkater bezeichnet, dem sie nicht in die Staatskanzlei verhelfen werde.) Die »Staatsjuristen« prüften einige Tage, ob die Kanzlei verpflichtet ist, diese Anfrage zu bearbeiten. Schließlich beantwortete sie Staatssekretärin Hildigund Neubert (»Sonder-Drucksache 5/1«) während der 144. Sitzung des Thüringer Landtages am 27. 2. 2014, einige Stunden vor Beginn der Weiberfastnacht. Sie zitierte aus der Hausordnung für Ministerien: »Das Mitbringen von Tieren ist nicht gestattet. Ausgenommen hiervon sind Blindenführ- sowie Diensthunde der Polizei.

Zeitungshund Herr Lehmann (links) trifft Regierungshund Attila (rechts)
© Katrin Bäßler

Weitere Ausnahmen bedürfen der Genehmigung der Behördenleitung.«

Danach rief Vizepräsident Gentzel den nächsten Tagesordnungspunkt auf.

»Ein schöner Faschingsscherz!«

»Der Text der Anfrage hängt in meinem Büro an der Schranktür«, widerspricht der Ministerpräsident.

Die Treppe hinauf wird Herr Lehmann vom Herrchen getragen. Wie ich beim Schachten hat der 9-jährige Hund beim Treppensteigen Probleme mit der Bandscheibe.

An der Tür zu seinem Zimmer verkündet der Ministerpräsident: »Herr Lehmann, Sie befinden sich jetzt im Zentrum der Thüringer Macht.«

Ich muss Frieder wiederum still Abbitte leisten, denn rechts vom Eingang steht ein Hundekörbchen mit Plastewurst und -knochen. Zwischen Zeitung und Regierung beginnt ein kurzer Kampf um Knochen und Körbchen, den die Regierung für sich entscheidet.

»Attila hat hier«, erzählt der Ministerpräsident ein wenig stolz, »sogar schon den braunen Labrador unserer Fraktionsvorsitzenden besiegt. Der lag danach friedlich und still in der Ecke.«

Auf dem Weg ins Kabinettszimmer, in dem jeden Dienstag die Regierung tagt, entschuldige ich mich in Gedanken noch einmal bei Frieder: Auf dem Schreibtisch liegt wirklich eine Bibel.

Für die Fotografen setzt sich der Regierungschef mit Regierungshund Attila im Arm auf seinen Stammplatz unter das Porträt von Bundespräsident Joachim Gauck. Und läutet die Glocke. Rechts daneben platziert er Herrn Lehmann mit Herrchen.

»Auf diesem Stuhl sitzt sonst Frau Ministerin Klaubert«, sagt der Ministerpräsident lachend. »Jetzt ist die Bildung also auf den Hund gekommen.«

Die Fotografen knien auf dem Fußboden und recken sich vor Begeisterung auf Zehenspitzen. Zwei Hunde mit ihren Herrchen auf den Ministersesseln.

Ich versuche, die winzigen Lämpchen, die von der Decke im Kabinettssaal strahlen, zu zählen. Bei 87 höre ich auf, es sind bestimmt an die 200. Aber 3 von ihnen brennen nicht. Das schreibe ich ins Notizbuch.

Die Herrchen verabschieden sich voneinander. Herr Lehmann wird die Treppe hinuntergetragen.

»Ich habe noch 20 Minuten Zeit bis zum nächsten Termin«, sagt Bodo Ramelow zu mir und beginnt sofort übergangslos von einer Begegnung zu berichten, die ihn – obwohl schon eine Nacht dazwischenliegt – immer noch bewegt.

»Einem Vater, den man in der DDR wegen Fluchtversuch zu einer langjährigen Haftstrafe verurteilt hatte, wurde per Gerichtsbeschluss das Kind weggenommen, zur Adoption freigegeben und von einer ihm bis heute nicht bekannten Familie großgezogen. Er erhielt selbst nach der Wende keine Auskunft über das Schicksal seines Kindes, denn das in der DDR begangene Adoptionsunrecht wird heute vom Rechtssystem der BRD geschützt. Die Akten über Adoptionen und den Verbleib der Kinder dürfen die betroffenen Eltern immer noch nicht einsehen. Alles geschieht nach Recht und Gesetz! Da spielen Wut und Trauer keine Rolle. Der Mann saß auf diesem Sessel, in dem du es dir jetzt bequem gemacht hast. Und ich konnte ihm nicht helfen …«

Wenn der Ministerpräsident am Schreibtisch sitzt, hat er das Foto des Papstbesuches schützend im Rücken und das Foto seiner Frau Germana Alberti vom Hofe neben der Bibel vor sich. An der Wand, die er anschaut, hängen zwei Gemälde vom Überlebenskampf der Kali-Kumpel. »Bischofferode ist überall!«

»Ich habe damals mit den Kumpeln monatelang gegen die Schließung der Grube gekämpft. Und dann kam diese furchtbare Nacht. Am 24. Dezember rief mich ein Kollege an: Die streiten sich jetzt, ob sie weitermachen oder aufgeben. Die sind fix und fertig nach 81 Tagen Hungerstreik! Und ich, der ich am liebsten bei ihnen gewesen wäre, konnte nichts machen. Ich saß bei meinen Kindern in der Nähe von Gießen. Am nächsten Tag bin ich sofort rüber nach Bischofferode. Und habe geheult. Wir wussten damals schon, dass Kohl und die Konzerne an den kämpfenden Kali-Kumpeln ein Exempel statuieren wollten: Aufmüpfigkeit und solidarisches Miteinander von Ostdeutschen, deren Betriebe von der Treuhand oder der westdeutschen Konkurrenz geschlossen werden, sind zwecklos! Wir wussten auch, dass die Lagerstätten in Bischofferode für über 50 Jahre Förderung reichen, dass es einen Investor gab, der die Grube übernommen hätte ... Aber all das nutzte nichts mehr. Ich musste mit den Streikführern und Gewerkschaftern in Bischofferode das Ende des Arbeitskampfes und damit die Niederlage organisieren.

Ich habe schon viele Niederlagen erlebt, besser gesagt, ich habe sie verwaltet. Als Gewerkschafter in Hessen beispielsweise den Konkurs des Horten-Kaufhauses in Marburg und im Osten nach der Wende das politische Verbrechen an allen DDR-Wohnungsbaugenossenschaften – auch der Erfurter mit dem schönen Namen ›Zukunft‹. Ich war im Vorstand der ›Zukunft‹. Damals wurden die Planmittel aus der alten DDR-Planbilanz als verbindliche Kreditschulden mit 10 Prozent Zinsen als sogenannte Altschulden an westdeutsche Großbanken zur Deckung der Währungsumstellung übertragen. Und diese Schweinerei musste ich unterschreiben und vor der Vollversammlung vertreten. Sonst wären die 7000 Wohnungen der Wohnungsbaugenossenschaft in Erfurt faktisch dem Insolvenzverwalter übergeben worden.

In all diesen Auseinandersetzungen habe ich gelernt, dass man schon vor einer Niederlage das Ende analysieren muss, um später nicht hilflos überrascht zu werden. Wichtig ist: Ich will meine Niederlage selbst erklären, ich will auf eigenen Beinen vom Platz gehen und nicht weggetragen werden. Ich will keine Angst mehr haben vor solchen, die mich ducken wie damals die Lehrer in der Schule ...«

Der nächste Termin.

Er bringt mich zur Tür. Neben dem Hundekörbchen, in dem Attila inzwischen friedlich schläft, steht ein blaues Schaf. Das hat der Ministerpräsident vom Künstler der Blauschäferei in Rheinberg bekommen. »Eigentlich gibt es nur schwarze und weiße Schafe. Aber wenn man weder ein weißes noch ein schwarzes Schaf ist? Das blaue Schaf als Zeichen gegen Rassismus hat schon vor meiner Tür im Landtag gestanden. Man muss anders sein als erwartet, dann erweckt man Neugierde.«

In seinem Vorzimmer stellt er mir Frau Sauer und Frau Wirth vor und kokettiert: »Das sind meine Lehrmeisterinnen. Ich absolviere bei ihnen ein Praktikum als Ministerpräsident. Sie sortieren die Post und allen Schriftkram für mich in die roten und grünen Mappen.«

Den Ministerpräsidenten lässt sein gestriges Gespräch mit dem Vater, der sein adoptiertes Kind sucht, nicht los. »Ich konnte dem Mann im Moment wirklich nicht helfen. Aber vielleicht sollte ich eine Kommission einsetzen, die weitere Fälle in Thüringen zusammenträgt, dann könnte ich vielleicht auf Bundesebene intervenieren.«

Als ich am Mittag Susanne Hennig-Wellsow im Landtag treffe, frage ich, ob ich an der nächsten Fraktionssitzung der Linken teilnehmen darf.

»Jeder kann das. Außer bei sehr persönlichen Tagesordnungspunkten sind unsere Fraktionssitzungen immer öffentlich.« Anders ist das bei CDU, SPD und Grünen. »Bei ihnen soll nichts Unausgegorenes nach außen dringen. Trotzdem plaudert immer einer.«

Ich erzähle ihr von dem Gespräch über die Adoptionen und wie emotional berührt Bodo Ramelow war.

Wir setzen uns an einen Tisch. Als ich Kaffee geholt habe, sagt sie, dass er manche Probleme sehr schnell aus seinem Gerechtigkeitsgefühl oder aus der Erfahrung eigener Verlustängste klären möchte. »Er musste schon viele Verluste in seinem Leben hinnehmen.«

Sein Vater, der mit Gelbsucht aus dem Krieg gekommen war, starb, als Bodo 11 Jahre alt war, an Leberzirrhose. Die Mutter, eine streng protestantische Frau aus Rheinhessen, blieb vorerst mit vier Kindern allein. Bodo war der Jüngste. In der Schule erhielt er, weil seine Legasthenie erst mit 19 Jahren erkannt wurde, die Beurteilung: »Sehr intelligent, aber stinkend faul.« Außerdem besaß er zwei linke Hände. Er machte mehr kaputt, als dass er nützlich sein konnte. In dieser Zeit, in der die Mutter keine feste Anstellung hatte, aber die Raten für den Konkurs des Ladens ihres verstorbenen Mannes bezahlen und die Kinder ernähren musste, erhielt Bodo seine soziale Prägung. In unbeobachteten Momenten klaubte er sich am Eisstand Waffelreste aus leeren Kartons. Vor dem Schaufenster des Elektroladens versuchte er mit Hilfe eines Rohrs, das er an die Glasscheibe hielt, den Ton zu Fernsehbildern zu erlauschen. Und er ertrug die Peitschenhiebe der Mutter, die verzweifelt war, weil er, obwohl sie ständig mit ihm übte, in jedem Diktat eine 6 schrieb und schließlich aus Angst ihre Unterschrift fälschte.

Bodo lernte bei Karstadt Lebensmittelkaufmann. Danach holte er die mittlere Reife nach. In dieser Zeit erhielt er 300 Mark Halbwaisenrente. Als Kind hatte er für das Kegelaufstellen im Hotel neben dem Bahnhof jede Woche eine Mark bekommen. Später reinigte er für einen Stundenlohn von 10 Mark illegal Blausäurezylinder in Chemiebetrieben.

Im Taucheranzug in die Grube. Was drin war, wollte er nicht wissen. Den Job vermittelte ein Mann mit dickem Mercedes.

Bodos erste Ehe scheiterte. Seine zwei Söhne blieben bei der Mutter.

Susanne Hennig-Wellsow will mir noch erklären, dass Bodo Ramelow, wenn er Menschen trifft, die zu Unrecht bestraft worden sind, nur noch er selbst und nicht Ministerpräsident ist. Doch sie hat es eilig. »Ich gehe schnell noch für ein paar Minuten zu Kind, Hund und Mann.«

»Wie heißt dein Hund?«

»Herr Thiel. Wie der Tatort-Kommissar, den Axel Prahl spielt.«

»Bist du ein Fan von ihm?«

»Ja, aber nicht so ein fanatischer wie meine Mutter. Die verzichtete am 5. Dezember darauf, mit mir, Bodo und unseren Freunden den Sieg zu feiern, weil sie eine Karte zum Axel-Prahl-Konzert in der Alten Oper hatte. Selbst das Argument, dass sie Axel Prahl auch später noch erleben könnte, die Feier zur Wahl des ersten linken Ministerpräsidenten in Deutschland aber nie mehr, konnte sie nicht überzeugen.«

Ich erzähle, dass auch ich dort war. »Sogar Frieder bekam noch eine Karte.«

»Wer ist Frieder?«

»Mein Schachtarbeiter.«

# Von einem Pistolenknauf vor meiner Nase, dem Bagger, dessen Führerhaus von der Treppe heruntergestürzt wurde, und Lauschaer Glasmurmeln, mit denen der Ministerpräsident sein Bier anwärmen soll

»LINKS wirkt«, steht auf einem Plakat im Sitzungssaal der stärksten Regierungsfraktion. Allerdings könnte das Motto heute auch »BODO wirkt« heißen, denn bevor sich die Abgeordneten zu ihren in der Mitte des Raumes im Rechteck zusammengestellten Tischen begeben und ihre Mitarbeiter sich dahinter auf die Stühle an der Wand setzen, kommt der lange Marsch des Ministerpräsidenten. Von der Tür bis zum Präsidium. Einige Abgeordnete umarmen ihn. An andere verteilt er nebenbei Aufgaben. Beispielsweise an Sportministerin Birgit Klaubert, die sich um den Ausbau der Sporthalle in Eisenach kümmern soll. »Es kann doch wohl nicht wahr sein, dass der Aufstieg der Handballer in die Bundesliga wegen des Zustands der Halle nicht möglich sein soll.«

Die Fraktionsvorsitzende Susanne Hennig-Wellsow begrüßt mit der Floskel, die ich schon in Hunderten von Veranstaltungen gehört habe: »Ich freue mich, dass ihr so zahlreich …«

Allerdings nicht zahlreich genug, denn die Abgeordnete Dr. Gudrun Lukin aus Jena, der sie nachträglich zum 60. Geburtstag gratulieren will, ist noch unterwegs. Als sie kommt, stellt sie leise Sekt und etliche Schachteln mit Schokoladenriegeln auf einen Tisch in meiner Ecke, wo rechts und links an der Wand die »Zuschläger« sitzen.

Bodo Ramelow informiert zuerst über die Arbeit der Regierung. Über die Asylpolitik, bei der neben dem »Aufstand der Anständigen vor allem ein Handeln der Zuständigen gebraucht wird«. Über die Kalilauge, die verpresst werden soll, statt sie, was verfahrenstechnisch möglich ist, in Rohstoffe umzuwandeln. Über Oberhof, »wo die Hütte brennt«, weil es Falschmeldungen in der Presse gab, dass der Ministerpräsident 27 Millionen Euro Unterstützung versprochen hat. Er aber kämpft dafür, dass durch ein Windrad im Wald die Energieversorgung für den stromfressenden Schneetunnel, die Therme und das Schanzengebiet von der Kommune selbst übernommen werden kann. Schließlich über den ärgerlichen Umstand, dass Thüringen in Deutschland den größten Trinkwasserüberschuss, gleichzeitig aber die höchsten Trinkwasserpreise hat. Deshalb müsste das Wasser der Talsperren auch zur Energiegewinnung genutzt, also das von Trianel beantragte Pumpspeicherwerk am Schmalwasser gebaut werden. Doch nicht, wie vom Unternehmen bevorzugt, ein Oberbecken am Rennsteig mit einer Leistung von 1000 Megawatt, sondern die Alternative mit 600 Megawatt. Dazu müsste aber die Gemeinde Ohrdruf den Wald zur Verfügung stellen, also verkaufen.

Zwischenfrage vom Umweltexperten, dem Abgeordneten Tilo Kummer: »Wenn Trianel aber auf der effektiveren 1000-Megawatt-Anlage besteht und sonst nicht baut?«

Keine Antwort, vielleicht, weil die Frage zu leise gestellt wurde. Inzwischen ist der Ministerpräsident schon bei der 380-KV-Trasse und der »schlimmsten Nachricht, die ich in meiner kurzen Regierungszeit bisher bekanntgeben muss: Die Trasse durch den Thüringer Wald ist durch mich und meine Regierung juristisch nicht mehr zu verhindern!«

Das Landesverwaltungsamt hat das Genehmigungsverfahren abgeschlossen. »Wahrscheinlich war es schon am 5. Dezember fix und fertig. Aber man wartete noch ab, ob ich gewählt werde. Denn dann würden der linke Ministerpräsident und die grüne Umweltministerin diese Horrornachricht öffentlich machen müssen. Es war eine schon gezündete Zeitbombe.«

Aber dann, fast wörtlich wie schon im Waldhaus: Er zähle jetzt jeden Mast bis zum Froschgrundteich an der Grenze nach Bayern …

»Genossinnen und Genossen, jetzt zeige ich euch, was noch keiner gesehen hat.« Es ist die Karte, die ich von der Beratung im Waldhaus kenne.

Die Mitarbeiter auf den Stühlen an der Wand holen sich Schokoladenriegel. Und die Abgeordneten fahren mit ihren »Rollstühlen« zu ihren Mitarbeitern und holen sich Papierunterlagen.

Dr. Margit Heinz von der Schalkauer Bürgerbewegung berichtet über die Enttäuschung und die Wut der Bürger und appelliert an die Abgeordneten, die Niederlage im Kampf gegen 50hertz nicht hinzunehmen.

Die Trasse würde nur den großen Stromkonzernen dienen, die Profit machen, weil aller Strom, der irgendwo produziert wird, laut EU auch abgenommen werden muss. Fast 30 Prozent des in Deutschland erzeugten Stroms wird als Überschuss exportiert. Der Bau der Trasse durch Thüringen, deren Kosten die Stromkunden in Thüringen bezahlen müssten, sei nicht vorrangig zum Transport der Windenergie von Nord nach Süd, sondern für den Kohlestrom nötig. Seit 10 Jahren rede man über diese Trasse. Inzwischen gibt es neue Techniken. »Oder benutzten Sie, Herr Ministerpräsident, noch Ihr Handy von vor 10 Jahren?

Die Leitung über Friedrichshöhe wird durch eines der schönsten Waldgebiete Thüringens führen. Nun ist die Linke, die immer gegen diese Stromtrasse war, an der Macht. Man hoffte: Jetzt, jetzt wird sich was ändern. Aber es geschieht das Gegenteil. Was zählt die Meinung der Bürger in diesem Land? Ist es verwunderlich, dass Pegida marschiert? Die Geschichte der Trasse ist eine Geschichte der ewigen Lügen der Politiker.«

Bodo Ramelow wehrt sich nur mit der Erklärung: »Ich bin inzwischen lediglich der Behördenleiter und muss der Rechtsgrundlage, dem vom Landesverwaltungsamt abgesegneten Genehmigungsverfahren, folgen. Wenn ich die Unterschrift verweigere, droht dem Land ein Prozess mit täglich 930 000 Euro Strafe.«

Der Abgeordnete Frank Kuschel will wissen, wie diese 930 000 Euro juristisch untersetzt sind. Wahrscheinlich hätten das die Befürworter der Trasse, die alten CDU-Strategen aus dem Umweltministerium, errechnet.

Tilo Kummer spricht über die Fehler der Linken. Auf einem ihrer Parteitage hatte er vorgeschlagen, Alternativen für die Streckenführung der Trasse prüfen zu lassen. »Dieser Antrag wurde abgelehnt. Stattdessen beschloss der Parteitag, dass überhaupt keine Trasse durch Thüringen geführt werden soll! Und dabei blieb es.«

Bevor es in der Sitzung um »Zugriffe« geht, verabschiedet sich der Ministerpräsident wegen dringender Regierungsgeschäfte.

»Vier Zugriffe wären für uns möglich«, erklärt die Fraktionsvorsitzende. Aber sie würden vielleicht auf einen Zugriff zugunsten der Grünen verzichten.

»Zugriff auf was?«, frage ich meinen Nachbarn, denn ich glaube in einer Tatortfolge mit Herrn Thiel zu sitzen.

»Auf den Vorsitz in den Ausschüssen des Landtages.« Normalerweise hätten sie Zugriff auf den Innen-, den Umwelt-, den Europa- und den Gleichstellungsausschuss.

Susanne Hennig-Wellsow erklärt noch einmal: »Wir haben den Grünen versprochen, dass wir ihnen spätestens um 11.30 Uhr mitteilen, welchen Ausschussvorsitz wir ihnen überlassen. Weil sie schon das Umweltministerium haben, möchten die Grünen nicht noch den Umweltausschuss, sondern den Gleichstellungsausschuss.«

Doch der war immer ein Markenzeichen der Linken. Mitten in der Diskussion stellt die Fraktionsvorsitzende einen Antrag. »Bevor wir uns entscheiden, möchte ich darüber abstimmen lassen, dass die Frauenquote in den Ausschüssen, auf die wir Zugriff haben könnten, eingehalten wird. Vier Ausschüsse – also zwei Frauen und zwei Männer.«

Der Abgeordnete Steffen Harzer muss seinen Laptop aufladen. Aber der Stromverteiler liegt in der Mitte des Tischvierecks. Und weil er auch wegen seiner Fülligkeit nicht unten durchkriechen möchte, setzt er sich auf den Tisch, wetzt mit dem Hintern ein paarmal über die Platte, hält die Beine in der Luft und strampelt beim Manöver zurück zu seinem Platz wie ein Maikäfer, der auf dem Rücken liegt. Doch nun hat er Strom, und als der Laptop arbeitet, meldet er sich mit seiner sehr lauten, tiefen Stimme zu Wort. Quote sei gut und schön, er wäre auch nicht gegen Frauen, aber die emanzipierte Susi sollte nicht päpstlicher sein als der Papst. Er schaut noch einmal auf den Laptop und informiert: »In leitenden Positionen haben wir Linke 10 Frauen und 9 Männer. Bei den parlamentarischen Funktionen steht es 5 zu 5!«

Die Entscheidung wird vertagt, indem zuerst die Stellvertreter für die Ausschüsse gewählt werden. Stellvertreter sind wichtiger als Vorsitzende, denn sie können im Ausschuss undiplomatischer sprechen.

Es ist gleich 12 Uhr. Die Schokoriegel sind fast alle. Ich suche nach welchen mit Marzipan.

Karola Stange wird für den Gleichstellungsausschuss bestätigt. Susanne Hennig-Wellsow verlangt noch einmal, über ihren Quoten-Antrag abzustimmen. Er wird, so viel ich in dem Stimmengewirr mitbekomme, angenommen. Für den Europaausschuss erhält Jörg Kubitzki den Zugriff. Und der ausgewiesene Innenexperte Steffen Dittes wird Vorsitzender vom Innenausschuss. Es bleibt der Umweltausschuss für das einträgliche 2:2. »Den Letzten beißen wohl die Hunde«, protestiert Tilo Kummer, der Diplom-Fischerei-Ingenieur. Denn nun müsste den Ausschuss, den er schon lange leitet, eine Frau übernehmen. Weil keine Frau sich dafür meldet, wird der Quotenbeschluss nach kurzer Lebensdauer zurückgenommen.

Dann ruft der grüne Fraktionsvorsitzende Dirk Adams an. Weil sie von der Linken keine Nachricht über einen für die Grünen reservierten Ausschuss erhalten haben, hätten sie beschlossen, auf einen Zugriff zu verzichten.

Bei der letzten Wahl erhält Tilo Kummer 12 Stimmen. 6 Abgeordnete enthalten sich, und 4 votieren gegen ihn.

Zum Schluss stellt Steffen Harzer fest, dass von allen Fraktionen die Ausschüsse besetzt sind. Weil man aber die AfD abwies, hat die nun den Zugriff auf den übergebliebenen, den letzten Ausschuss. Und das ist der für Migration und Justiz! Das wollte niemand in der Regierungskoalition. »Die schönen Tage der Opposition sind vorbei«, sagt Ina Leukefeld.

Obwohl wegen des Mittagessens die Fraktionssitzung heute schon um 9 Uhr begonnen hat, werden die Linken nicht pünktlich in der Kantine sein. Noch liegen Schokoladenriegel auf dem Tisch. Nur meine Lieblingssorte mit Marzipan ist inzwischen alle.

In der Kantine setze ich mich zu den Grünen. Astrid Rothe-Beinlich, die, wie Journalisten behaupten, nicht zu den Realos gehört, beurteilt den fehlenden Zugriff realistisch: »Wir sind nur 6 grüne Abgeordnete. Der Staatssekretär Olaf Möller und die Ministerin bleiben außen vor. Deshalb müssen wir 4 Abgeordnete alle 11 Ausschüsse und später noch die Kommissionen wie die zur Aufarbeitung der NSU-Morde besetzen. Jeder hat in zwei oder drei zu arbeiten. Da haben wir eigentlich schon genug zu tun und brauchen keinen weiteren Zugriff.«

Astrid Rothe-Beinlich, 41 Jahre, Lehramt Deutsch/Ethik, Mitbegründerin der Grünen in Thüringen und 10 Jahre Landesvorsitzende, gilt als Arbeitstier. Sie ist Mitglied von 3 Landtagsausschüssen und vertritt die Grünen in 3 (!) Wahlkreisbüros, in Weimar, Mühlhausen und Gera.

Der ehemalige stellvertretende Chefredakteur der Thüringer Allgemeinen Dirk Löhr hatte mir einmal gesagt: »Die Rothe-Beinlich ist stur wie ein Ochse, nein, wie eine störrische fundamentalistische Kuh.«

Die Frau mit dem sorgfältig frisierten kastanienrot(h)en Haar grinst und erzählt freimütig.

»Ich habe und will auch keinen Führerschein. Ich fahre mit dem Rad oder dem Bus zum Landtag. Als Abgeordnete habe ich einen Anspruch auf einen der begehrten Tiefgaragenplätze. Weil ich ihn nicht brauche, wollte ich ihn weitergeben. Aber das ist nicht erlaubt, denn ein Tiefgaragenplatz ist ein geldwerter Vorteil. Also habe ich in meiner Parkbuchte zwischen all den Autos einen Fahrradständer aufgebaut. Dort stehen jetzt etliche Fahrräder. Wenn ich aus dem Landtag rausfliege, muss ich den Fahrradständer wieder beseitigen.«

Astrid Rothe-Beinlich ist überzeugte Jeansträgerin. Als sie Vizepräsidentin des Landtages wurde, wollte die CDU einen Kleiderkodex einführen. Frauen im Präsidium hätten Kostüm zu tragen.

»Ich im Kostüm – nie in meinem Leben!« Dann schon eher mit Bodo Ramelow in einer Koalition.

Um ihren noch immer jugendlichen Widerspruchsgeist zu verstehen, müsste ich mehr über ihr Elternhaus wissen. »Meine Eltern waren langhaarige Hippies, die selbstgebatikte Blusen trugen.« Er Jugendpfarrer, sie Psychologin für Ehe- und Familienberatung.

»In meiner Klasse in Leipzig waren wir 7 Schüler, die nicht Pionier, sondern Christen waren. Aber dann zogen wir nach Erfurt. Beim ersten Fahnenappell in der Schule traten meine Schwester und ich ohne Pionierhalstuch an, und außer uns nur noch ein Junge, der mit gesenktem Kopf in der ersten Reihe stand. Eine Schulkameradin fragte mich abfällig oder vielleicht auch besorgt: Du hast wohl auch geklaut?

Unser Haus war immer voller Leute, die gegen irgendetwas im Land protestierten, die aus dem Gefängnis entlassen worden waren oder einen Ausreiseantrag gestellt hatten. Fünf sind geladen, zehn sind gekommen, gieß Wasser zur Suppe, alle sind willkommen!, sagte der Vater.

Viele Oppositionelle waren damals Vegetarier. Vater brachte Bekannten als Geschenk kleine Säckchen mit Hirse und anderen Körnern mit, und zu meiner Konfirmation gab es nur vegetarische Buletten. Inzwischen isst er manchmal auch Fleisch und gibt zu, dass er tagelang Bauchschmerzen von den Körnern hatte. Aber er hat sich dabei trotzdem gut gefühlt.

Die Staatssicherheit war für meine Eltern, meine Schwester und mich ständig gegenwärtig. Ich trug genau wie meine Schwester immer einen kleinen Brustbeutel oder ein Portemonnaie mit einem Zettel bei mir. Darauf stand der Name des Vertrauten, zu dem wir bei einer Verhaftung unserer Eltern gebracht werden sollten.«

Lange Pause.

»Als ich 16 war, haben wir in Erfurt mit konkreten Zahlen den Wahlbetrug vom Mai 1989 aufgedeckt, und im Herbst 1989 gründete ich eine Alternative zur FDJ. Dann der Sturm auf die Stasi-Zentrale, und 1992 – da war ich schon 19 – haben wir das leerstehende Haus in der Johannesstraße 57 besetzt. 22 junge Leute in sozusagen einer politischen Wohngemeinschaft.

Als wir das besetzte Haus räumen sollten, lernte ich Bodo kennen. Er war damals der Vermittler zwischen uns und der Stadt. Er hat die Stadt überzeugt, uns eine andere Wohnmöglichkeit – das Haus in der Johannesstraße gehörte einem Juden, aber das wussten wir noch nicht – zu geben: ein Jugendheim in der Stotternheimer Straße 19.

Mein Vater war entsetzt, weil ich nicht Religionslehrerin

werden wollte. Als ich Bodo bei der Hausbesetzung kennenlernte, meckerte er übrigens nach der Begrüßung: Herrgott,
noch so eine Pfarrerstochter! Dabei ist er selbst gläubig und
hat das manchmal wie eine Fahne vor sich hergetragen. Als
er seine zweite Frau kirchlich heiratete, Germana ist seine
dritte, übertrug das der MDR.

Bodo und ich haben oft gemeinsam gekämpft. 1991, während des Golf-Krieges, besetzten wir das Erfurter Rathaus.
Danach erklärte sich Erfurt zur ›Stadt des Friedens‹. Dann
haben wir im ›Antifaschistischen Ratschlag‹ Beate Klarsfeld
eingeladen. Auf dem Petersberg stellten wir das Denkmal für
den unbekannten Wehrmachtsdeserteur auf.

Nach dem Studium konnte ich nicht als Lehrerin arbeiten, denn ich war inzwischen Landesvorsitzende von Bündnis 90/Die Grünen. Sie werden nicht unparteiisch unterrich-
ten, sagten die von der Schulverwaltung. Kein Widerspruch
möglich! Basta!

Aber was heißt unparteiisch? Wir erlebten in Thüringen
1998 die ideologische Spaltung der Grünen. Auf der einen
Seite Leute wie Olaf Möller, die den Kosovo-Krieg begrüß-
ten, und auf der anderen Leute wie ich, die ihn ablehnten.
2009 bin ich in den Landtag gewählt worden. Wir linken
Grünen wollten damals schon Rot-Rot-Grün. Schließlich
sind wir 1989 nicht gegen die SED auf die Straße gegangen,
um nur noch von der CDU regiert zu werden. Mit Bodo
hatte ich die Aufarbeitungspolitik des Unrechtsstaates DDR,
wie sie heute im Koalitionsvertrag steht, skizziert. Ich mag
Bodo. Auch wenn er manchmal Schoten raushaut. Zum Beispiel, als er bei uns über Tschernobyl sprach und in seiner
bildhaften Art schilderte, dass er während der Tage des Un-

glücks in seinem Garten Erdbeeren pflückte. Die schmeckten überhaupt nicht nach Radionukliden, meinte er. Später sagte ich ihm: Die Katastrophe in Tschernobyl geschah in den letzten Apriltagen. Da gab es auch bei dir im Garten noch keine Erdbeeren, die schon rot waren. – Aber er kennt eben schöne Geschichten. Fakt ist: Ohne Bodo wäre die rot-rot-grüne Regierung nicht möglich gewesen. Er agiert auch jetzt nicht nach Gutsherrenart. Bei der CDU gab es das manchmal.

Wir haben bereits einiges geschafft, was mit der CDU nicht möglich gewesen wäre.

Den Winterabschiebestopp wollten wir schon in der Opposition. Damals konnten wir es nicht durchsetzen. Nun gibt es zwei Bundesländer: Schleswig-Holstein und Thüringen, die das beschlossen haben. Damit bin ich zufrieden. Auch, dass wir in der Fraktion alles sehr, sehr gründlich diskutieren. Deshalb dauert es manchmal etwas länger. Und es funktioniert auch nicht, wenn der Herr Mohring unseren Fraktionsvorsitzenden zur Seite nimmt und sagt: Kümmere dich doch mal um die Quertreiber in der Fraktion! – Das geht in der CDU, aber nicht bei uns.

Und Bodo? Er ist ein begnadeter Redner. Er reist jetzt erst mal im Land umher und verteilt Geschenke, indem er sagt: Wir werden das machen und wir werden jenes machen. Ich wünsche und hoffe, dass ihm das nie auf die Füße fällt.«

Als ich Bodo Ramelow wegen seiner Wundererdbeerernte im April anspreche, erklärt er unsicher lächelnd: »Da habe ich wahrscheinlich wieder mal zu schnell gesprochen. Es stimmt im Prinzip. Aber es war nicht im April in meinem Garten, sondern im Juni im Garten meines Halbbruders. Ich hatte meinen Söhnen wegen der Strahlen verboten, von den Erdbeeren zu essen. Mein Halbbruder sagte nur: Ihr aus dem Westen seid wie immer hysterisch. – Die Erdbeeren schmeckten köstlich.«

Nachdem ich Dirk Löhr vom Gespräch mit Astrid Rothe-Beinlich erzählt habe, sagt er: »Na ja, eben eine von den Pfarrerstöchtern! Für die sind Anderssein und Abneigung gegen die DDR-Vergangenheit zur Religion geworden. Doch man muss nicht auf allen Hochzeiten die böse Fee spielen.«

Aber dann ergänzt er: »Bodo hat unsere freundschaftliche Beziehung für einige Zeit auf Eis gelegt, weil ich ihm mal unverblümt anvertraut habe, was ich über die ›störrische Kuh‹ dachte. Ich lasse meine Freunde von niemandem, auch nicht von dir beleidigen!, entgegnete er und ließ mich stehen.«

Inzwischen hat sich das eingerenkt. »Als Astrid mit Bodo Ramelow, Frank Spieth und Angelo Lucifero, die alle drei aus dem Westen sind, gegen die Kriegseinsätze der Bundeswehr demonstrierte, hat sie festgestellt, dass sie mit denen aus dem Westen besser kann. Die schleppen nicht den Ballast der DDR in ihrem Rucksack herum.«

Vielleicht sei das auch ihr Problem mit dem Staatssekretär Olaf Möller. Doch über dessen Mitgliedschaft in der SED sollte ich ihn selber befragen.

So schnell werde ich das nicht schaffen, denn Volker hat mit seinem Komatsu-Bagger weit vor meinem Haus ein großes Loch ausgehoben. Damit wir nicht Meter für Meter graben müssen, will er dort die Abzweigungen zu den Gartenhäusern nach einem Leck überprüfen.

Bevor er sich auf dem kleinen Bagger in den schüsselförmigen Metallsitz setzt, zieht er wie immer in diesen nasskalten Januartagen seine Mütze über die Ohren. Auf dem kleinen Bagger fehlt das schützende Fahrerhaus.

1990 hatte er ihn – mit Fahrerhaus – für sein erstes Westgeld gekauft. Heute könnte er sich den PC 05 wahrscheinlich nicht mehr leisten, denn alle Baumaschinen sind inzwischen »schweineteuer«, und er will die Kosten nicht an die Kunden weiterreichen. »Vielleicht beim Fledermaushotel. Das bezahlt der Audi-Konzern. Leider sponsert er unser Schwimmbad nicht.«

Volker hat vor drei Jahren mit seinem Verein das Dietzhäuser Schwimmbad einstweilen vor der Schließung gerettet. Das zentrale Suhler Schwimmbad wurde schon kurz nach der Wende dichtgemacht. Man musste sich mit den kleinen Waldbädern in den eingemeindeten Dörfern Goldlauter und Dietzhausen begnügen. Doch weil Schwimmbäder zu den freiwilligen Aufgaben gehören, waren auch die bald von der Schließung bedroht

Volker resümiert, dass die DDR sich als armes Land in Suhl ein großes Schwimmbad leisten konnte. Außerdem in den Dörfern Jugendclubs, Kulturräume, Bibliotheken, Gemeindeschwestern. Heute in der reichen BRD dagegen …

Wie sie als Verein die Öffnung des Schwimmbades für drei Monate finanziell absichern? »Bis März müssen wir wie im vergangenen Jahr 15 000 Euro Vorschuss an die Stadt überweisen. Erst danach schließt die Stadt Verträge über Chlor und Personal ab. Doch damit ist noch keine Bank repariert und keine Fliese ausgebessert. In der Stadtverwaltung sitzen Verantwortliche, die für Sportanlagen, Schwimmbäder usw.

zuständig sind. Aber diese Zuständigen können nicht mal 200 Euro für die Reparatur einer Bank organisieren. Sie entwickeln auch kein Konzept, wie man sich zwei kleine Freibäder leisten kann. Und die Regierung? Die streitet sich, ob die Freien Schulen, in die vor allem die Kinder der Besserverdienenden gehen, 10 oder 12 Millionen zusätzlich erhalten. Von den Millionen für Flüchtlinge will ich gar nicht erst reden. Aber für das Schwimmbad in Dietzhausen hat die Stadt keine 200 Euro, um eine Bank zu reparieren. Wir machen alles ehrenamtlich. Gras mähen, Becken streichen, Fliesen ausbessern. Ehrenamt ist das Schlagwort in diesem Staat. Das Ehrenamt propagieren und fördern! Dafür gibt es sogar staatliche Programme. Was müssten für Konzepte entwickelt und Geld ausgegeben werden, wenn es keine Ehrenamtlichen gäbe. In der Ehrenamtsliste fehlt nur noch, dass die Politik in Thüringen endlich ehrenamtlich erledigt wird.«

Als Frieder kommt, ist Volkers Zorn verraucht. Er startet seinen Bagger. »Es verlangt ja keiner, dass die neue Regierung die vielen Probleme der kleinen Leute sofort löst. Aber dass sie Konzepte entwickelt, die in zwei oder drei Jahren wirken, das können wir doch verlangen?«

Der Motor tuckert. Mit dem Gaspedal reguliert Volker den Hydraulikdruck. Und die Schaufel schiebt die Steine zur Seite.

Auch in Sonneberg, das in einem Thüringer Wintersportgebiet liegt, gibt es in diesem Januar keinen Schnee. In der Köppelsdorfer Straße, in der sich das Wahlbüro des Landtagsabgeordneten des Linken Knut Korschewsky befindet, suche ich vergeblich einen Parkplatz, auf dem ich das Auto länger als eine Stunde abstellen kann.

Ein Mann, der mich wahrscheinlich kennt und sieht, dass ich mich nicht entschließen kann, ob ich es riskiere, fragt: »Willst du auch zu Korschewsky?«

Als ich nicke, beruhigt er mich. »Am Freitag nach 14 Uhr kontrolliert in Sonneberg keiner mehr.«

Nur einmal hat er einen Strafzettel an seinem Auto gefunden. »Ein kleines Risiko ist eben immer dabei. Genau wie in der neuen Regierungskoalition.«

Doch heute würde es beim Falschparken eine doppelte Sicherheit geben. Erstens der Freitagnachmittag, und zweitens müssten die Polizisten den Ramelow-Besuch absichern und könnten sich nicht noch mit Parksündern befassen.

Wir laufen gemeinsam zur ehemaligen Apotheke, die zum Wahlkreisbüro umgebaut worden ist.

»Ebenerdig. Fußläufig!« Das sei gut, sagt der Mann, der ein Mitarbeiter von Knut Korschewsky ist. »Wir haben schließlich viele Ältere, die wollen keine Treppen mehr steigen.«

Im Parterre befinden sich ein Versammlungsraum, eine Küche, in der von den Frauen gebackener Kuchen steht, und daneben die Toilette mit einer durchsichtigen Brille und einem durchsichtigen Deckel, in dem Seepferdchen und Fische zu sehen sind.

Ich setze mich wieder still in die Ecke des Versammlungsraums. Die Polizei steht neben mir. Der stellvertretende Inspektionsleiter von Sonneberg, Herr Schmidt, trägt ein weißes Hemd und Schlips. Der Knauf seiner Pistole, der wie bei einem Cowboy griffbereit aus dem Halfter guckt, baumelt mir vor der Nase.

Am Eingang drängeln sich Fernseh- und Rundfunkreporter. Die Tür schließt und öffnet sich wie früher für die Kunden automatisch. Wenn der Ministerpräsident erscheint, soll sie offen sein. Aber weil Automaten immer noch keine bedeutenden Persönlichkeiten erkennen, steht ein Büromitarbeiter vorsorglich im Eingang.

Dann Einmarsch. Die Personenschützer bahnen dem Ministerpräsidenten den Weg. Die ersten Umarmungen. Und: »Darf ich noch Bodo zu dir sagen?« Die Landrätin, Frau Zitzmann, hält einen Blumenstrauß in der Hand. Nicht für Bodo Ramelow, sondern für Korschewsky. Schon bei der Bürobesichtigung fragen die ersten Genossinnen und Genossen – Schalkau gehört zum Kreis Sonneberg – den Ministerpräsidenten nach der Stromtrasse.

Der Ministerpräsident: »Ihr könnt mich sogar nachts wecken, wenn ihr etwas Neues erfahrt. Ich zähle jeden Mast von hier bis zum Froschgrundteich an der Grenze nach Bayern. Aber leider habe ich all das geerbt.«

Einer widerspricht: »Sie haben es nicht geerbt. Sie wollten es erben!«

Begrüßung und Lob für Knut Korschewsky, den »wir euch von der Landeshauptstadt ausgeliehen haben«. Es sei wahrscheinlich schwer für ihn gewesen, in Sonneberg heimisch zu werden, und das nicht nur, weil die »Sunnberger« anders reden als die Erfurter. Aber positiv zu vermerken wäre: Der Lohn ist hier höher als in anderen Thüringer Orten. Und es würden auch schon wieder Pendler in die andere Richtung, also von Franken nach Sonneberg, zur Arbeit fahren.

Dann doch zur Trasse: »Liebe Freunde, ich habe oft oben auf den Bergen gesessen, die herrliche Natur genossen und gedacht: Man müsste den Bau der Trasse verhindern oder wenigstens die Streckenführung verändern.« Nun würde er

Thüringentag auf der Grünen Woche in Berlin
© Michael Reichel

ganz oben auf dem Stuhl des Ministerpräsidenten sitzen, könnte aber nichts mehr ändern. »Wir sollten eine Maut für den Transport der Elektroenergie auf den Thüringer Stromautobahnen verlangen. Denn wir haben nichts davon, dass die Leitungen durch Thüringen gehen werden.«

Der Kuchen schmeckt gut. Die Wiener sind heiß und knackig, und das Bier ist kalt.

»Zu kalt?«, fragt ein alter Mann den Ministerpräsidenten, der sich, als müsste er beim Antworten ordentlich aussehen, sofort den Schaum vom Mund wischt. Obwohl er verneint, reicht ihm der Mann zwei bunte Glasmurmeln. »Man muss sie auf dem Weg in die Kneipe in der Hosentasche tragen und die körperwarmen Murmeln danach im Bierglas versenken.«

Bodo Ramelow greift in seine Jackentasche, zeigt dem Mann den Stein von Ina Leukefeld und erklärt, dass der Stein

Kraft gibt, bei Höhenflügen erdet und bei Zornausbrüchen besänftigt.

»Ja, ja«, sagt der Mann. »Der Stein kann zwar große Dinge, aber kein Bier anwärmen. Wir Lauschaer stehen mehr auf die kleinen, praktischen Dinge.«

Helmuth Greiner-Petter ist längst Rentner, und er ist wahrscheinlich der letzte Glasmacher in Lauscha, der vor der Lampe durchsichtige weiße Baumfiguren bläst, die innen hohl sind. »Tiere! Keine Politiker!«

Noch immer lachend über hohle Politiker, geht der Ministerpräsident ins Hinterzimmer. Dort warten Vertreter der Schalkauer Bürgerinitiative gegen den Trassenbau. Seine Personenschützer lässt Bodo Ramelow draußen. Er sitzt, hört zu und schweigt.

»Die Leitung direkt über dem Haus … wenigstens am Bahndamm untertunneln … Die Agrargenossenschaft wird durch zwei Umspannwerke große Flächen verlieren … Wanderungen unter knisternden Hochspannungsleitungen? … Erdverkabelung mit Gleichstrom …«

Schließlich antwortet der Ministerpräsident: »Wir müssen uns vom Wunschdenken trennen. Die Trasse ist nicht als Gleichstrom, sondern als Wechselstromleitung genehmigt worden … Ich will mich um Alternativen kümmern … Neuanpflanzungen für jeden Quadratmeter gerodete Waldfläche verlangen … Aber die Bagger werden kommen. Aus Bayern und aus Thüringen.«

»Mit Ihrer Unterschrift«, sagt die einzige Frau in der Hinterzimmerversammlung, »bestätigen Sie das Lebensrecht der 380-KV-Trasse in Thüringen, gleichzeitig aber unterschreiben Sie das Todesurteil für die Bürgerinitiativen. Alle Skeptiker, die die Nutzlosigkeit unserer Bürgerbewegung voraussagten, triumphieren jetzt: Ihr Traumtänzer solltet endlich begreifen: Die Bürger haben nichts zu entscheiden!«

Der Ministerpräsident, lauter als bisher: »Wäre ich nicht Ministerpräsident, würde ich euch jetzt nicht gegenüber-, sondern mitten unter euch sitzen.« Das Bundesverfassungsgericht hat die Klage der Trassengegner bisher nicht angenommen. Aber es gibt eine juristische Chance. »Beantragt und genehmigt ist die Trasse durch Thüringen mit den vier verschiedenen Systemen der vier unterschiedlichen Stromdurchleiter. Aber in Bayern wollen sie nur zwei Systeme abnehmen. Da kann man einhaken.«

Doch das möchte er bitte nicht mitgeschnitten haben, ermahnt er die Presse.

Als auch draußen die »lieben Genossinnen und Genossen« über die Trasse diskutieren, sagt Frau Zitzmann, die lange in der CDU-Landtagsfraktion war und zwar als CDU-Landrätin gewählt wurde, aber inzwischen parteilos ist: »Man muss manche Dinge einfach abschließen und endlich vorwärtsdenken.«

(Obwohl in den ersten einhundert Tagen der rot-rot-grünen Regierung das Thema Trasse noch oft auf der Tagesordnung steht, werde ich, um weitere Wiederholungen zu vermeiden, kaum mehr darüber berichten. Die Bürgerbewegungen wie auch der Ministerpräsident haben die 380-KV-Leitung nicht verhindern können. Aber sie haben die Pläne für eine weitere Trasse entlang der A9 gestoppt, damit den Bau durch das Heldburger Unterland verhindert und den bayrischen Ministerpräsidenten zum Handeln genötigt.)

Bodo Ramelow muss zum nächsten Termin. Aber die Sonneberger wollen »ihren Genossen Ministerpräsidenten« nicht verabschieden, bevor ihm nicht jeder wenigstens die Hand auf die Schulter gelegt hat. Seine Personenschützer wissen nicht, wohin sie zuerst schauen sollen. »Wenn er bei den Linken ist, will ihn jeder mal anfassen.«

Auch beim Hinausgehen hält ihm ein Mitarbeiter die Apothekentür auf.

Der Murmelmacher meint, dass er leider nur zwei Kugeln für Bodo Ramelow mitgebracht hatte. Aber wenn ich nach Lauscha käme, würde er mir eine schenken. Der 76-Jährige erzählt, dass schon sein Großvater, sein Ur- und sein Ururgroßvater Glasbläser waren. »Wir sind Wäldler. Ich hatte einen Zeisig zu Hause.«

Die Sonneberger Genossinnen wickeln Kuchen ein und verraten mir das Rezept für den besonders matschigen Mohnkuchen.

Als der Colt des stellvertretenden Inspektionsleiters nicht mehr vor meiner Nase hängt, beeile ich mich, zu meinem inzwischen hoffentlich nicht straffällig gewordenen Auto zu kommen.

Der Sunnberger hatte recht. Am Freitag nach 14 Uhr kontrolliert man meistens nicht mehr.


Am nächsten Tag frage ich Frieder beim Frühstück, weshalb Volkers Bagger kein Fahrerhaus hat.

»Er hat den Bagger gekauft, als 1990 der ›Gelbe Koffer‹, der außen gelb gestrichene Gebäudekomplex an der Ilmenauer Straße, entkernt werden sollte. Dort gab es in der DDR einen Schülerspeisesaal, Gaststätten, Klub- und Freizeiträume. Zwar passte Volkers Bagger durch die Tür, aber innen war alles zu eng. Nachdem wir das Fahrerhaus abmontiert hatten, konnten wir auch in niedrigen Räumen Wände einreißen. Doch ein Idiot hat das Fahrerhaus schließlich eine Treppe runtergeschmissen. Seitdem ist Volkers Bagger ein Cabriolet.«

Heute können wir lange frühstücken, meint Frieder. Über den Wasserleitungen zu den Gartenhäuschen liegen keine Elektrokabel. Dort würde sich Volker allein austoben können.

Unvermittelt fragt er, ob ich weiß, dass der frühere Kultur- und Bildungsminister Christoph Matschie einen neuen Ministerposten in der rot-rot-grünen Regierung abgelehnt hat. »Weil er nicht unter einem linken Ministerpräsidenten arbeiten wollte. Ich sage dir: Der Mann hat Charakter. Vom Minister und SPD-Landesvorsitzenden zum kleinen Abgeordneten, der nicht einmal in den Kultur-, sondern in den Finanzausschuss delegiert worden ist …«

Ich frage, wer ihm diese Story erzählt hat. »Der Biobauer, der jede Woche handgemolkene Milch für die Frau des …?«

Er schüttelt heftig den Kopf. »Nu pass mal gut auf, ich muss dich mal schlaumachen: Ich erzähle dir keine Storys, sondern Tatsachen. Und diese Tatsache über Matschie hat mir mein Freund Peter anvertraut, mit dem habe ich während des Hochwassers in Erfurt-Linderbach Dämme gebaut. Jetzt plant er zusammen mit Heiko Gentzel, dessen Haus im Überflutungsgebiet steht, eine Hochwasserumleitung. Und dieser Heiko Gentzel war bis zur Landtagswahl 2014 SPD-Fraktionsvorsitzender!«

Heiko Gentzel kenne ich. Immer lief er mit ausgebreiteten Armen wie ein Balance suchender Pinguin durch die Gänge des Landtages. Ich rufe »Pinguin« an. Er erinnert sich gleich. »Als ich vor drei Monaten meinen Schreibtisch im Landtag ausgeräumt habe, fand ich in einer Schublade noch einen kleinen Pinguin. Der steht jetzt bei mir zu Hause.«

Aber was Christoph Matschie mitgenommen hat, als er sein Ministerbüro verlassen musste, weiß er nicht.

Weil er nicht in den Landtag kommen will, treffen wir uns im Café. Er lacht mit brummiger Bassstimme und balanciert beim Gehen immer noch wie eine Landratte auf einem schwankenden Schiff. Doch seine Pinguin-Trippelschritte sind größer geworden, und bei der Umarmung drückt er mich kräftig wie ein Bär. Anscheinend haben ihm die ersten Monate ohne Landtag und Fraktionsvorsitz gutgetan.

»Das ist relativ«, meint er. »Am ersten freien Tag stand ich freudig in meiner Küche. Ich habe mir eine Freilandküche gebaut. Dort koche ich am liebsten. Noch bevor ich die Schnitzel weich geklopft hatte, begann es zu regnen. Wie aus Gießkannen. Stundenlang. Das war der Beginn meines von Last, Lust und Zwang des Landtags befreiten neuen Lebens.«

»Weshalb hast du mit 55 aufgehört, in einem Alter, in dem andere erst Politiker werden?«

»Ich war viele Jahre als SPD-Fraktionsvorsitzender in dieser Tretmühle. Wenn du dort ordentlich gearbeitet hast, musst du zugeben, dass du total ausgebrannt bist. Mit Holzkohle kannste kein Feuer mehr entfachen. Die glüht nur noch!«

»Und Christoph Matschie?«

»Ist erst 53.«

»Man sagt, er hat in der neuen Regierung auf einen Posten als Minister verzichtet. Er wollte nicht unter Bodo Ramelow arbeiten.«

»Ich weiß nicht, ob er den Job wirklich deswegen abgelehnt hat oder weil er mit dem rot-rot-grünen Pakt insgesamt nicht einverstanden war.«

Vielleicht hätte Matschie sich auch nicht vorstellen können, dass Bodo Ramelow eine ähnliche Politik wie die Christdemokraten machen wird.

»Nur besser und ohne Skandale. Das Regierungsschiff ruhiger steuern und sich auch an Bojen orientieren, die CDU und SPD schon verankert haben.«

Wer die Geschichte über Matschies Verweigerung verraten hat? Ich zucke mit der Schulter.

Heiko Gentzel erzählt von den Veränderungen in seinem Leben. »Ich habe eine neue Frau und vor vier Jahren in Erfurt-Linderbach ein Haus gebaut.«

»Im Hochwassergebiet?«

»Ja! Weil das Haus nicht unterkellert ist, schwappt das Wasser nur zur Haustür herein.«

Der schmale Linderbach verbreitert sich bei Flut auf 200 Meter.

»Schade, dass mein SPD-Genosse, Oberbürgermeister Bausewein, nicht in Linderbach gebaut hat.« Ganz ohne Eigennutz sei kein Politiker.

»Die 25 Jahre im Landtag waren eine geile Zeit. Ich hatte immer die Finger mit drin, wenn es um Seniorenheime, Sporthallen und Jugendclubs ging. Manchmal die ganze Hand! Ich, der Gentzel, der Gabelstaplerfahrer aus dem VEB Wartburgwerk Eisenach! Das war doch was!«

Ob er der jetzigen Regierung Ratschläge geben kann?

»Nee. Außerdem weiß Bodo oft alles besser. Er ist nicht auf Ratschläge von mir jungem Spund angewiesen.«

Trotzdem lässt er sich solche Ratschläge entlocken: Es genügt nicht, dass ein Minister solides Fachwissen hat, er muss das, was er macht, vor allem in der Öffentlichkeit gut verkaufen können … Abgeordnete sollen auch mal Grenzen verletzen. Dafür müssen sie leidenschaftliche Draufgänger und keine Bürokraten sein … Ein Politiker sollte zugeben können, dass er als Tiger gestartet und als Bettvorleger gelandet ist … Der Ministerpräsident kann entweder ein erfahrener Praktiker oder aber ein Landesvater sein … Mit dem ersten Besuch nach der Wahl muss er Zeichen setzen und Pflöcke einschlagen … Ministerhopping ist ein arroganter Betrug: Ein Maurer kann zwar Baustellenleiter werden, aber der Baustellenleiter nicht Chef eines Klinikums. Ein Minister kann angeblich alles!

In Thüringen, sagt Heiko Gentzel, gab beziehungsweise gibt es auf der politischen Bühne drei Starschauspieler: den ehemaligen CDU-Ministerpräsidenten Bernhard Vogel, den ehemaligen SPD-Innenminister Richard Dewes und den Linken Bodo Ramelow. »Alle drei kommen aus dem Westen. Die lassen keine Luft ran, die sind von sich überzeugt und reden laut. Böswillig könnte man behaupten: Das ist das Wessi-Syndrom! Das Selbstzweifel-Gen der Ostdeutschen kennen sie nicht. Es ist ihnen auch schnuppe, wenn sie immer die gleichen Floskeln benutzen. Vogel wiederholte ständig: Es gibt drei wichtige Dinge für Thüringen: Infrastruktur. Infrastruktur. Und Infrastruktur. Das beherrscht auch der neue Ministerpräsident.«

Seine Politikkarriere hat Heiko Gentzel im Herbst 2014

beendet. »Als ich ging, sagten die Genossen: Du wirst nicht ohne uns auskommen. Nach 25 Jahren plötzlich mit niemandem mehr zu streiten, keine Reden mehr zu halten – das wirst du nicht schaffen! Also komm einfach ab und zu vorbei.«

Nur fünf Monate später, zur offiziellen Feierstunde des 25. Gründungsjahres der SPD in Thüringen, wurde der langjährige Fraktionsvorsitzende nicht mal begrüßt. »So schnell funktioniert Vergessen.«

Doch das Wasser des Linderbachs wird auch im nächsten Jahr wieder steigen, versichert Heiko Gentzel. »Vielleicht suche ich mir einen Job. Rentner mit 55 ist mir zu anstrengend.«

# Von ministerialen Telefonkonferenzen auf dem Erfurter Hauptbahnhof, fliegenden Kühen am deutschen Himmel und Ginkgo-Bäumen an den Landstraßen der Rhön

Am Abend ruft ein unbekannter Mann an. Er sagt, dass sein interessantes Leben in der DDR und das jetzige als Unternehmer der Stoff für einen dicken Roman wäre. Ob ich die Geschichte aufschreiben möchte? Natürlich gegen Honorar. Und er fügt hinzu, dass er der Linken in Thüringen im vergangenen Jahr 30 000 Euro gespendet hat. Er – Wolfgang Nürnberger – möchte mich besuchen und aus seinem Leben berichten.

Im Landtag stehen die Bürotüren der Linken wie immer sperrangelweit offen. Doch bei wem ich mich auch erkundige, kein Mitarbeiter weiß etwas von einer 30 000-Euro-Spende. Ich müsste den Schatzmeister der Partei fragen, erklärt Steffen Harzer. Der Schatzmeister ist unterwegs.

In der CDU-Etage suche ich das Zimmer des Pressechefs Dr. Karl-Eckhard Hahn. Außerdem möchte ich den Fraktionsvorsitzenden Mike Mohring sprechen. Er hatte prognostiziert, dass die Finanzpolitik der neuen Regierung das Land ruinieren würde. Mittlerweile spricht er vom rot-rot-grünen Haushalt als einem »CDU-Haushalt mit rotem Schleifchen«.

An der Innentür des Pressesprechers steht: »Freude an der Arbeit lässt das Werk trefflich geraten.« Aristoteles

Auch als Pressesprecher der CDU-Landtagsfraktion hätte

er noch viel Freude an seiner Arbeit, behauptet der ehemalige Regierungssprecher. Der schmächtige, durchgeistigt aussehende Historiker hat in Göttingen und Wien Geschichte studiert. So leise und bedächtig, wie er spricht, bewegt er sich auch. Er hat, sagt er, nicht erst nach dem 5. Dezember die politischen Leitlinien der Linken analysiert. »Die Linke versteht den Staat als Gerechtigkeitsmacher, der direkt in das Leben der Menschen eingreift.«

Für ihn und die CDU würden aber zwischen Staat und Individuum immer die Familien, das Ehrenamt, das Handwerk, die Sitten und Gebräuche stehen. »Deshalb kann der Staat nicht direkt mit Entscheidungen in das Leben der Menschen eingreifen.«

Während er mir das erklärt, piepst sein Computer, wenn er eine E-Mail erhält.

Auf meine Entgegnung, dass sich zwischen Staat und Individuum auch noch die Profitinteressen der Wirtschaft befinden, gibt er mir recht. »Aber …«

Weil das Piepsen nicht aufhört, ruft er einen Techniker. »Das muss abgestellt werden, es kostet ja nur Strom!«

Der Techniker, ein wenig spöttisch: »Sie müssen nur den Kippschalter, ja, den hier mit dem kleinen Pippel dran, herumdrehen.«

Als der Techniker gegangen ist, piepst es wieder.

Dr. Hahn meint, dass er durch den Wechsel von der Regierungsverantwortung zur Opposition Zeit gewonnen hat. »Die für uns unbekannte Oppositionsrolle in Thüringen wird auch eine geistige Belebung sein. Als Regierungspartei hat man nicht über sich nachdenken müssen. Das tun wir jetzt in der Opposition. Wir werden uns neu finden.«

Gegen Herrn Ramelow will er nichts sagen. »Als man mich wegen einer 20 Jahre zurückliegenden angeblichen journalistischen Unterstützung von rechtsgerichteten Vereinigungen an den Pranger stellen wollte, hatte der Genosse Ramelow als Fraktionschef der Linken die Chance, mich und damit die CDU-Regierung politisch zu attackieren. Herr Dr. Hahn, wir haben gegeneinander immer die Klingen geschwungen, hat er zu mir gesagt, aber was 20 Jahre vergangen ist, wird vergangen bleiben.«

Sein persönliches Verhältnis zu Bodo Ramelow ist das eine, das andere dessen Regierungspolitik. »Ich habe seine Regierungserklärung sofort analysiert. Denn das Verschwiegene ist oft wichtiger als das Gesagte. Vereine, Familien und Ehrenamt fehlten in seiner Rede. Und das hat Mike Mohring ihm in der Erwiderung politisch angekreidet.« Obwohl sie wüssten, dass Bodo Ramelow Beamten nicht kündigen kann, würden sie sofort »verbal draufschlagen«, wenn er, um notwendige zusätzliche Stellen zu schaffen, Schulden machte. »Man muss als Opposition alle Chancen nutzen.«

Der Computer piepst immer noch. Ehe er den Techniker wieder anruft, fragt er mich lächelnd, ob ich in der Thüringischen Landeszeitung seine Rezension zum Buch von Prof. Dr. Benjamin-Immanuel Hoff »die linke: partei neuen typs? milieus – strömungen – parteireform. eine flugschrift« gelesen habe.

Ich frage ihn, ob er bessere politische Witze kennt als den vom Thüringer CDU-Pressesprecher, der ein Buch vom Linken-Chef der Thüringer Staatskanzlei rezensiert.

»Herr Hoff hat mir sein Buch zugeeignet und mich gebeten, es zu rezensieren. Das habe ich getan.«

Ich murmele etwas von »friedlicher Koexistenz in Thüringen«, bitte ihn um die Termine bei Frau Lieberknecht und Herrn Mohring, bedanke mich für den Text der Rezension, gehe in die Landtagskantine, bestelle mir einen doppelten Espresso und lese: »Denn die Lektüre der als ›Flugschrift‹ bezeichneten Studie über Milieus, Strömungen und Parteireform ist überaus lohnend, und zwar für Parteigänger, Koalitionäre und Widersacher der Linken gleichermaßen. Die Linke träumt den alten sozialistischen Traum weiter, und ihr erklärtes Ziel ist, das aktuelle Wirtschafts- und Gesellschaftssystem grundsätzlich zu überwinden. Dass es nicht einfach um die Rekonstruktion des real existent gewesenen Sozialismus geht und ihre maßgeblichen Köpfe den Weg über die Diktatur als schweren Fehler erkannt haben, sollte man der Partei zugestehen ...

Vor dem Hintergrund der Studie ist nicht weiter erklärungsbedürftig, wenn in Thüringen ein Ministerpräsident der Linken ein sozialdemokratisches Regierungsprogramm mit grünen Beigaben umsetzt und die das linksparteiliche Herz wärmenden Zutaten eher sparsam eingesetzt werden. Die linke Versuchsanordnung im Politik-Labor Thüringen hat eine bemerkenswerte Stringenz, die durch die Veröffentlichung Hoffs klarer wird. Die Prognose ist nicht besonders gewagt, dass es kaum einen Bereich geben dürfte, in dem Die Linke einstweilen nicht zu weitreichenden Kompromissen bereit ist, um Vertrauen aufzubauen ...

Die CDU befindet sich angesichts der langfristig angelegten kulturrevolutionären Strategie in einem Dilemma. Jedem Versuch, einen roten Teufel an die Wand zu malen, werden auf absehbare Zeit gut greifbare und vermittelbare Belege fehlen. Ebenso wenig erfolgsversprechend würde es sein, mit ideologischen Gegenentwürfen zu hantieren …«

Ich blättere um. »… die Studienangebote müssen mit den Lebens- und Lernbedingungen von Studierenden besser vereinbar sein … allgemeine Studiengebühren werden auch in Zukunft nicht eingeführt … die Koalition bekennt sich dazu, dass alle Hochschulen an ihren jeweiligen Standorten erhalten werden …«

CDU-Pressesprecher Karl-Eckhard Hahn hat – Sparsamkeit ist eine Tugend – für seine Rezension die leere Rückseite einer Drucksache benutzt: »Koalitionsvertrag zwischen den Parteien Die Linke, SPD, Bündnis 90 / Die Grünen Inhaltliche Endfassung – Stand: 20.11.14 (Korrekturen können für die Druckfassung noch erfolgen).«

Hoffentlich, denke ich, wird der Techniker beim zweiten Anlauf das »Es kostet nur Strom«-Piepsen am Computer abstellen.


Am Abend marschiert Sügida wieder in Suhl. Nach ihrem ersten Treffen vor dem roten Rathaus werden sich die Anhänger der nationalen antiislamischen Bewegung in Zukunft jeden Montag auf dem Platz der Deutschen Einheit versammeln.

Vielleicht 800 Sügida-Anhänger verlangen in Sprechchören ein Deutschland, in dem Deutsche wieder bestimmen können. Redner fordern die Arbeitenden auf, gegen die Schmarotzer in der Erstaufnahmestelle zu demonstrieren. »Wir werden uns die ›Stimme der Deutschen‹ nicht von Volksverrätern verbieten lassen.«

Und dann: »Für euch alle jetzt ein Lied, das ihr bestimmt

noch kennt, weil wir es früher gemeinsam gesungen haben.« Zuerst leise, dann immer lauter: »Unsere Heimat, das sind nicht nur die Städte und Dörfer, unsere Heimat … Und wir schützen sie, weil sie dem Volke gehört.«

Mir bleibt der Schrei im Hals stecken.

Ich hatte noch als 14-Jähriger dieses Lied inbrünstig am Lagerfeuer gesungen, und als der Gitarrenspieler danach »Wahre Freundschaft soll nicht wanken …« anstimmte, zum ersten Mal die Hand eines Mädchens gehalten.

Schließlich marschieren sie mit »Wir sind das Volk«-Gebrüll auf der Friedrich-König-Straße in Richtung Bahnhofstraße, die vor 1945 Straße der SA hieß.

Die Suhler CDU, die sich als einzige Partei nicht an den Kundgebungen des Aktionsbündnisses gegen den Aufmarsch beteiligt, hat im Vestibül des Congress Centrums Suhl (CCS) zu einer Bürgerdiskussion eingeladen. Der neue CDU-Abgeordnete des Landtages, der 30-jährige Offizier Christian Herrgott, ist extra aus Erfurt angereist.

Keine langen Vorreden, sondern sofort Fragen: Was unternehmen deutsche Behörden gegen das Schächten und Beschneiden, also die schleichende Islamisierung in Deutschland? Aus welchen Ländern kommen die Asylbewerber nach Suhl? Was können wir in der Demokratie noch verändern? Entweder wir bekennen uns zu den Gewalttaten der Linken oder zu den Gewalttaten der Ausländer …

Andreas (»Mein Nachname spielt hier keine Rolle«): »Wir reden nicht mit Faschisten, habt ihr behauptet. Aber sogar unsere Regierung redet mit Faschisten! Mit denen in Kiew. Und warum kommen jetzt so viele Flüchtlinge? Weil wir schuld sind am Krieg, weil wir die Waffen dafür liefern.« Er geht wieder nach draußen, ohne die Antwort des CDU-Landtagsabgeordneten abzuwarten.

Christian Herrgott: »Wenn nicht mit deutschen Waffen getötet wird, dann bekommen sie eben von anderen Waffen, mit denen sie töten.«

Ein Coburger (»Ich heiße Dehust«), der vor mir auf einer der wenigen Bänke sitzt, redet sehr lange: »Köln und andere westdeutsche Großstädte sind bereits islamisiert. Dort ist Widerstand zu spät. Aber wir können hier noch protestieren. Es gibt auf der Welt über 50 Millionen Flüchtlinge. Die meisten davon werden nach Deutschland kommen. Aber das Erste, was dieser Ramelow macht: In Thüringen darf man Asylanten im Winter nicht abschieben! Das ist ein falsches Signal. Und was ist das für eine Demokratie, in der rechte Gesinnung nicht ausgesprochen werden darf? Vor 25 Jahren begann hier die Demokratie, und die können uns auch Ramelow und Co. nicht wieder wegnehmen.«

Sein Nachbar: »Ich war dabei, als in Halle die Stasi-Zentrale gestürmt wurde. Dort haben die Kommunisten mich schon damals als Nazi beschimpft. Sie können mich auch jetzt als Nazi oder Klobürste beschimpfen, diese Kommunisten. Aber ich werde immer gegen sie sein.«

Inzwischen schneit es draußen. Frierend laufe ich an den Polizisten vorbei.

Schon als er noch Justizminister war, habe ich Holger Poppenhäger bei mehreren Kulturveranstaltungen in Erfurt getroffen. Ein großgewachsener, schlanker Mann, sehr gerade gehend, immer im Anzug und meist mit rotem Schlips. Meine Mutter hätte gesagt: »Das ist ein feiner Mann.« (Von mir behauptete sie dagegen immer: »Du wirst nie ein feiner Mann!« und hatte recht.)

Mir fielen an dem »feinen Mann« zuerst die Augen auf, die ungewöhnlich freundlich und fröhlich in die Welt blicken und die Gesprächspartner mit einem stillen, natürlichen unwiderstehlichen Lächeln beeindrucken. Er lächelt auch, als er bei unserer Begrüßung im saalgroßen Dienstzimmer des Innenministeriums beklagt, dass es erstens viel zu groß ist, zweitens mit den schwarzen Möbeln kalt und ungemütlich wirkt und drittens durch die Leichtbauweise und Fensterrahmen aus Plast den Lärm von draußen nicht abhält. Direkt neben dem Anbau an die frühere Brauerei fahren die ICE-Züge in Richtung Frankfurt.

»Wenn ich bei Telefonkonferenzen mit den Innenministern der anderen Bundesländer wegen des Lärms mehrmals nachfragen muss, nehmen sie wahrscheinlich an, dass ich auf dem Erfurter Hauptbahnhof stehe.«

Die Wände hat er mit farbenfrohen Bildern von Moritz Götze geschmückt. Fliegende Kühe und Hasen am deutschen Himmel. Fünf Frauen mit Comicfiguren auf ihren Kleidern. Neben seinem Schreibtisch steht eine Palme, die größer ist als ich, und in der Besucherecke zwei kleine Grünpflanzen mit blauen und weißen Holzblumen in den Töpfen. Auf dem Fensterbrett thront die Justitia, die er aus dem Justizministerium mitgebracht hat. Aber ihre Waage ist unbeweglich!

Der Plan für heute: zuerst kurze Dienstberatung mit seinen Abteilungsleitern. Danach in Gera Gespräch in der Polizeiinspektion und schließlich Konferenz der Friedrich-Ebert-Stiftung zum Thema: »Gebietsreformen in Ostdeutschland. Impulse für Thüringen?«

Bei der Dienstberatung sitzt ein Dutzend Männer am langen Tisch. Keine Frau. »Eine ist krank, und der zweiten haben wir, nicht auf die Situation reagierend, sogar Urlaub genehmigt«, entschuldigt einer der Abteilungsleiter die Machorunde.

Der Minister berichtet über besondere Vorkommnisse: In ein türkisches Friseurgeschäft wurden Pflastersteine und ein Molotowcocktail geworfen. Zu Schaden kam niemand. Die Schüler des Königin-Luise-Gymnasiums mussten nach einer Bombendrohung evakuiert werden. »Gott sei Dank blieb es bei der Drohung!«

Selbst wenn er seinen Mitarbeitern Anweisungen gibt, spricht der Minister so leise, als wolle er sich seine Worte noch einmal selbst erklären.

Wir fahren im Begleitschutz, den außer dem Ministerpräsidenten nur noch der Innenminister erhält, also mit zwei Limousinen, nach Gera.

Als ich ihn nach seiner Familie frage, entgegnet er – wieder freundlich lächelnd –, dass er »Homestorys« ablehnt.

Nur so viel: Er ist ohne Frau aus Gießen nach Erfurt gekommen und hat inzwischen geheiratet. 2009 wurde der damals 52-jährige Justizminister und zum ersten Mal Vater.

Nach der Arbeit als Verwaltungsjurist beim Regierungspräsidium in Gießen und einem Abschluss als Dr. jur. mit summa cum laude hatte er sich für eine Stelle im wissenschaftlichen Dienst der Landtage in Schwerin und Erfurt beworben.

»Die Mecklenburger waren zu langsam, die Thüringer antworteten zuerst.«

In Erfurt hat er 15 Jahre als Beamter gearbeitet, bevor er

Minister wurde. Nur einmal ist er fast fahnenflüchtig geworden. Ein leitender Mitarbeiter der Deutschen Bank in Erfurt wollte den wissenschaftlichen Dienst im Landtag kennenlernen. Sie hatten die Idee, für einige Zeit ihre Posten zu tauschen. Es hätte ein nützlicher Erfahrungsaustausch werden können, aber natürlich war das rechtlich nicht möglich.

Über seine neue Arbeit erzählt er wenig. Lediglich, dass er sehr auf Fallstricke in den Zuarbeiten der Ministerialbeamten achten muss. Beispielsweise hatte die SPD-Abgeordnete Marion Rosin im Landtag die Anfrage gestellt, ob die enormen Kosten für die Sicherung von Fußballspielen nicht die reichen Fußballvereine übernehmen sollten.

»In meinem Haus wurde eine sechsseitige Antwort erarbeitet, aus der hervorging, dass eine Kostenübertragung nicht möglich ist. Normalerweise überfliegt man so etwas als Minister und unterschreibt. Aber plötzlich entdeckte ich den Halbsatz: ›… und das werden wir auch in Zukunft nicht ändern.‹ Hätte ich den überlesen, wäre eine nicht vertretbare Endgültigkeit, die der Mitarbeiter – vielleicht ein Fußballfan? – formulierte, von mir unterschrieben worden.«

Während der Fahrt erklärt er mir, nicht lauter, aber bestimmter als sonst, dass er nicht alle Volksentscheide befürwortet. Manche würden unter einem demokratischen Deckmäntelchen populistisch manipuliert. »Die Gesellschaft muss danach auch dem Gemeinwohl schädliche oder nationalistische, manchmal sogar rassistische Ergebnisse akzeptieren.«

In seiner Zeit als Justizminister wollten Thüringen und Sachsen gemeinsam eine moderne Haftanstalt bauen, um vier der alten Gefängnisse mit Gemeinschaftszellen schließen zu können. Für den Standort in Sachsen oder Thüringen wurden zwei Orte in Sachsen und zwei Orte in Thüringen auf eine Rankingliste gesetzt. Im Thüringer Hohenstein, zwischen Gera und Ronneburg gelegen, gab es die idealsten Bedingungen.

»Doch die Einwohner von Hohenstein gründeten eine Bürgerinitiative und stimmten gegen den Neubau, obwohl 450 Arbeitsplätze und eine Investition von 160 Millionen damit verbunden waren, nicht zu reden von den Aufträgen für heimische Baufirmen.« Man hätte das Projekt in Hohenstein gesetzlich durchdrücken können. »Aber ich habe meine Ohnmacht akzeptiert, und es wurde in Zwickau gebaut.«

Es sei nicht gut, wenn Sachkompetenzen des Landes durch Volksentscheide reguliert werden. »Der Staat darf seine Rolle nicht an die Bürger abgeben. Er darf sich nicht durch Volkes Stimmungen immer weiter nach rechts drängen lassen.«

Er zeigt mir eine Meldung, die ihm der Thüringer Justiz- und Integrationsminister Dieter Lauinger soeben geschickt hat. Der Bürgermeister von Gera-Liebschwitz ruft die Einwohner auf, sich mit einem Bürgerentscheid gegen die zeitweilige Unterbringung von Asylbewerbern auf dem Gelände der ehemaligen Berufsschule zu wehren.

»Das Land hat keine andere Möglichkeit. Suhl und Eisenberg sind überlastet. Doch wir müssen entsprechend dem Bundesverteilungsschlüssel die Asylbewerber aufnehmen.«

Als wir nach Gera hineinfahren, ist er mit seinen Gedanken schon beim Gespräch in der Polizeiinspektion. »Ich hatte in der von der CDU geführten Regierung den Plänen des Finanzministers zugestimmt, bis 2020 rund 800 Stellen im Polizeidienst abzubauen. Damals betraf es das Innen- und nicht mein Justizministerium. Aber nun bin ich Innenminister und werde bei der Polizei nicht rigoros kürzen, obwohl Thüringen seit 1990 von 2,5 auf 2,16 Millionen Einwohner geschrumpft ist und das Land deshalb auch Beschäftigte im öffentlichen Dienst einsparen und neue Verwaltungsstrukturen schaffen muss.«

Der Minister wird vom neuen Thüringer Polizeipräsidenten, dem Leiter der Polizeiinspektion Gera und der Presse begrüßt.

13, 4 Prozent der Thüringer leben im Bereich der Landespolizeiinspektion Gera. Die Polizeibeamten bearbeiteten 2014 rund 23 000 Straftaten und konnten davon 65,5 Prozent aufklären. Außerdem ahndeten sie 37 000 Verkehrsordnungswidrigkeiten und 4000 allgemeine Ordnungswidrigkeiten wie öffentliches Urinieren oder nicht angeleinte Hunde.

Aus diesen Zahlen leitet der Minister die Forderung ab: »Wir brauchen nicht weniger, sondern mehr Polizisten. Auf keinen Fall reichen die 26 Kontaktbereichsbeamten.« (In der DDR nannte man sie Abschnittsbevollmächtigte, ABV.) »Man muss für die Bürger die Probleme wieder vor Ort klären.« Er rückt sich heute zum ersten Mal den Schlips gerade.

Der neben mir sitzende Polizeibeamte sagt: »Unser Minister ist ein Neuer, der Altes mit sich rumschleppt.«

Wegen seines »Zeitfensters« muss der Minister sich beeilen, aber er versichert: »Wir werden uns briefen.« Vor allem wegen der Zentralisierung und Zusammenarbeit mit der Staatsanwaltschaft, denn es sei wichtig, dass jugendliche Straftäter nicht ein Jahr warten müssen, bis sie vor Gericht kommen. »Dann wissen sie meist nicht mehr, was sie angestellt haben.«

Zum Abschied noch einmal: »Ich werde also gebrieft.« Die Personenschützer drängen, denn der Minister wird zur Diskussion über die Gebietsreform 25 Minuten zu spät kommen.

Er kommt 35 Minuten zu früh. »Falsche Terminabstimmung«, bedauert einer der beiden Personenschützer. Wir setzen uns ins Vestibül des Hotels. Ich gebe zum ersten Mal einem Minister einen Kaffee aus, und er erzählt mir vom »blauen Wunder«, einer blauen Mappe, in der die Expertise für die Gebietsreform in Thüringen lag. Die Reform hatten CDU und SPD schon vor fünf Jahren in ihrem Koalitionsvertrag vereinbart. »Aber die CDU wollte sie eigentlich nicht und ließ erst einmal ein Gutachten erstellen. Als darin die Gebietsreform bejaht wurde, gab sie ein weiteres in Auftrag.« So hätte man sich bis zur Neuwahl über die Zeit gerettet.

Er schwappt mit dem Kaffee und schiebt eine blaue – ich schaue dreimal, doch die Farbe ändert sich nicht – eine blaue Mappe zur Seite.

Nein, das wäre nicht das blaue Wunder, sondern seine aktuelle Mappe, in die er die Reden und Unterlagen für die Termine des Tages sortiert.

Im Konferenzraum sind alle Plätze besetzt.

Die Zahlen stammen aus der blauen Mappe des Ministers: Von 2005 bis 2008 verringerte sich die Verwaltung in den Kommunen um 30 Prozent, aber in der mittleren und höheren Verwaltung stieg sie um 15 Prozent. In Sachsen-Anhalt wurden mit der Gebietsreform 21 Landkreise zu 11 größeren Kreisen vereint und damit gleichzeitig 45 Verfassungsbeschwerden heraufbeschworen. Künftige Landkreise in Thüringen sollten 200 000 Einwohner haben und Gemeinden 5000. 30 reiche Thüringer Kommunen wurden gebeten, die ärmeren Nachbargemeinden zu unterstützen. Nur zwei waren bereit, solidarisch zu helfen.

Nach den Zahlen und Fakten beginnt eine erregte Diskussion.

»Welche Daseinsvorsorge will und kann der Staat überhaupt noch für die Bürger erfüllen?«

»Wer wird sich in den oft überdimensionierten Ministerien freiwillig wegrationalisieren?«

»Auch Rot-Rot-Grün wird eine Gebietsreform nicht hinbekommen, nicht mit einer Stimme Mehrheit. Denn alle Abgeordneten haben zwei Seelen in ihrer Brust. Sie wollen das Beste fürs Land. Aber gewählt werden sie in den Kommunen. Also werden sie, sobald es ihren Wahlbezirk betrifft, gegen die von den Bürgern ungeliebte Gebietsvereinigung stimmen.«

Der Minister entgegnet: »Ich könnte bequemer leben, wenn diese Reform nicht zwingend nötig wäre.« Er setzt auf freiwillige und solidarische Zusammenschlüsse und ist sicher, dass sie die Gebietsreform in dieser Legislaturperiode schaffen werden. »Wir müssen sie schaffen.«

Nach der Veranstaltung wird der Innenminister von Stadträten, Vorsitzenden der Verwaltungsgemeinschaften und Bürgermeistern bedrängt. Er möchte, aber er kann im Moment nicht helfen. Auch den Masserbergern nicht, die eine untragbare Schuldenlast für die sanierungsbedürftige Therme mit sich herumschleppen. Er wird gemeinsam mit ihnen nach Lösungen suchen, und die Nachbargemeinden, die von der Therme profitieren, müssten den kleinen Bäderort unterstützen.

Ein Vermesser gibt dem Minister den Rat: »Ich habe sehr oft Grundstücke vermessen, die verschiedenen Eigentümern gehörten. Es gab keinen Streit, wenn nach der Aufteilung alle gleichermaßen unzufrieden waren.«

Herr Kupfernagel aus Rudolstadt nimmt den Minister zur Seite. Er ist am 9. November 1989 in Berlin in die SPD eingetreten. »Jetzt bin ich ausgetreten! Ich kann es nicht mit meiner Überzeugung vereinbaren, dass die Sozialdemokraten mit den Linken, mit ehemaligen Kommunisten, am Regierungstisch sitzen.«

»Genosse Kupfernagel – ich darf dich doch noch so nennen?«, fragt der Minister, »lass uns bitte in einem Jahr noch einmal darüber reden. Vielleicht siehst du dann manches anders. Wir hatten nur durch diese Koalition die Chance, aus dem Tal der Wahlniederlage herauszukommen.«

Als wir schon im Hotelvestibül stehen, sagt der Minister: »Ich habe meine blaue Mappe liegenlassen.« Er geht in den Versammlungssaal zurück, kommt aber ohne die Mappe wieder. Sie hat vor ihm auf dem Tisch gelegen, beteuert er. Die zwei Personenschützer des Ministers beginnen mitzusuchen. Der eine sagt: »Sollen wir nun auf den Minister aufpassen oder auf seine Sachen?« Der andere grient. »Am besten auf beides!« Wir schauen auf die Fensterbretter, unter die Tische und in die Garderobe. Nichts. Der Minister meint, es wäre nichts Wichtiges in der Mappe gewesen. Nur einige Informationen zur Gebietsreform. Wir sollten nach Hause fahren.

Während er zur Toilette geht, schlage ich vor, an der Rezeption zu fragen. Vielleicht, dass jemand etwas abgegeben hat. Die Frau deutet hinter sich: »Ja, eine blaue Mappe ist hier hinterlegt worden und dazu …«

Auf der blauen Mappe liegen das Portemonnaie und das Handy des Innenministers Holger Poppenhäger.

Vielleicht als kleines Dankeschön oder weil er spürt, dass mir seine stille, freundliche und manchmal verlegene Art gefällt, erzählt er auf der Heimfahrt zwar keine Homestory, aber von seinem Kind.

»Ich versuche in jeder Woche einen Abend für Kind und Frau frei zu halten. Doch nur 70 Prozent meiner Zeitfenster sind planbar. Als Minister ist man fremdbestimmt.«

Manchmal schafft er es, die Tochter vom Kindergarten abzuholen. Und weil er seit 15 Jahren im Vorstand und seit 6 Jahren Vorsitzender vom Förderverein des Erfurter Puppentheaters ist, nimmt er seine Tochter oft mit ins Theater. »Nicht zu jeder Vorstellung, denn wir machen hier nicht, wie ich es aus dem Westen kenne, Kasperletheater, sondern ein anspruchsvolles Figurentheater.« Den Vorsitz hat er übrigens von Prof. Dr. Preuß übernommen, der seit seiner Pensionierung ehrenamtlich Christine Lieberknecht unterstützt.

»Wenn wir viel Zeit haben, gehen wir in den Erfurter Zoo.« Sie haben eine Jahreskarte und zwei Tierpatenschaften, die Tochter für ein Erdmännchen und der Minister für einen Bisonbullen. Sie bezahlen ihnen ein Jahr lang das Futter. »Je größer die Tiere sind, umso mehr fressen sie.«

Im hinteren Sitz seiner Limousine befindet sich ein kleines tresorähnliches Fach. »Schnaps?«, frage ich.

»Nein, CDs. Konstantin Wecker, Hannes Wader und ähnliches.« Er hat sie schon vor 30 Jahren gehört, damals in seiner WG.

»Sie? In einer WG?«

Er versteht mein Staunen nicht. »14 Jahre lang. Wir wohnten in einem 200 Jahre alten Bauernhaus. Zuerst waren wir drei Jungen und zwei Mädchen.«

Ich denke: Der feine Mann in einer WG.

Als Student hat er auch vor der Uni für bessere Bildung und in Brockdorf gegen das Atomlager demonstriert.

»Wir haben aus politischen Gründen demonstriert. Nie wegen des Waldes, weil dort von Millionen Bäumen einige Hundert gefällt werden sollten. Ich verstehe nur schwer, weshalb die Menschen in Thüringen für den Wald und gegen Trasse und Windräder demonstrieren. Ich müsste als Minister noch mehr über die Eigenarten der Menschen hier wissen. Nicht nur über ihre finanziellen und politischen Sorgen.«

Ich schlage vor, dass wir uns – wenn es sein »Zeitfenster« erlaubt und ohne dass ich ihn »briefe« – noch einmal treffen.

»Sie erzählen mir dann von Ihrer wilden Zeit in der WG und ich von den Eigenheiten der Wäldler.«

Obwohl er müde aussieht, nickt er.

Wenige Tage danach werde ich nicht gebrieft, sondern angerufen. Der Innenminister befindet sich in Südthüringen und hat ein freies Zeitfenster. Er könnte bei mir vorbeikommen. Ich beschreibe den Personenschützern den Weg, denn mein Häuschen außerhalb vom Dorf wird nicht vom Navi geortet. »Am Schwimmbad links zum Wiesental, in dem vier schottische Hochlandrinder stehen. Und dann an einer aufgegrabenen Wasserleitung entlang.« Sicherheitshalber könnten sie am vorletzten Haus im Dorf klingeln und nach mir fragen.

Ich gehe zum Bäcker und hole Kuchen.

Eine halbe Stunde später als angekündigt erkunden die Personenschützer den Anstieg zum Waldhäuschen. Der Minister berichtet aufgeregter als sonst von seiner Begegnung am vorletzten Haus des Dorfes. »Zwei Leute saßen davor auf einer Bank. Ein Älterer, der mir sofort die handgemalte Wegskizze zu Ihrem Haus überreichte. Und ein Jüngerer, der fragte: Sind Sie nicht der Herr Poppenhäger? – Ja, sagte ich, der Innenminister. Da stand der alte Mann auf, reichte mir die Hand und sagte: Ich habe jetzt zum ersten Mal im Leben einem Minister die Hand gegeben.«

Als ich Kuchen und Kaffee serviere, wollen die Personenschützer diskret hinuntergehen. Ich greife in die Kompetenzen des Innenministers ein und sage, dass sie bleiben und bitte auch die Kraftfahrer holen sollen. »Einer muss unten bei den Autos bleiben. Er kann sich ja die Kühe anschauen«, sagt ein Personenschützer, und ich denke: Er könnte auch ein Stück graben.

Ich hoffe, dass Frieder nichts von dem Besuch erfährt, denn er würde mir mit seiner angeborenen Neugier nie verzeihen, dass ich ihn zwar vom MP (Ministerpräsidenten) erzähle, aber den Besuch des IM (Innenministers) mit PS (Parteisekretär – Entschuldigung Personenschutz) vorenthalten habe.

Während der Minister den Thüringer Matschkuchen genießt, erzählt er von seiner WG-Zeit in einem Dorf bei Gießen. »Mein Großvater baute Kartoffeln und Gemüse an, hielt ein Schwein, und auf dem Klo hingen an einem Haken von der Großmutter zugeschnittene handgroße Zeitungspapierblätter. Die waren glatt, aber sie kosteten nichts. In unserer WG besaßen wir zwar ordentliches Toilettenpapier, aber sonst blieb fast alles dörflich. Das Haus an der Hauptstraße bestand aus Durchfahrt, Hof, Scheune und Stallungen. Wir 5 Jura-Studenten in der Wohngemeinschaft teilten uns ein Bad. Saubermachen nach Plan. Im Obergeschoss gab es ein Zimmer, in dem der Bauer nach dem Zweiten Weltkrieg Flüchtlinge aus den Ostgebieten aufgenommen hatte. An den Wänden waren noch die damals mit einer Gummiwalze aufgetragenen Blumenmuster zu sehen.

Im Dorf standen die Autos auf den Höfen. Unsere Autos parkten wir vor dem Haus auf der Straße, dessen Hof war für Federball und Feste reserviert. Auch deshalb passten wir wahrscheinlich nicht so recht zu den Nachbarn. Und dann die langen Haare. Zum Bart fehlte mir allerdings der nötige Aufwuchs. Nicht anders als heute hatte ich kaum ein freies Wochenende. Damals demonstrieren. Heute regieren.

In Brockdorf demonstrierten wir bei minus 10 Grad gegen das Atommülllager und gegen die Wasserwerfer. Wir konnten gar nicht so schnell rennen, wie unsere Sachen steif gefroren waren.«

Bei diesen Aktionen war für ihn alles klar und durchschaubar. »Auf der einen Seite die, auf der anderen Seite wir.« Heute beim Regieren sei das anders.

Er meint nicht, dass er als Innenminister nachts herausgeholt wird, wenn eine Schule brennt, oder den Einsatz bei der Geiselnahme in der Haftanstalt Goldisthal, als er Justizminister war.

»Es war Karfreitag 2012. Ein zweifacher Mörder hatte sich im kugelsicheren Pförtnerraum mit einer Justizangestellten eingeschlossen und hielt ihr ein Messer an den Hals. Es war die schlimmste Nacht meines Lebens. Als die unverletzte Geisel befreit werden konnte, habe ich geheult. Wir sind zwar alle in Gottes Hand, aber in solch einer Situation …«

Das jedoch meint er nicht, wenn er von den Schwierigkeiten des Regierens spricht. In seinem früheren Ministerium hatte er es mit vertrauensvollen Gesprächen geschafft, dass die Mitarbeiter sich nicht gegenseitig verklagten. Aber als er vor zwei Monaten das Innenministerium übernahm, waren dort viele Posten nicht besetzt oder Mitarbeiter nicht befördert worden. Gerichtliche Klagen von Mitarbeitern gegen andere Mitarbeiter blockierten alles.

Er weiß nicht, dass ich in Mathematik schlecht bin, und versucht, mir die »Sucht nach Geld und Karriere« an einem Rechenbeispiel zu erklären. »Nehmen wir an, 5 Stellen sind im Ministerium neu vergeben und 5 Beförderungen ausgesprochen worden. Um die 5 Stellen hatten sich 20 Angestellte beworben. 15 wurden nicht genommen. Bei den Beförderungen fühlten sich mindestens 10 Mitarbeiter übergangen. Also klagen 15 gegen die Vergabe der neuen Stellen, von denen eine vielleicht der Kollege gegenüber erhalten hat. Und 10 Mitarbeiter klagen – immer von der Gewerkschaft bezahlt – gegen die 5 Beförderungen. Solange diese Klagen laufen, sind sowohl die Vergabe der neuen Stellen als auch die Beförderungen rechtskräftig ausgesetzt. Manchmal für ein Jahr. Mit Widerspruch noch länger. So blockieren sich die Mitarbeiter selber, und von guter Zusammenarbeit im Ministerium kann dann keine Rede mehr sein.«

Er will mit allen Betroffenen sprechen.

Auch die Stärke der neuen Regierung würde im Vertrauen zueinander bestehen. Selbst wenn die Minister und Staatssekretäre sehr unterschiedliche Charaktere hätten.

»Ich müsste vielleicht schneller, lauter und fordernder werden. Wie Bodo Ramelow. Aber trotzdem nicht immer recht haben wollen. Allerdings ist Bodo inzwischen auch ruhiger und manchmal sogar einsichtiger geworden. Beispielsweise bei der Sache mit dem Strafbescheid wegen überhöhter Geschwindigkeit. Die BILD-Zeitung veröffentlichte Fotos aus den Gerichtsakten: Bodo im typischen Rollkragenpullover und dazu die Frage der Redaktion: ›Ramelow Ärger mit der Polizei?‹ Er zweifelte das Messprotokoll an und verlangte Einsicht in die Akten. Man verweigerte sie ihm. Doch die Fotos erschienen mit dem ungeschwärzten Nummernschild, das Bodo – um seine Frau zu schützen – später austauschen ließ. Der Fall kam vor Gericht, und die Richterin, die Frau des ehemaligen CDU-Innenministers Geibert, lehnte die Verhandlung wegen Befangenheit ab.

Ich habe ihm damals gesagt: Vergiß es, du musst jetzt die Zeit für wichtigere Dinge nutzen. Außerdem bist du kein normaler Bürger, du kannst nicht mehr wegen Kleinigkeiten vor Gericht ziehen. – Am Tag nach unserem Gespräch akzeptierte er den Strafbescheid und zahlte.«

Am wirkungsvollsten sei er, wenn er unvorbereitet frei reden könnte. Aber bei Twitter und auf Facebook sollte er sich auch wie ein Ministerpräsident benehmen. Dort dürfe er nicht, ohne sich mit den Ministern oder dem Regierungssprecher zu beraten, auf jede Frage sofort impulsiv antworten. »Nach dem Terroranschlag in Paris rief ein Journalist an. Bodo sagte ihm, dass er nicht wüsste, ob man gegen Terror dieser Art gewappnet sein kann. Am nächsten Tag erschien die Schlagzeile, dass Thüringen nicht genügend gegen Terror gewappnet ist. Ich musste es als Innenminister ausbaden.

Manchmal hält er dich auf dem Gang an und sagt: Das und das musst du unbedingt erledigen. Er vergisst nie, was er gesagt hat. Aber nicht jeder hat solch ein Gedächtnis wie er.«

Nicht vergessen hat der Minister, dass ich ihm von den Wäldlern erzählen wollte. Aber er muss sein »Zeitfenster« schließen. Ich erzähle, dass Murmelmacher Greiner-Petter einen Brief über die Natur und die »Wäldler« schreiben will. Den werde ich ihm irgendwann vorlesen.

Schon am übernächsten Tag weiß Frieder, dass der Innenminister mit »zwei Autos und Bodyguards an unserer Baustelle« gewesen ist. Doch anstatt mich zu beschimpfen, weil ich ihn nicht über den Besuch informiert hatte, fragt er, ob die kriminalistisch und sicherheitstechnisch gut ausgebildeten Bodyguards einen Tipp geben konnten, wie wir das Leck endlich finden.

»Es wird ein Wettlauf mit dem Winter. Für Februar sind Schnee und strenger Frost angekündigt.«

Trotzdem kann ich heute nicht mit ihm schachten, denn ich muss zum Zahnarzt nach Steinbach-Hallenberg.

Als ich Zähne geputzt und eine starke Schmerztablette geschluckt habe, stiefelt ein Mann hastig den Weg herauf, entschuldigt sich vielmals für die Störung, holt mein Griechenland-Buch aus der Tasche und bittet, dass ich es für seinen Schwager zum Geburtstag signiere.

Der Schwager ist Psychologe. »Seine Praxis ist für Monate ausgebucht. Unsere Wachstumsgesellschaft produziert Depressionen, Suizidversuche und Ängste vor Leistungsabfall.«

Er dagegen und die 20 Mitarbeiter seiner Firma viaproject, die sich vor allem mit Straßenüberwachung, Verkehrsplanung und Straßenerneuerung beschäftigen, sind zu einem großen Teil von den Geldern abhängig, die das Infrastrukturministerium des Landes bewilligt. Doch weil die rot-rot-grüne Regierung den Haushalt für 2015 erst im Juni beschließen wird, dürfen die Straßenverwaltungen und -bauämter frühestens im Juli die zu vergebenden Aufträge öffentlich ausschreiben. »Die Unternehmen werden dadurch in diesem Jahr erst im September mit den Straßenarbeiten beginnen können. Aber Thüringen ist nun mal nicht Italien, wo man noch im Dezember Straßen repariert. Hier wird bei Minusgraden kein Brückenbelag mehr dicht.«

Das halbe Jahr Stillstand kann man nicht aufholen. »Selbst wenn du das Jahresbudget dann mit beiden Händen ausgibst und an den Landstraßen der Rhön Ginkgo- und Pfirsichbäume pflanzt.«

Die linke Ministerin für Infrastruktur hätte Haushaltsposten wie die für die Straßenbauämter erst einmal unter Vorbehalt durchwinken müssen.

Ich frage den 56-jährigen Stefan Böse, wovon seine Firma in der Zeit, in der wegen des fehlenden Haushalts keine Aufträge vergeben werden, leben wird.

»Von einem Handschlag. Wir haben eine geplante Verkehrszählung schon ohne Vertrag und bürokratische Absegnung begonnen. Das ist vielleicht nicht völlig nach Recht und Gesetz, aber im Juni haben die Verantwortlichen dann die Ergebnisse auf dem Tisch und können sofort mit den notwendigen Arbeiten beginnen. Wir sind Improvisieren gewohnt.«

Weil ich denke, dass der Experte für Straßen sich bestimmt auch mit den darunterliegenden Wasserleitungen auskennt, erzähle ich, weshalb wir hier mühsam schachten.

Er weiß zwar nicht, wie das Leck in einem PVC-Rohr zu orten ist, aber er schlägt vor, dass wir ein ausrollbares Metallkabel in das Rohr schieben. Danach könnte man mit einem Metalldetektor die Leitung, von der wir nicht wissen, wo sie genau entlangläuft, orten.

Weil ich im Warteraum des Zahnarztes weder die Apothekerzeitschrift noch Bild der Frau lesen will, gehe ich ins Zahnlabor im Souterrain hinunter. Die Fenster bekommen ein wenig Licht aus zwei vergitterten Schächten, über denen man den Unterbau der parkenden Autos sehen kann. Zwischen Hunderten, ordentlich mit Namen beschrifteten Gipsabdrücken von Ober- und Unterkiefern hat der Zahntechniker Hartmut einen Kalender mit nackten Frauen angebracht. Er ist mit seinen Gebissen allein hier unten. Wenn ich ihn besuche, erzählt er meist von seinen inzwischen acht Kaninchen. Er darf um Himmels willen keines schlachten oder verschenken. Seine kleine Tochter würde ihn als Mörder beschimpfen und als Vater verachten.

Weil er weiß, dass ich über den neuen Ministerpräsidenten und seine Regierung schreiben will, redet er heute über den Facharbeitermangel in Deutschland. Hunderttausende werden in den nächsten Jahren fehlen. Und Produktion und Wohlstand sinken! Also müssen mehr ausländische Fachkräfte aus den armen osteuropäischen Ländern, aus dem Orient, Afrika und Asien hierherkommen. Das sagt auch der Ministerpräsident. »Aber diese Fachleute werden in ihren Ländern fehlen. Hier immer reicher – dort immer ärmer! Den Reichtum in der Welt gerecht zu verteilen und in Europa gleiche soziale Bedingungen zu schaffen – für diese Utopie sollten Politiker arbeiten und nicht zuerst für den egoistischen Wohlstand in Deutschland …

Wenn du hier mit deinen Prothesen allein bist und die Welt

von unten betrachtest, siehst du sie oft deutlicher. Der Ministerpräsident sollte sich Gedanken machen, weshalb in Thüringen junge deutsche Facharbeiter fehlen. Bei uns wurden Kinderspielplätze abgebaut und Jugendclubs geschlossen. Welche junge Familie bleibt dann hier?«

Oben im Behandlungszimmer prophezeit mir der Zahnarzt, dass meine untere Zahnprothese über 3000 Euro kosten wird.

Als ich zurückkomme, schwatzt Frieder mit Uta Liebers[*], die in 4 Monaten 63 Jahre wird. Seit Jahren kassiert sie für die Gartengemeinschaft das Wassergeld und liest den Hauptzähler ab. Es würden noch immer täglich irgendwo 1300 Liter wegfließen, sagt sie. Falls alle Gartenbesitzer den Verlust tragen müssen, weiß sie nicht, wie sie ihren Anteil bezahlen soll.

Die gelernte Buchhalterin hat nach der Wende ihre Arbeit verloren. Einige Jahre arbeitete sie für 400 Euro im nahegelegenen »Hühner-KZ« Dillstädt. Die Geflügelanlage stammt aus der DDR. Damals war sie modern, heute ist die nach der Wende von Westdeutschen übernommene »Eierfabrik« tierisch und technisch heruntergewirtschaftet. Die ausgemergelten Legehennen wurden zwar tiefgefroren nach Afrika verkauft, doch als die Eier trotz Billiglöhnen dem Unternehmen keinen Gewinn mehr brachten, wurde die Legehennenhalle geschlossen. Inzwischen sucht Uta Liebers verzweifelt ein Unternehmen, das sie wenigstens noch vier Monate arbeiten lässt und sozialversichert. Dann könnte sie vorzeitig in Rente gehen. Sie beteuert, dass sie jede Arbeit annimmt. »Wo sind wir in Deutschland nur hingekommen?« Es müsste ein Gesetz geben, das Unternehmen verbietet,

[*] Name geändert

Fabriken und Menschen, wenn sie keinen Gewinn mehr bringen, einfach wegzuschmeißen.

»Ach was, auch die Unternehmer müssen die Freiheit haben, Fabriken zu schließen und Leute zu entlassen, um selber reich zu bleiben«, sagt Frieder sarkastisch. »Im Kapitalismus hat man die Freiheit, Millionen zu verdienen, aber auch die Freiheit, ohne Arbeit arm zu bleiben. Dazwischen besitzt man die Freiheit, sich einzurichten.«

Wahrscheinlich redet Frieder heute so aggressiv, weil er immer noch in seiner Ehre gekränkt ist. Denn nicht er, der Schachtarbeiter, sondern »dieser Straßenarbeiter« Stefan Böse hatte die Idee mit dem Metallkabel. Als ich ihm von Hartmuts Kaninchen erzähle und dass er nicht einmal zu Weihnachten eines schlachten darf, unterbricht er mich und sagt, wie um zu beweisen, dass er doch besser informiert ist: »Nu pass mal gut auf, ich muss dich mal schlaumachen. Weißt du, woher der Herr Ministerpräsident seine Weihnachtsgans hatte?«

Ich schüttele den Kopf.

»Von seinem grünen Staatssekretär, dem Herrn Olaf Möller. Da staunste! Willste wissen, woher ich's weiß?«

Ich will es nicht wissen, zumal Frieder nicht sagen kann, ob Olaf Möller die ökologische Weihnachtsgans seinem Ministerpräsidenten geschenkt oder verkauft hat, und verabschiede mich, um noch nach Erfurt in den Landtag zu fahren. Als ich gehe, schreit Frieder mir hinterher: »Frage den Ministerpräsidenten bitte, wann sein jugendlicher Moornachbar Frieder ihn besuchen darf, damit der ehemalige Schlittschuh-Moor-Flitzer Bodo Ramelow ihm verrät, wo jetzt in Thüringen sein Lieblingsplatz ist. Damit meine ich nicht den Stuhl in der Staatskanzlei!«

## Von den Wasserträgerinnen im Landtag, der Raucherlunge einer Elefanten sammelnden Thüringer Sportministerin und schönen Versprechungen in den Flitterwochen

Um den Ministerpräsidenten in der Sitzung des Landtages beobachten zu können, hatte ich das ordentlich ausgefüllte Antragsformular für die Erstellung eines Presseausweises zur Teilnahme an der nächsten Plenarsitzung rechtzeitig an den Pressechef des Landtages geschickt.

Als ich mir den Ausweis abholen will, nehme ich leider nicht den Fahrstuhl, sondern steige Stock für Stock hinauf. Endlich stehe ich ganz oben vor dem Zimmer von Herrn Dahmen, dem Pressechef der Landtagsverwaltung. Ich klopfe. Keiner öffnet. Weil ich im Zimmer Stimmen höre, klopfe ich lauter. Ein großer, kräftiger grauhaariger Mann öffnet. Noch während ich höflich meine Bitte äußere, schnauzt er: »Wir haben eine Beratung.« Und will mir die Tür vor der Nase zuschlagen.

Ich stelle mich – was ich nur mache, wenn ich vor Wut mutig bin – dazwischen. Im Zimmer sitzen zwei Mitarbeiterinnen. Nachdem ich wiederholt habe, dass ich einen Ausweis brauche, sagt er abweisend: »Da müssen Sie gefälligst einen Antrag ausfüllen.«

»Den habe ich schon vor Tagen geschickt.« Er zeigt auf den Postkorb. »Sehen Sie nicht, wie voll er ist. Da wird Ihr Antrag drinliegen. Ich habe jetzt keine Zeit. Guten Tag.«

Hinunter nehme ich den Fahrstuhl. In der Kantine sagt

**171**

mir ein Journalist: »Dahmen ist ein Wessi, der immer noch denkt, dass wir dankbar sein müssen, weil er rübergekommen ist, um uns Ossis das Arbeiten zu zeigen.«

Beim Mittagessen setze ich mich zu Silvia Erlekampf. Sie arbeitete schon in der Presseabteilung, als ich 2006 hier »Der Letzte« – ein im letzten Jahr der dritten Wahlperiode akkreditierter Journalist – war. Sie wird mir einen Tagesausweis besorgen.

Zwar kann man die Abgeordneten auch durch die Glasscheibe der Seitentür im kreisrunden Plenarsaal beobachten, aber der zugewiesene Platz für Besucher und Journalisten befindet sich auf der Tribüne über den Akteuren. Sozusagen erster Rang.

Ich suche im neuen Gebäude den Aufgang und bin froh, als mir – so steht es auf seinem Namensschild – Roland Büttner vom Besucherdienst im Treppenhaus begegnet. Der Mann im Rentenalter erzählt, dass er nicht nur im Landtag, sondern auch in Erfurt jeden Gang kennt. Er ist Stadtführer. Bei Exkursionen bittet er die Touristen auch um eine Spende für das Kinderhospiz in Tambach-Dietharz. »4000 Euro habe ich bisher gesammelt. Demokratie bedeutet für mich, nicht nur reden, sondern auch handeln können.« Das würde er oft den Besuchern sagen, die er auf die Tribüne geleitet.

»Sammeln Sie bei denen auch Spenden?«

»Nein, das ist hier nicht erwünscht. Aber ich versuche, den Gästen, die oben häufig nicht verstehen, worüber die unten reden, Mut zu machen, die Demokratie zu nutzen.« Ein Beispiel wäre, dass es ihm nach langen Kämpfen gegen die Widerstände der Erfurter Bürokratie möglich war, die Bäume, die auf der IGA das Buchenwald-Denkmal verdeckt hatten, fällen zu lassen. »Die Bäume standen nämlich nicht, wie es die Beamten, um weiter keine Arbeit damit zu haben, behaupteten, geschützt auf dem Gelände der IGA. Sie standen davor. Nun kann jeder das Denkmal wieder sehen.«

Außerdem rät er den Besuchern: »Geht nicht mit jeder Kleinigkeit zu einem Rechtsanwalt. Das kostet nur Geld. Hier gibt es einen Petitionsausschuss. Außerdem wollen die Abgeordneten wiedergewählt werden. Besucht sie also in ihren Büros und haut, wenn nötig, mit der Faust auf den Tisch.«

Leise bringt er mich zur Tribüne hinauf. Ich sitze über der CDU-Fraktion. Wenn ich eine bessere Brille hätte, könnte ich lesen, was die frühere Ministerpräsidentin Christine Lieberknecht unentwegt in ihr Smartphone tippt.

Auf der Besuchertribüne sitzen drei Gäste. Der Präsident des Landtages Christian Carius (er wird nicht von der Regierung, sondern von der stärksten Fraktion, also der CDU, gestellt) sagt höflich: »Ich begrüße auch die nicht ganz so zahlreichen, aber doch vertretenen Gäste auf der Zuschauertribüne sowie die Vertreterinnen und Vertreter der Medien.«

Die meisten Medienvertreter beobachten die Debatte nicht von oben, sondern versuchen unten wahrscheinlich mit Abgeordneten und Ministern darüber zu sprechen, worüber sie im Parlament nicht gesprochen haben.

In der aktuellen Stunde sollen 5 Anträge, also von jeder Fraktion einer, behandelt werden. Es geht um »Versorgungsposten nach dem Regierungswechsel« (CDU), »Weniger Antibiotika in der Tiermast« (Grüne), »Fremdenfeindliche Demonstrationen« (SPD), »Eine politische Vortragsveranstaltung in der Uni Erfurt« (AfD) und »Thüringer geschützte Pro-

dukte durch TTIP nicht dem Spiel der Märkte überlassen«
(Die Linke).

Der Präsident zitiert die Geschäftsordnung: »... jede Fraktion hat in der Aussprache eine Redezeit von 5 Minuten für das Thema. Die Redezeit der Landesregierung beträgt grundsätzlich 10 Minuten für jedes Thema. Hat die Landesregierung eine Redezeit von mehr als 10 Minuten in Anspruch genommen, so verlängert sich die Aussprache für das jeweilige Thema um die über 10 Minuten hinausgehende Zeit. Die Aufteilung der Verlängerungszeit auf jede Fraktion erfolgt zu gleichen Teilen ...«

Ich rechne. Wenn die Regierung um eine Minute überzieht, darf jede Fraktion 12 Sekunden zusätzlich reden. Und von wegen aktuelle *Stunde*. 5 Fraktionen x 5 Anträge x 5 Minuten + 5 x 10 Minuten der Regierung, das sind 2 Stunden und 55 Minuten.

Zuerst spricht der CDU-Abgeordnete Kowalleck zu »Versorgungsposten«. Er beendet die Rede mit: »Durch das Hin- und Herschieben von Abteilungen und Referaten ist die Regierung nahezu handlungsunfähig ... Unserer Meinung nach hat dies Thüringen nicht verdient, und das haben die Menschen in diesem Land nicht verdient.« (Beifall CDU, AfD)

Eine junge blonde Frau geht zum Rednerpult, bringt ein neues volles Glas Wasser und trägt das alte unberührte volle Glas Wasser hinaus. Der Ministerpräsident sitzt neben Heike Taubert auf der Regierungsbank und tuschelt mit ihr. Frau Lieberknecht tippt Daten in ihr Smartphone.

Der Abgeordnete Huster (Die Linke): »Sie können sicher sein, meine Damen und Herren, dass wir dafür gutes und geeignetes Personal einsetzen und einsetzen werden. Herzlichen Dank.« (Beifall Die Linke, Bündnis 90 / Die Grünen, Unruhe CDU)

Die blonde Frau geht zum Rednerpult, bringt ein neues volles Glas Wasser und trägt das alte volle Glas hinaus. Der Ministerpräsident läuft von der Regierungsbank zu seinem Platz in der ersten Reihe der Fraktion. Frau Lieberknecht tippt Daten in ihr Smartphone.

Zu »Weniger Antibiotika« sagt der Abgeordnete Primas (CDU) u. a.: »Was glaubt man wohl, was die Stadt Hamburg pro Tag an Verbrauch an Hähnchen hat? (Zwischenruf Abg. Henfling, Bündnis 90 / Die Grünen: Viel!) Wie viel? (Zwischenruf Abg. Henfling, Bündnis 90/Die Grünen: Zu viel!) Zu viel. (Heiterkeit CDU, AfD) 80 000 pro Tag. Jetzt müssen Sie sich vorstellen, die wollen Sie alle auf dem Balkon einzeln halten. Das wird nichts.« (Unruhe Bündnis 90/Die Grünen)

Nicht die blonde Frau, sondern ein junger Mann, ich nehme an, beide sind Auszubildende der Landtagsverwaltung, bringt ein neues volles Glas Wasser und trägt das alte volle Glas hinaus. Bodo Ramelow stellt sich für Fotoaufnahmen an die Seitentür des Plenarsaales. Frau Lieberknecht tippt immer noch Daten in ihr Smartphone.

Ich nehme an, dass der Ministerpräsident herauskommt, und gehe hinunter zum Eingang des Plenarsaales. Doch auch die Fernsehkameras, die dort warten, hoffen vergebens auf ihn. Neben dem Eingang stehen die Kisten mit Wasser, Kartons mit Gläsern und die Wasserträger. Eine junge Frau kommt vom langen Gang zurück, wischt sich den Schweiß von der Stirn. »Man steht zwar nicht im Scheinwerferlicht, aber man muss sehr gerade gehen, darf nichts verschütten, nicht stolpern, sollte nicht später als der neue Redner am Pult sein und schließlich dabei gut aussehen«, erklärt sie mir.

Nina Franke sieht gut aus. Schlank, freundliche Augen. Ich frage, wie lange sie schon in der Landtagsverwaltung lernt. »Ich lerne nicht hier. Ich studiere seit 2012 Staatswissenschaft an der Universität Erfurt.«

2013 bewarb sie sich auf die Ausschreibung: »Wer kann den Abgeordneten das Wasser reichen?« Die Sicherheitsfirma stellte sie als Hilfskraft ein.

»Wir reichen nicht nur Wasser, sondern bringen die abgeschriebenen Redebeiträge noch während der Tagung zu den Abgeordneten, die sie abzeichnen. Manchmal habe ich die Reden falsch verteilt. Zwar stehen überall Namensschilder, aber die Abgeordneten sitzen nicht wie Schüler auf ihren Plätzen. Die wechseln hin und her, um mit diesem oder jenem zu reden. Das sieht immer sehr wichtig aus.«

Mit dem Wasser ist es einfach. »Wir bringen jedem Wasser ohne Kohlensäure. Der Einzige, der eine Ausnahme verlangte, war der Heiko Gentzel. Er wollte Tonic. Also brachte ich ihm Wasser und sagte: Bitte, Ihr Tonic, Herr Gentzel.«

Nur einmal ist sie von einem Abgeordneten kritisiert worden. »Sein Vorredner, dem ich gerade neues Wasser gereicht hatte, sprach keine Minute und hatte nicht einmal das Glas berührt. Also dachte ich: Musst dem Herrn Mohring, der dann ans Rednerpult kam, kein neues Glas bringen. Aber in dem Job sollte man nicht denken. Außerdem lernt man ja schon an der Uni, dass die vom Volk gewählten Abgeordneten auch für das Volk denken.«

Ansonsten gefällt ihr die Arbeit im Landtag. Sie muss bei den Verhandlungen der Untersuchungsausschüsse die geladenen Gäste betreuen, Kaffee holen und sie zur Verhandlung bringen. »Dabei hat man manchmal interessante Begegnungen, denn die Zeugen erzählen oft, weshalb sie geladen sind. Einen fand ich sehr sympathisch. Seine Tochter rief an: Papa, ich kann nicht rein, ich habe den Schlüssel vergessen. Statt zu schimpfen, erklärte er ihr, dass sie zur Nachbarin gehen solle. Am nächsten Tag erfuhr ich, dass es Kai-Uwe Trinkaus war, der als NPD-Mitglied für den Verfassungsschutz als V-Mann gearbeitet hat.«

Für Politik interessiert sie sich nicht nur wegen des Studiums. »Wenn ich sehe, dass viele Abgeordnete, während vorne einer redet, Zeitung lesen und an den Laptops spielen, glaube ich, dass ich diejenige bin, die hier am aufmerksamsten zuhört. Na ja, schon um seinen Redeschluss nicht zu verpassen.«

Was sie über den neuen Ministerpräsidenten denkt?

»Das mit dem Denken sagte ich Ihnen ja schon. Aber mal ernsthaft: Ich glaube, der Herr Ramelow ist kein Schwätzer, sondern ein Macher. Und die neue Regierung? Es wird wahrscheinlich so lange mit der neuen Regierung gutgehen, wie sie das Geld so verteilt, dass die meisten zufrieden sind. Meine politischen Ansichten beschränken sich auf meine eigene Welt. Oder wie die ›Ärzte‹ singen: ›Es ist nicht deine Schuld, dass die Welt ist, wie sie ist.‹«

Bei der Wahl im vergangenen Herbst hat sie gewünscht, dass die SPD in Thüringen gewinnt. »Mein Patenonkel ist nämlich seit über 25 Jahren, so lange wie kein anderer in Nordhessen, in unserer kleinen Gemeinde der SPD-Bürgermeister.« Aber in Thüringen wären sich CDU und SPD am Ende ihrer Koalition nur noch selbst im Weg gewesen.

Außer einem Job würde sie später Familie, Hund und Natur brauchen. Zum Masterstudium will sie nicht in Erfurt bleiben. »Dann gehe ich in eine Stadt, die eine U-Bahn hat, also Berlin, Köln, München oder Hamburg.«

Zum Schluss gesteht sie mir, dass sie doch eine Ausnahme beim Wasserverteilen macht. »Der Einzige, dem ich Wasser mit Sprudel bringe, ist Präsident Carius.«

Der hat inzwischen das Thema »Fremdenfeindliche Demonstrationen« aufgerufen. Als der Abgeordnete Brandner von der AfD spricht, verteilt er die erste Rüge dieser Sitzung. »Herr Brandner, ich rüge Sie für das Wort ›Rotfaschisten‹.«

Der redet weiter: »Also wer sich angesprochen fühlt …«

Die zum ersten Mal in den Landtag gewählte AfD sitzt als drittstärkste Fraktion mit 11 Abgeordneten (die SPD hat 12) von meinem Platz oben gesehen links neben der CDU. In dieser Plenartagung zeichnen sich die AfD-Abgeordneten durch bissige Bemerkungen aus. Zu »Bestenauslese«: »Herr Bodo Ramelow hätte bei sich selber anfangen können.« Zu »Weniger Antibiotika«: »Rohes Fleisch kann man kochen, und das Auftauwasser kann man weggießen. Das reduziert die Gefahr in der Küche ganz beträchtlich.« Und zu »Fremdenfeindliche Demonstrationen«, an die Linke gewandt: »Werden Sie einfach ganz vernünftige Demokraten.«

Auf der Sügida-Veranstaltung in Suhl hatte der Südthüringer Kreisvorsitzende der AfD, Heiko Bernardy, der gleichzeitig persönlicher Mitarbeiter der AfD-Abgeordneten Corinna Herold ist, befriedigt festgestellt, dass durch die »Wir sind das Volk«-Demonstrationen der Antiislamisten erreicht worden ist, dass sich die Gegner von Pegida und Sügida (also auch die Ministerinnen und Minister der

Landesregierung!) »offen als Feinde unseres Volkes geoutet haben«.

Aber weder das eine noch das andere hier Gesagte ist ausschlaggebend, dass ich die »Alternativen« ignorieren möchte. Auch nicht, dass der zum rechtskonservativen Flügel gehörende Fraktionsvorsitzende Höcke laut Medienberichten für rechte Publikationen nationalistische Artikel verfasst hat. Ausschlaggebend ist, dass er für diese Artikel das Vornamen-Pseudonym »Landolf« benutzt hat. Ich selbst kenne keinen mit diesem Vornamen. Meine Mutter gestand mir, dass sie mich so genannt hatte, weil ein heimlicher Verehrer so hieß. Und beim Pioniernachmittag musste ich mich öffentlich für den Vornamen entschuldigen, »weil er fast wie der von Hitler klingen würde«.

Für die Regierung spricht Minister Holger Poppenhäger, er zählt akkurat Teilnehmer und Vorkommnisse bei den antirassistischen und den Gegendemonstrationen auf.

Nach dem Minister geht, was nicht üblich ist, der Ministerpräsident ans Rednerpult. Er dankt allen, »die in den letzten Tagen und Wochen in Thüringen Gesicht für Demokratie und gegen Rassismus gezeigt haben (Beifall Die Linke, SPD, Bündnis 90/Die Grünen), die deutlich gemacht haben, dass die Zukunftsfähigkeit dieses Landes davon abhängt, ob wir mit Menschen, die Schutz suchen, und Menschen, die dauerhaft in Thüringen leben wollen, so umgehen, wie wir möchten, dass mit uns umgegangen wird: weltoffen, zukunftsgerichtet und tatsächlich mit einer Willkommenskultur, die Menschen einlädt, nach Thüringen zu kommen«.

Er berichtet über die Arbeit in der Erstaufnahmestelle Suhl und das Vorhaben, eine dritte Stelle aufzubauen. »Lassen wir gemeinsam nicht zu, dass diejenigen, die montags meinen, gegen das, was sie glauben, als Angst schürend verbreiten zu können, dass die die Oberhoheit über das geistige Klima in einer Stadt haben.«

Die Regierung hat ihre Redezeit um 12 Minuten überzogen. Der Präsident teilt mit, dass dadurch jede Fraktion jeweils noch 2,5 Minuten zusätzlich reden darf.

Herr Brandner von der AfD spricht, aber er nutzt die 2,5 Minuten nicht aus.

Der Präsident: »Es bleiben 1 Minute und 15 Sekunden.«

Frau Herold meldet sich. »Ich habe gestern um 15 Uhr … von dieser unglaublichen Geschichte in Suhl erfahren und habe die Kündigung gegen Herrn Bernardy um 16.45 Uhr ausgesprochen. Das möchte ich zu Protokoll geben.«

Als sie vom Rednerpult an der Regierungsbank vorbei zu ihrer Fraktion geht, steht der Ministerpräsident auf, deutet eine Verbeugung an und gibt der AfD-Abgeordneten die Hand.

Am Schluss der Sitzung warte ich vor dem Plenarsaal. Ich möchte ihn fragen, wann er Zeit haben wird, um in Ruhe mit mir zu reden. Doch der Ministerpräsident spricht schon mit den Fernsehleuten von »Salve-TV«, dem Sender, der ihm medialen Ärger bereitet hat, weil er im Studio des »Staatsfernsehens« nachträglich seine öffentlichen Auftritte kommentiert. Als er den Journalisten betont streng sagt: »In meine Wohnung wird nie ein Journalist hineinkommen. Kein einziger«, mische ich mich leise ein. »Ich auch nicht?«

»Dichter erst recht nicht.«

Ich nutze die Gelegenheit und frage ihn nach seinem Lieblingsplatz in Thüringen.

»Es gibt viele Orte, denen ich sehr verbunden bin. Aber eine Stelle ist mir besonders an Herz gewachsen.« Doch darüber könnten wir später reden.

»Wann ist später?«

Das würden mir nur seine Mitarbeiter Frank und Alexander sagen können. »Vielleicht an einem freien Wochenende.« Ich verabschiede mich mit dem Hinweis, dass Ministerpräsidenten in meine Wohnung hineindürfen.

Vor dem Landtag steht Christine Lieberknecht. Ich entschuldige mich im Voraus für meine Frage, weshalb sie bis zum Schluss der Sitzung mit ihrem Smartphone gespielt hat, und erkläre, um nicht als Voyeur bezichtigt zu werden, dass ich genau über ihr gesessen habe.

Sie lacht, holt das Smartphone aus der Tasche und zeigt mir kleine Porträtfotos und Texte über die Personen, die darauf zu sehen sind.

»Das sind Freunde, die ich nicht gelöscht habe.«

In den letzten Monaten haben über 1000 Personen auf Facebook ihre Freunde werden wollen.

»Die musste ich sortieren und manchmal in anderen Netzen nachprüfen, mit wem sie außerdem ›befreundet‹ sind. Ob sie vielleicht Verbindungen zur rechten Szene haben.«

Außer den Facebook-Freunden hat sie eine »Fanpage«, die nicht so intim ist, doch ich erzähle ihr, dass ich lediglich eine E-Mail-Adresse auf dem Computer meiner Frau, aber selbst kein Internet habe. Also weder Google noch Twitter oder Facebook und auch keine falschen Freunde. Ich müsste bei meinen Erkundungen deshalb auf alle intimen und öffentlichen Informationen, die sie oder Bodo Ramelow in die Welt schicken, verzichten.

»Sie kommen mit dem aus, was Sie sehen, hören, aus Gesprächen erfahren und in der Zeitung lesen?«

»Ja, in dieser Beziehung bin ich ein Dinosaurier.«

Sie lacht und zeigt mir einen, wie sie sagt, »undurchsichtigen Menschen«, der ihr Freund werden will. »Ein angeblicher Angehöriger des amerikanischen Verteidigungsministeriums, der in Erfurt lebt, aber auf seiner Internetseite sind nur russische Kriegsfotos zu sehen.«

Ich frage, wie viele Freunde sie heute während der Plenarsitzung bestätigt oder ausgesondert hat, aber das weiß sie nicht genau. Und ergänzt, dass sie es nach 24 Jahren als Abgeordnete gelernt hat, gleichzeitig Reden zuzuhören und das Handy zu bedienen. Außerdem wären manche hier behandelten »Probleme« die eine Sache und das Leben draußen eine andere.

Für die nächste Diskussionsrunde über die Asylbewerber in Suhl hat sich der Ministerpräsident persönlich angekündigt.

Weil ich seit drei Monaten zeitlos lebe, gehe ich beim Uhrmacher Steigleder vorbei und frage, ob meine Uhr, die wegen des defekten Glases vor 90 Tagen nach Ruhla geschickt wurde, endlich fertig ist.

Er meint, dass ich mir – sonst würde ich es nicht glauben – den Korb mit den heute eingetroffenen reparierten Uhren anschauen soll. »Dort liegt Ihre Uhr.«

»Schön«, sage ich. »Da werde ich nicht zu spät kommen, wenn die Politiker mit den Suhlern im CCS wieder über Asylbewerber auf dem Friedberg reden.«

»Bodo Ramelow kommt auch?«

Ich nicke. Der Uhrmacher denkt als Handwerker und Ladenbesitzer genauso über Bodo Ramelow wie der Kabarettist Urban Priol: »Was Bodo Ramelow will, das steht auch bei der Merkel. Also lasst ihn gefälligst machen. Außerdem brauchen wir eigentlich keine Politiker. Alles auf der Welt wird inzwischen global geregelt. Ihr Uhrenglas ist ein gutes Beispiel dafür. In der DDR musste man drei Monate warten, weil es keine Uhrengläser gab. Heute gibt es alles. Aber das Glas liegt in China, und es dauert drei Monate, bis es hier ist. Und was haben wir von der Globalisierung? Die Zeitungen verkünden: Siemens macht so und so viele Milliarden Gewinn. Davon kannst du dir nichts kaufen. In der DDR verkündeten wir stolz: Die Pläne für Konsumgüter sind mit 120 Prozent übererfüllt! Da hattest du als kleiner Mann wenigstens die Chance, vielleicht doch noch ein Rührgerät zu bekommen.«

Im Saal Simson des CCS sind um die Stuhlreihen rundherum ein gutes Dutzend Stehtische aufgebaut. Auf den Tischen liegen Kärtchen mit Namen von Politikern oder mit Problemkreisen wie »Soziales«, »Fremdenfeindlichkeit« usw. Die Anwesenden sollen zuerst ihre Fragen oder Sorgen auf die Zettel schreiben. Die würden später an eine Tafel geheftet und diskutiert. Zuvor aber soll an den einzelnen Tischen diskutiert werden. Ich weiß nicht, wie diese Form der Kommunikation heißt. Nur zögerlich erheben sich die Leute von den Stühlen. Am Tisch mit dem Schild »Bodo Ramelow« steht niemand. Ramelow nimmt das Schild und stellt es auf den Nebentisch, an dem schon Gäste diskutieren.

Keiner hätte sich getraut, sagt einer zu Bodo Ramelow, als Erster am »Ministerpräsidententisch« zu stehen. Minuten später ist der Bann gebrochen. Der ehemalige Superinten-

Bodo Ramelow fährt auf der »Grünen Woche« in Berlin einen virtuellen Fahrradwanderweg ab
© Michael Reichel

dent und heutige ehrenamtliche Seelsorger bei Unfällen, Erhard Kretschmann, stellt fest, dass die Deutschen, wenn sie ins Ausland fahren, meist in Hotelburgen unter sich bleiben. »In jedem Menschen ist Bangigkeit vor etwas Fremdem, das er noch nicht kennt.« Der Selbsterhaltungstrieb verlange automatisch, sich vor Unbekanntem zu schützen. Angst sei die Vorstufe zum Rassismus.

Eine Frau am Tisch erklärt, dass sie, weil nirgendwo Polizisten zu sehen sind, abends nicht mehr auf die Straße geht. Nur wenn Sügida marschiert, wären plötzlich Hunderte Polizisten eingesetzt. »Wen schützen die Polizisten hier eigentlich? Wen vor wem?«

Einer kritisiert, dass Frau Merkel wie der frühere Bundespräsident Wulff gesagt hat: »Der Islam gehört zu Deutschland.« – »Der Islam gehört überhaupt nicht zu Deutschland. Wir sind ein christliches Land.«

Bodo Ramelow, der bisher nur zugehört hat, mischt sich ein. Alle anderen Religionen gehören genauso zu Deutschland. Im Grundgesetz – und er sei ein glühender Verfechter des Grundgesetzes – stehe, dass die Religionen gleichberechtigt sind. »Nur, wenn unter den Angehörigen einer Religion ein Arschloch ist, das gegen andere hetzt und zu Gewalt aufruft, dann muss man etwas dagegen tun.«

Einem Mann, der den Ministerpräsidenten sehr laut und direkt anspricht, antwortet er nicht. »Wann werde ich endlich ein richtiger Deutscher sein und kein Ost-Rentner?«, hatte der Mann gefragt. »Sind wir keine Deutschen? Oder etwa andere Deutsche? Sie, Herr Ministerpräsident, werden bestimmt nach Westtarif bezahlt! Die meisten Ost-Rentner werden tot sein, bevor sie die gleiche Rente wie die im Westen erhalten.« Er sei nicht gegen Ausländer. »Aber erst sollten einmal wir …«

Vorn sagt eine Moderatorin: »Bitte lösen Sie jetzt die Tische auf!« Die Politiker gehen nach und nach zum Podium und berichten über die Gespräche an ihren Tischen.

Bodo Ramelow: »Mein Tisch hieß ›Bodo Ramelow‹.« Er erwähnt beiläufig, dass er in einem 24-Stunden-Rhythmus seinen Blutdruck überprüfen muss. »Aber ich bin trotzdem hier, weil es mir sehr wichtig ist, und ich hoffe, dass die Ärzte diese Diskussion am Kurvenausschlag ablesen können.«

Auch diesmal versichert er, sich darum zu kümmern, dass die Bundesbehörde nach Suhl verlegt wird, damit die Asylanträge gleich hier bearbeitet werden können. Beifall. Noch mehr Beifall erhält ein syrischer Arzt, der im Asylbewerberheim oben auf dem Friedberg lebt. »Ich möchte die Möglichkeit haben, dass ich jetzt Deutsch lerne. Ich würde, wenn ich in der Klinik in Suhl helfen darf, auch umsonst arbeiten.«

Der am häufigsten gebrauchte Satz auf dem Podium ist an diesem Abend: »Wir müssen handeln.«

Bodo Ramelow sagt zu dem syrischen Arzt: »Ich werde mich kümmern.«

Seine Personenschützer kümmern sich, dass der Ministerpräsident nach der Diskussion unbehelligt von den »Volksverräter« und »Wir sind das Volk« schreienden Sügida-Demonstranten (unter ihnen sehr viele Nazis aus den Ländern mit West-Rente) nach Erfurt fahren kann.

Ich frage ihn wegen des Blutdrucks. Er winkt ab. »Routinesache. Aber meine Ärztin ist ständig besorgt.«

Ich will sagen: Bodo, pass auf dich auf. Aber ich schweige.

Am nächsten Morgen entschuldigt sich Birgit Klaubert, als sie mich im Gang ihres Ministeriums begrüßt. »Vielleicht bin ich noch zu langsam, aber die Klaubert glaubt« – sie lacht über sich –, »dass beim Regieren ein Gefühl von Ohnmacht entsteht, weil der Tag zu wenig Stunden hat.« Sie entschuldigt sich und läuft schnell weiter.

»Ihre Haare sind heute besonders rot«, sagt ein Mann im Vorbeigehen. Ich kann das nicht beurteilen und bemerke nur, dass die 60-Jährige noch wie eine junge Frau rennt und ihre großen Ohrringe im Schritttempo heftig hin und her schaukeln. Ich warte auf dem Gang vor ihrem Büro. Über mir ein Lichtschacht und neben mir ewig grüne Palmen. Sanatoriumsatmosphäre. Auf dem Tisch vor mir steht ein Fröbelturm aus Würfel, Kugel und Walze. Ich bin im Bildungsministerium.

»Sie können auch im Vorzimmer der Ministerin warten«, sagt Stefanie Senftleben. Die 28-jährige gelernte Bibliothekarin hat früher in der Registratur des Ministeriums gearbeitet. »Damals, bei Matschie, als die Kultur noch dazugehörte.« Ich kann nicht fragen, ob sie es bedauert, dass Kultur und Bildung jetzt auseinandergerissen und auf zwei Ressorts verteilt worden sind, denn sie versucht erfolglos, ein Telefongespräch zu beenden. »Nein … Ich kann Ihnen keinen Termin bei der Frau Ministerin … vielleicht … Ich kann Ihnen das wirklich nicht versprechen … Bitte verstehen Sie das.«

Erst als ich mehrmals nachfrage, verrät sie, dass die Anruferin eine Lehrerin war. »Sie will unbedingt mit der Ministerin sprechen, weil sie sich als Thüringerin gegenüber den Lehrern, die aus Hessen hierhergekommen sind und mehr verdienen, benachteiligt fühlt.«

Solche und ähnliche Anrufe würden sie in diesen Tagen oft erhalten.

»Natürlich will man in den ersten 100 Tagen, sozusagen noch in den Flitterwochen, alles Mögliche versprechen. Gleich, ob man das später in der Ehe halten kann.« Die Oberen der Regierung hätten mit Ablehnungen wahrscheinlich noch größere Schwierigkeiten als sie hier im Vorzimmer. »Doch aus nicht gehaltenen Flitterwochen-Versprechen werden häufig Ehekonflikte.« Ich frage nicht, woher sie das weiß.

Die Ministerin zeigt mir ihr Zimmer. Birgit Klaubert mag wie ich den Arnstädter Maler Jost Heyder. Zwei seiner italienischen Landschaften hängen hinter ihrem Schreibtisch. Dazu ein mir unbekanntes Porträt, das der Maler 1990 von dem Schriftsteller Stefan Heym gezeichnet hat.

»Ich habe mir alles aus dem Kunstkeller des Ministeriums geholt.« Dort würden noch viele Bilder aufbewahrt, die das Land von Thüringer Malern angekauft hat. »Wenn ich etwas zu sagen hätte, würde ich alle Mitarbeiter anweisen, diese Bilder in ihren Büros aufzuhängen.«

Ich meine, dass hier wohl niemand mehr zu sagen hat als sie. Aber sie entgegnet sofort: »Solche Anweisungen sind nicht demokratisch.«

Ein Fach ihres Bücherregals hat sie in einen Tummelplatz für eine Elefantenherde verwandelt. Elefanten aus Marmor, aus Metall, aus Ton, aus Plüsch … Elefanten mit erhobenem Rüssel, mit gesenktem Rüssel, mit ausgestrecktem Rüssel. Fressend, schlafend, kämpfend.

»Ich sammle Elefanten, seitdem mich auf Santorin einer aus Marmor, ganz klein und ganz allein, mit treuen Augen angeguckt hat. Der war der Erste.«

Mir bleibt keine Zeit, um die Sammlung zu bewundern, denn sie drängelt, damit wir pünktlich in der Walter-Gropius-Berufsschule erscheinen.

»Wir müssen wegen der vielen roten Ampeln auf dieser Strecke etwas eher losfahren. Doch zuvor brauche ich noch eine Zigarette.« Sie lacht wieder über sich.

Ich gehe mit, denn ich will die Rauchpause der Ministerin nutzen, um sie über die Beratung in der Berufsschule zu befragen. Während sie genüsslich pafft, huste ich verzweifelt. Die Standorte der Thüringer Berufsschulen müssten überprüft und eventuell einige geschlossen oder zusammengelegt werden, sagt sie.

»Darüber möchte ich vorher mit allen Beteiligten in drei Planungskonferenzen beraten.« Deshalb hat sie die 22 Bescheide zur neuen Schulnetzkonzeption, die Ex-Minister Matschie schon verschickt hatte, wieder zurückgezogen. Doch auch sie kann sich der Notwendigkeit einer neuen Standortbestimmung nicht verschließen, denn in den letzten 15 Jahren hat sich zwar die Zahl der Schüler von 83 000 auf rund 40 000, also um die Hälfte, aber die der Berufsschulen nur von 58 auf 42 verringert.

Während wir zum Auto gehen, liest sie die Zeitung. Auf der ersten Seite steht, dass die Stadt den Mietvertrag über das Abgeordnetenwohnheim mit der Landtagsverwaltung nicht verlängern möchte: Familien von Asylbewerbern sollen dort untergebracht werden und die weit von Erfurt entfernt wohnenden Abgeordneten müssen künftig in Hotels übernachten. »Solch ein Schwachsinn«, schimpft die Ministerin, die ebenfalls in einer der kleinen Wohnungen im Heim schläft. »Für Familien sind diese Behausungen aus DDR-

Zeiten viel zu klein, es gibt auch keine Küchenzeile in den Zimmern …« Sie hat Mühe, sich trotz der vielen roten Ampeln bis zur Ankunft in der Berufsschule »Walter Gropius« zu beruhigen.

Die Berufsschuldirektoren, Lehrer, Wirtschaftsvertreter, Bürgermeister und Verwaltungsangestellten sitzen aufmerksamer als Schüler in den vier Bankreihen. Sie melden sich brav.

»Was ich habe, habe ich! Ich will, wenn möglich, noch etwas dazu bekommen«, erklärt ein Vertreter der Landkreise und spricht wahrscheinlich auch für die Kommunen, in denen Berufsschulen existieren.

»Wir können als Schulträger nur dann investieren, wenn wir wissen, dass der Standort in den nächsten 20 Jahren gesichert ist«, behauptet ein Bürgermeister.

Die Ministerin möchte nicht nur Berufsschulen entlang der Autobahnen, sondern auch im ländlichen Raum. Berufsschulen müssten mit öffentlichen Verkehrsmitteln zu erreichen sein, und sie könnte Eltern verstehen, die ihrem Sohn sagen: »Ich werde dich nicht jeden Tag mit dem Auto 50 Kilometer zur Schule fahren, weil du unbedingt Fliesenleger lernen möchtest. Da lernst du eben, was hier in der Nähe möglich ist: Handelskaufmann, Büroangestellter oder so etwas.«

Nach den Diskussionen in den drei Regionalkonferenzen sollten die Standorte möglichst bis zum Herbst feststehen. »Dann können wir im Schuljahr 2016/2017 schon mit den neuen Strukturen arbeiten.«

Nun diskutieren die Leiter, ohne sich zu melden.

»Wahrscheinlich braucht man gegen den Egoismus der Beteiligten einen Moderator als Schiedsrichter.«

»Oder einen Diktator!«

»Es sollte keine Schulen für weniger als 1000 Auszubildende geben.«

»Mehr Demokratie bei diesen Planungen bedeutet gleichzeitig, weniger entscheiden zu können.«

»Die Kommunen werden ihre Berufsschulen auch deshalb nicht schließen wollen, weil die Orte ohne Jugend immer mehr vergreisen.«

Zum Schluss ist man sich einig, dass ein neues Schulnetz nicht von oben ausgeworfen, sondern gemeinsam geknüpft werden soll.

Schon im Gehen bittet ein Berufsschullehrer die Ministerin, dass sie sich um die nicht besetzten Posten von Berufsschuldirektoren kümmert. »Wegen juristischer Klagen von einigen Karriere- und Postenkonkurrenten können schon bestätigte Direktoren an den Berufsschulen nicht eingesetzt werden.« (Also nicht nur in den Ministerien!)

Draußen frage ich Frau Klaubert, ob sie ihre Karriere als Ministerin mit oder ohne Vorwarnung durch Bodo Ramelow begonnen hat. Sie murmelt etwas von »frische Luft hier« und überlegt, ob sie jetzt eine raucht oder erst im Ministerium. Nach den ersten Zügen beteuert sie, dass es unverhofft und plötzlich passiert ist. »Ich hatte zwar als DDR-Lehrerin mit Diplom viel Schulerfahrung, aber in unserer Linken-Fraktion war ich die Kulturexpertin. Wenn schon Karriere, dachte ich, dann vielleicht in diesem Bereich. Doch eine Woche vor Ultimo kam Bodo überraschend zu mir, weil niemand die Bildung übernehmen wollte. – Soviel zur Karriere.«

Auf der Heimfahrt stehen fast alle Ampeln auf Grün, und die Ministerin erklärt, dass ich am nächsten Termin nicht teilnehmen kann. »Wir werden sehr heftig über die Finanzen für die Freien Schulen verhandeln.«

Zum Essen gehen wir in die Kantine. Am Zeitungsregal präsentiert BILD heute das Foto des reichsten Deutschen. Birgit Klaubert tröstet sich mit der Bemerkung, dass die Milliarden den Mann wahrscheinlich belasten, denn er hätte bestimmt nur Freunde, die wegen des Geldes zu ihm hielten.

In der Räucherkammer des Ministeriums frönt sie, dieses Mal ohne mich, noch einmal ihrer Leidenschaft. Danach ein schneller Kaffee in ihrem Zimmer. Weil ich zuerst die Elefanten bewundert hatte, habe ich Tulpen und Orchideen und den Filzengel, der von der Decke herabhängt, übersehen.

»Den Engel hat mir eine Freundin, die ehemalige Landrätin von Saalfeld-Rudolstadt Marion Philipp, geschenkt. Wir hatten uns lange Zeit nicht mehr gesehen. Kurz nachdem ich hier als Ministerin begonnen hatte, kam so ein Scheißtag. Ein Scheißtag, an dem man alles hinschmeißen will. Falsche Informationen, nichts klappt. Ich dachte mir: Birgit, streich diesen Tag! – Als ich ihn schon gestrichen hatte, kam ein Anruf, dass mich eine Marion Philipp sprechen möchte. Sie hat mir ausgerechnet an diesem Tag, an dem mich der Mut verlassen wollte, diesen selbstgefilzten Schutzengel gebracht. So was bekommt der Milliardär nicht für alles Geld der Welt.«

Nach der Beratung über die Freien Schulen würden wir zusammen zur Podiumsdiskussion der CDU-nahen »Schülerunion« gehen. Für die Zwischenzeit hat sie ihren Pressechef Gerd Schwinger gebeten, mich »zu bespielen«. Ich solle mich bei ihm kurz vorstellen.

Das muss ich nicht. Wir kennen uns von der Arbeit beim

Freien Wort in Suhl. Er war dort zuerst (wie früher ich) Jugendredakteur und wurde nach der Wende (was ich noch nie war) Chefredakteur. Später wurde er Pressesprecher der Thüringer SPD und des Bildungsministers Christoph Matschie.

Der Pressesprecher müsse die Meinung von anderen so gut verkaufen, als wäre es seine eigene. »Im besten Fall ist sie wie bei Matschie und mir fast deckungsgleich.«

»Und bei Frau Klaubert?«

Statt zu antworten, meint er, dass sie gutgemeinte Ratschläge annimmt, keine »Kommandeuse« ist und Freundlichkeit, gleich ob aus Herzensgüte oder noch vorhandener Unsicherheit, verbreiten möchte. Die Politik der neuen Regierung? Er sagt, dass er mir nichts sagt. Lediglich seine allgemeine Meinung zu Politikern. »Sie müssen eine Sache von Anfang bis Ende durchstehen, sie dürfen nicht nur probieren und sich nicht als Selbsterfahrungsgruppe verstehen.«

Gerd Schwinger läuft Marathon, ist schon in New York gestartet, schreibt poesievolle Texte und macht Musik. Dafür hat er im Moment kaum Zeit. »Seit Rot-Rot-Grün dran ist, interessiert die Medien jeder Pups, der hier gelassen wird.«

Die Beratung über die Freien Schulen dauert. Irgendwann fragt mein »Bespieler«, ob mich interessiert, was einige Genossen an der sozialdemokratischen Basis über die neue Regierung und vor allem über Bodo Ramelow denken.

»Was denken sie?«

Bodo Ramelow würde wie ein weiser, guter Monarch regieren und bestimmen wollen, was im Land zu tolerieren ist und was zu weit geht. Viele würden behaupten, dass er sich über seine Widersprüche zu profilieren versucht. Ein Wessi, der sich im Osten auskennt und hier klarkommt. Ein Kommunist, der gleichzeitig Christ ist. Ein Legastheniker, der eine große Rede frei halten und sich alles merken kann. Einer, der nicht aus der DDR kommt, aber das DDR-Unrecht hier aufarbeitet.

»Die alten Sozialdemokraten befürchten, wenn die 5 Jahre Rot-Rot-Grün gutgegangen sind, wird aller Erfolg, das heißt der Ruhm, den Linken angerechnet. Die SPD und die Grünen wären dann überflüssig. Die Sozialdemokratie wird dadurch aus ihrem Dilemma nicht herauskommen. Die SPD war immer eine Programmpartei, jetzt ist sie eine Funktionspartei, Erfüllungsgehilfin für Machtergreifung. Sie war es für die CDU, und jetzt ist sie es für Die Linke. Man kann sich nicht über eine Koalition definieren.«

Über diese Ansichten könnte man streiten. Mit mir, der ich ein Buch schreibe, will er das nicht.

Ich gehe ins Vorzimmer der Ministerin zurück. Beatrice Rose arbeitet schon über 10 Jahre in diesem Büro. Seit dem 5. Dezember habe sich kaum etwas im Ministerium geändert. »Wir sind noch alle hier. Nur den Dr. Uwe Kotkamp hat sich die Ministerin als Büroleiter mitgebracht. Und vor dem 5. Dezember ist im Büro noch nie so viel gelacht worden wie jetzt. Wenn ich nicht mehr lache, lege ich mich ins Bett und bin tot!, sagt die Ministerin oft.«

Natürlich gebe es Unterschiede. »Mann ist eben Mann. Bei Herrn Matschie standen keine Blumen im Zimmer. Aber seine Bücher waren auf den Millimeter genau aufgereiht. Er wählte seine Worte immer sehr sorgfältig. Die Ministerin muss sich gar nicht erst bemühen, wie eine Chefin zu reden. Sie redet meist wie das Volk.«

Der 53-jährige Dr. Uwe Kotkamp war früher Mitarbeiter der Abgeordneten Birgit Klaubert. Danach ging der Schulpsychologe für acht Jahre in die Praxis.

»Als sie Ministerin wurde, fragte sie, ob ich in die Politik zurückkehren würde. Jetzt verstehen wir beide zwar viel von der Praxis, müssen aber ab und an Nachhilfeunterricht im Fach ›Strukturen des Regierens‹ nehmen.«

Das Telefon klingelt. Er beteuert der Anrufenden, dass er sie persönlich als sehr fähige Schuldirektorin kennt, aber leider bei dem Problem nicht helfen kann. Zumindest so lange, bis der Haushalt nicht bestätigt ist. Nein, auch keine Gelder für eine Klassenfahrt nach Auschwitz. Er müsse sie auf den Herbst vertrösten. Ja, sogar bei einer Fahrt nach Auschwitz.

1995 hat Uwe Kotkamp seinen Doktortitel mit einer Arbeit über die Basiskomponenten des Denkens erworben. Menschen mit großer geistiger Leistungsfähigkeit können Probleme besser strukturieren, also vereinfachen. Sie sparen dadurch Kraft beim Denken und haben noch Ressourcen für andere geistige Bereiche frei.

Uwe Kotkamp hat keine Haare mehr auf dem Kopf. »Bevor ich sie abrasiert habe, waren es sowieso nur noch sehr wenige. Das ist peinlicher als gar keine. Wo große Gedanken walten, können sich keine Haare halten«, sagt er lachend.

Die Ministerin kommt auf einen Sprung vorbei. »Zigarettenpause?«, frage ich. Die auch. Aber vor allem hat sie sich über den DPA-Bericht über die Beratung zum Berufsschulnetz geärgert. Ihr Pressechef bringt ihn mir. »Bildungsministerin will neues Berufsschulnetz im Eiltempo. Zum Beginn ihrer Amtszeit hatte Birgit Klaubert Einschnitte beim Berufsschulnetz noch ausgesetzt. Jetzt dringt sie dafür umso stärker auf Veränderungen in dessen Struktur. Die Details bleiben aber unklar …«

»Solche Artikel sind im Ministergehalt inbegriffen«, sagt der Pressesprecher. »Da muss man sich schütteln und weitermachen.«

Als sie wieder zur Beratung geht, bereitet ihr Büroleiter eine Zuarbeit für die Podiumsdiskussion mit der Schülerunion vor. In Thüringen sind 10 Prozent Gemeinschaftsschulen, 24 600 Schüler besuchen Freie Schulen.

Die Zahlen wären das eine. Die Argumentation der Ministerin etwas anderes. Die überlässt er ihr. Er meint, dass sich heutzutage jeder ein Urteil über die Bildungspolitik erlaubt. »Schließlich sind alle mal zur Schule gegangen. Wie diejenigen, die in der Jugend Fußball gespielt haben und heute über die Mannschaftsaufstellung des FC Rot-Weiß Erfurt fachsimpeln, als wären sie Trainer. In der Politik ist es noch schlimmer. Über Politik urteilen auch die, die nicht einmal wüssten, welche Parteien es in Deutschland gibt.«

Zur frühen Aufteilung der Kinder in Gymnasiasten und Regelschüler meint er: »Eltern, die es zu etwas gebracht haben, möchten den Sprössling möglichst bald, also nach der 4. Klasse, von den übrigen Schülern trennen. Dann Gymnasium, Studium, damit er ebenfalls Doktor oder Bankdirektor wird. Bei den bildungsfernen Schichten dagegen werden die Kinder bestenfalls auch Maurer. Diese frühe Auslesetrennung gibt es nur noch in Deutschland und Österreich.«

Er zieht sich an, denn er muss seinen anderthalb Jahre alten Sohn pünktlich aus dem Kindergarten abholen. Noch bevor er die Tür geschlossen hat, erinnert er sich, dass er heute Morgen nicht mit dem Fahrrad zur Arbeit gekommen ist. Doch ohne Fahrrad wird er den Zug nach Apolda nicht mehr schaffen. Der nächste fährt erst in einer Stunde. Er ruft die Schwiegereltern an, dass er später kommen wird.

Die Diskussion mit der Schülerunion im Gymnasium beginnt pünktlich. Die zwei Schülersprecher haben sich gründlich vorbereitet und sagen der Bildungsministerin deutlich, was sie von der neuen Regierung fordern: Keine Gemeinschaftsschule, Leistungssteigerung durch Trennung nach der 4. Klasse, kein gemeinsamer Unterricht mit Behinderten (Inklusion), wenn dafür keine optimalen Bedingungen vorhanden sind. Und aus dem Publikum: »Ich will nicht als Pennerin auf der Straße landen, deshalb geh ich aufs Gymnasium.«

Frau Klaubert berichtet von ihren pädagogischen Erfahrungen und lobt das Engagement der Schüler. Der eigentliche Widerpart für die Schüler ist die Landtagsabgeordnete und bildungspolitische Sprecherin der Grünen, die blonde 31-jährige Madeleine Henfling, die von einigen vor mir sitzenden Jungen der 12. Klasse als »super cool« bezeichnet wird. Sie erklärt: »Regelschulen bilden Arbeiter aus. Gymnasien bilden Intellektuelle aus und sind deshalb heute auch der Hort einer sozial-homogenen Abgehobenheit. Meine nichtbehinderte Tochter, die in diesem Jahr die 1. Klasse beginnt, wird in eine Inklusionsschule gehen.«

Als der Arbeitstag der Ministerin endet, regnet es Bindfäden. Doch morgen werden sie wieder fröhlich trompetende Elefanten und eine helle, warme italienische Landschaft begrüßen.

Mich begrüßt Frieder mit dem lauten, aber schlecht gesungenen Triumphmarsch aus »Aida«. Gestern Abend hatte er zum ersten Mal eine Warnlampe vor dem Graben aufgestellt, und heute Morgen will er mit mir das Kabelsuchgerät ausprobieren. Er dreht den Hauptzähler an der Wasseruhr zu, schneidet am Ende des Grabens die Leitung durch und führt die 100 Meter lange Kabelsonde langsam wie bei einer Darmspiegelung in das mindestens einen Meter tief liegende PVC-Rohr. Nach etwa 30 Metern ist Schluss. Frieder schwenkt das Metallsuchgerät hin und her. Es beginnt zu piepsen, und Frieder sprüht blaue Markierungspunkte auf die Erde. »Vielleicht finden wir an der Stelle, wo das Kabel stockt, das Leck«, hofft er.

Beim Frühstück fragt er, ob ich mit dem Ministerpräsidenten über einen Besuch seines Moor-Nachbarn gesprochen habe. Ich verneine. »Aber er wird dir später die Frage nach seinem Lieblingsplatz im Thüringer Wald beantworten«, versichere ich.

»Geht das vielleicht ein bisschen konkreter?«

Nein, sage ich und erkläre ihm, dass auch ich bisher bei den Büromitarbeitern Frank Schenker und Alexander Klein immer wieder vergeblich um einen Termin nachgesucht habe, an dem ich den Ministerpräsidenten mal einen ganzen Tag begleiten kann.

»Außerdem glaube ich, obwohl wir uns kennen, wird er auch mir nichts anderes sagen als das, was er den Journalisten Tag für Tag über sich und die Politik erzählt. Er hat mir übrigens schon klargemacht, dass er auch mich nicht in seine Wohnung lassen wird.«

»Mach noch ein Bier auf«, sagt Frieder und dann beiläufig, »in seinem Schlafzimmer steht eine Schaufensterpuppe. Ein Florian in Jeans.«

Ich sage: »Frieder, du kriegst kein Bier mehr«, und will zur Baustelle hinuntergehen.

Er zieht mich am Arm zurück ins Zimmer. »Nu pass mal gut auf, Chef!« Er hat noch nie »Chef« zu mir gesagt. »Damit du das richtig verstehst: Ich war noch nie in seiner Wohnung. Aber als er 2008 umgezogen ist, passierte ein Malheur. Die Glasplatte seines Lieblingstisches – so einer, wie sie in den fünfziger Jahren Mode waren: schräge Metallbeine mit spiralförmigen Schmuckelementen und eine an den Rändern ausgefräste dicke Glasplatte – also diese Glasplatte ist beim Umzug gesprungen. Deshalb ließ er sich vom Glaser Eduard Bock eine neue Glasplatte anfertigen. Um die auszumessen, ist Eduard Bock – ich nenne ihn schon immer Eddy – in der Wohnung des Herrn Ramelow gewesen. Aber damals war er ja noch kein Ministerpräsident.«

Frieder erzählt lang und breit, dass er mit Eddy im Hamburger Turnverein Meereswoge trainiert hat. Als er vor zehn Jahren das Führerhaus von Volkers Bagger wieder aufbauen wollte, brauchte er eine Spezialscheibe. Im Internet fand er den Betrieb »Eduard Bock Verglasungen und Fensterbau«. Er hat die alten Sportfotos rausgekramt und ist in den Betrieb zu Eddy gefahren. Eine Scheibe hat er nicht gekauft, weil Volker nicht wollte, dass er seinem »Cabriolet« einen Hut aufsetzt. Vor zwei Jahren ist die Firma von Eddy pleitegegangen. »Die Leute lassen kaum noch was reparieren. Man nennt das WWW-(Wegschmeiß-Wachstums-Wohlstands-) Gesellschaft. Eddy bastelt jetzt Spiegel, in denen man von hinten sieht, wer vorn reinschaut.«

»Wer braucht sowas?«

»Weiß ich nicht.«

Ich sage: »Hast ja viele Bekannte und viel erlebt. Und Frau und Kinder?«

Er schweigt und sagt schließlich schelmisch: »Mein Innenleben wird auch für dich verschlossen bleiben wie die Wohnung des Ministerpräsidenten.« Und geht hinunter zum Graben. Auch er ahnt, dass mir der Ministerpräsident vielleicht irgendwann verrät, weshalb er wütend ist. Aber Gründe für Traurigkeit, Zuneigung oder Verzweiflung wird er nicht nennen. Steffen Harzer hat mir gesagt: »Das fällt den Wessis schwerer als uns. Die wissen mehr vom Wirken der Worte.«

Im Ringberghotel in Suhl ist ein »Wettstreit der Worte« zwischen Bodo Ramelow und dem Vorstandsvorsitzenden der »Bundesstiftung Aufarbeitung«, Rainer Eppelmann, angekündigt. Es ist der Tag nach der Nacht, in der endlich der Schnee kam.

Der Schnee hat schon die DDR-Planwirtschaft sabotiert und richtet sich auch heute nicht nach den Bedürfnissen der freiheitlichen Marktwirtschaft. Er sorgt für Chaos vor dem Ringberghotel, das außerhalb von Suhl auf einem bewaldeten Berg steht. Die Autobesitzer schaufeln mühsam die Wege frei. Obwohl Polizei und Stadt wussten, dass der Ministerpräsident vorfahren wird, sind im Gegensatz zu ähnlichen Anlässen in der DDR die Straßen auch am Vormittag noch nicht ordentlich geräumt.

Im Vortragssaal, in dem die Bundesstiftung Aufarbeitung zur 8. Geschichtsmesse eingeladen hat, sitzen – ähnlich wie

Ministerpräsident Ramelow und Rainer Eppelmann diskutieren in Suhl über die Aufarbeitung der SED-Diktatur, Moderation Angela Elis © Michael Reichel

bei den Mitgliederversammlungen der Linken – fast nur Leute im Seniorenalter. Im Präsidium soll sich Rainer Eppelmann, der in der DDR erst Wehrdienstverweigerer und ab 1990 ihr letzter Verteidigungsminister war, mit dem Thüringer Ministerpräsidenten über die Aufarbeitung der DDR-Geschichte streiten. Die Moderatorin stellt Eppelmann vor. Lang anhaltender Beifall. Mäßiger Beifall für Bodo Ramelow. Noch einmal klatschen die Teilnehmer kräftig, als die Moderatorin verkündet: »Wir drei sind evangelische Christen.«

Danach wechseln sich Moderatorin und Rainer Eppelmann mit Fragen an Bodo Ramelow ab.

Unrechtsstaat DDR?

Der Ministerpräsident bestätigt, dass er sich lange vor dieser Bezeichnung gescheut hat. Inzwischen glaubt er, dass in der DDR mit juristischer Willkür, Wahlbetrug, Verfassungsbruch und Todesschüssen an der Grenze die Merkmale eines Unrechtsstaates vorhanden waren.

Kritische Aufarbeitung der DDR-Geschichte durch die Linken nur halbherzig?

»Nein«, sagt der Ministerpräsident. »Ich habe die Aufarbeitung zur Chefsache gemacht und in der Staatskanzlei eine Arbeitsgruppe installiert, die einzelne Fälle untersucht.«

Eppelmann erwidert, dass er Bodo Ramelow das ehrliche Bemühen zugestehen möchte. Aber solange ehemalige DDR-Grenzoffiziere in Uniform durch Berlin marschieren, könnte man nicht sagen, dass die Linke die Schuld ihrer Vergangenheit aufarbeitet.

Bodo Ramelow fragt nicht, woher Eppelmann wisse, dass die marschierenden Grenzoffiziere der Partei Die Linke angehörten. Und er sagt auch nicht, dass er außerdem als Ministerpräsident von Thüringen für jeden ewig Gestrigen seiner Partei genauso wenig verantwortlich wäre wie CSU-Ministerpräsident Seehofer für jedes Mitglied der CSU, das Nazi-Parolen schreit. Er berichtet stattdessen mit der zornigen Leidenschaft, die ich schon kenne, von den Zwangsadoptionen in der DDR. »Als Betroffene mich unterrichteten, habe ich in Abgründe geblickt.« Er berichtet von 10 000 Fällen und will, wenn möglich, dazu selbst Gerichtsakten einsehen. Der erste Beifall für ihn.

Als Eppelmann behauptet, dass man der Linken keine ehrliche Aufarbeitung zutraut, solange stasibelastete Menschen wie Ina Leukefeld für die Partei im Landtag sitzen, entgegnet der Ministerpräsident, dass sie dreimal demokratisch und direkt von den Bürgern gewählt worden ist. Außerdem hat sie ihre Stasiakten öffentlich gemacht. »Allerdings für die Behörde der ehemaligen Stasi-Unterlagen-Beauftragten Hildigund Neubert zu öffentlich, denn weil sie während einer Bürgerversammlung aus ihrer Akte vorlas, erhielt sie von ihr eine Klage.«

Eppelmann erwartet vom Ministerpräsidenten, dass er hilft, »Schuld aufzudecken und den Schuldigen am Unrecht den Mund zu öffnen«. Und dass er in einem Jahr zur 9. Geschichtsmesse wiederkommt und, nein, er sagt nicht »Rechenschaft abgelegt«, aber dass er dann berichtet, was er getan hat, um das DDR-Unrecht aufzuarbeiten.

Die Moderatorin verlangt eine Umkehr der Beweispflicht bei Anträgen auf Opferrente. Es sei unerträglich, dass die Opfer beweisen müssten, dass sie in der DDR Unrecht erlitten haben.

Kurz vor dem Ende des Gesprächs möchte Herr Eppelmann dem Herrn Ministerpräsidenten noch mit auf den Weg geben, »dass die Bundesstiftung dringend Geld benötigt«. Wegen sinkender Zinsen habe sie rund 1,5 Millionen Euro weniger Zinsen auf ihr Stiftungskapital erhalten und müsse deshalb eventuell die Arbeit einschränken, die Zahl der Mitarbeiter verringern und wichtige Projekte aussetzen. »Wie gesagt, 1,5 Millionen Zinseinnahmen fehlen.«

Bodo Ramelow nickt.

Der Abschlussbeifall für das Streitgespräch gilt dem Ministerpräsidenten und dem Stiftungsvorsitzenden gleichermaßen.

Es sei gar kein Streitgespräch gewesen, niemand habe ausgesprochen, dass die kommunistische Ideologie insgesamt menschenfeindlich sei, moniert ein Zuhörer.

Als Unterschriften für ein »Mahnmal der Opfer des Kommunismus« gesammelt werden, sagt Bodo Ramelow, dass er heute als Regierungschef hier ist. Und gibt den Stift zurück.

Während der Veranstaltung sind die Wege zum Ringberghotel geräumt worden. Zu Hause suche ich Jurek Beckers Buch »Der Boxer«. In der DDR, in der es niemand wagte, ein über alle Zweifel erhabenes Opfer, einen Verfolgten des Naziregimes, zu fragen, ob wirklich alles so gewesen ist, wie er es erzählt, war das Buch eine Offenbarung für mich. Denn Jurek Becker fragte danach.

Von Zwangsimpfungen unter Polizeischutz, einer
Herzensangelegenheit der grünen Ministerin, die
sechs Stunden beansprucht, und einem Land, in dem
man bald wieder nach Bananen ansteht

Seit mir Ulrike Holtkamp auf der Silvesterparty ihre Aus-
reise-Geschichte erzählt hat, wollte ich ihre Eltern besuchen,
um ihre Sicht der damaligen Ereignisse zu erfahren. Eine
Woche nach dem Gespräch auf dem Ringberg sitze ich in
ihrem nach der Wende gebauten Einfamilienhaus.

Es würde stimmen, sagt Ernst Ehm. »Unsere Tochter, ihr
Mann und ihre Schwiegereltern hatten im Januar 89 Ausreiseanträge gestellt! Ulrike sei daraufhin an der Musikhochschule in Weimar exmatrikuliert worden. Sechs Monate später konnten sie in die BRD umsiedeln. Seitdem sind 25 Jahre
vergangen, das Drittel eines Menschenlebens.

Damals arbeiteten meine Frau und ich im Mercedes-
Büromaschinenwerk, dem Robotron-Kombinat Zella-Meh-
lis/Meiningen. Ich war für die Technik verantwortlich, meine
Frau als Fachbereichsleiterin für das Soziale der 5000 Mitarbeiter.«

Aber das sei alles bekannt, und ich möchte bestimmt wissen, was damals, als die Tochter die Ausreise beantragt hatte,
geschehen ist.

»Ulrikes Schwester wurde nicht zum Ingenieurstudium
zugelassen. Sie sollte an der Bauhochschule der NVA in
Cottbus studieren. Das war nicht mehr möglich, als Ulrike
zum ›Klassenfeind‹ ausreisen wollte. Doch das Wehrkreis-

kommando half, dass sie einen Studienplatz an der Hochschule für Architektur und Bauwesen in Weimar erhielt.«

»Und Ulrikes Exmatrikulation?«

»Entweder in der DDR bleiben und hier weiter studieren oder in die BRD gehen und vom Studium, das der Staat bezahlte, exmatrikuliert werden. So war das damals.«

»Und im Betrieb? Sie waren beide verantwortliche Leiter und Genossen?«

Die Frau fragt, ob sie die Heizung abstellen soll. »Sie funktioniert sehr gut. Hat mein Mann gebaut.« Mir ist sehr warm.

»Ich bin nach dem Ausreiseantrag der Tochter sofort zu unserem großen Chef, dem Betriebsdirektor Hans Fischer, gegangen«, erzählt Ernst Ehm weiter. »Wir kannten uns schon lange. Ernst, sagte er, erwarte mal nicht, dass ich dich jetzt mit einem Blumenstrauß begrüße. Aber er bestand darauf, dass ich in meiner Funktion weiterarbeite.«

Das wäre alles, was nach 26 Jahren dazu noch zu sagen ist. »Uns hat damals niemand aufgefordert, den Kontakt mit der Tochter abzubrechen. Wir sahen uns kaum noch. Wir wollten doch, dass sie hierbleibt!«

Die Frau weint.

Ich frage nach der neuen Zeit.

»Robotron wurde geschlossen. 5000 Menschen wurden arbeitslos. Ich gründete mit Kollegen eine Firma für Heizung und Sanitär«, sagt der Mann. »Zeitweise beschäftigten wir 30 Leute. Meine Frau war die Buchhalterin.«

Öffentliche Auftraggeber und Scheinfirmen haben später Material und Arbeit nicht mehr bezahlt, deshalb mussten sie Konkurs anmelden!

Der Mann meint, dass er als Unternehmer vielleicht ein

zu »sozialer Kapitalist« war. »Wir zahlten unseren Leuten damals schon den Mindestlohn von 8,50 Euro. Mal zwei natürlich! Ich konnte nachts nicht schlafen, wenn ich wusste, dass ich am Morgen einen Mitarbeiter entlassen muss.«

Heute ist der Rentner Ernst Ehm vor allem ein gründlicher Zeitungsleser. Die meisten politischen Schlagzeilen der letzten Woche hat er noch im Kopf. Zum neuen Ministerpräsidenten meint er: »Es ist gut, dass Bodo Ramelow aus dem Westen kommt. Die Wessis können besser schlafen, wenn sie jemand entlassen müssen. Die sind damit großgeworden!«

Und was die DDR beträfe: Jeder würde seine sehr persönliche Geschichte erzählen. »Deshalb entstehen aus ein und demselben Ereignis plötzlich viele unterschiedliche Geschichten. Aber wer macht sich dann die Mühe, zu prüfen, welche unvollständig, welche übertrieben, welche untertrieben, welche halb wahr oder welche erfunden ist? Am schwierigsten wird es, wenn man nur einer Geschichte glaubt und alle anderen ausschließt.«

Als ich gehe, bedankt sich der Mann. »Es war gut, sich zu erinnern.«

Zwar weiß ich nach meinen Gesprächen auf dem Ringberg und in Rohr nicht mehr über den »Roten« als vorher, aber ich ahne, wie kompliziert es auch für den Ministerpräsidenten wird, die einfache, aber allgemeingültige Wahrheit über die DDR in den persönlichen Geschichten der Menschen zu finden.


Bei Frieder, der inzwischen, auch wenn wir nicht schachten, regelmäßig zum Frühstück kommt, beklage ich mich über den verdammten Schnee.

»Nu pass mal gut auf, ich muss dich mal schlaumachen: Ohne den schützenden Schnee wäre die Erde über deiner scheiß Leitung schon tief gefroren. Wenn der Schnee wegtaut, kann ich sofort weiterschachten, nach dem Leck suchen, und du wirst dann hoffentlich …«

Er grient hämisch, als wollte er fragen: Wie lange wirst du noch nach Erfurt fahren, um Neues über Bodo Ramelow zu hören oder eine undichte Stelle in seiner Regierungskoalition zu entdecken? Oder um die Wette zu gewinnen? Ich hätte sagen können: »100 Tage waren ausgemacht«, aber mir fällt mit Erschrecken ein, dass mir für die Erkundungen nur noch fünf Wochen bleiben.

An den nächsten Tagen dränge ich die Fraktionsvorsitzenden von SPD und Grünen, dass ich an ihren nicht-öffentlichen Fraktionssitzungen teilnehmen darf. Vielleicht sprechen sie untereinander anders als in ihren Pressemitteilungen.

Bei den Grünen stimmen Ideologie und Praxis im eigenen Umfeld überein. Auf den Tischen stehen Schalen mit Äpfeln und Flaschen mit »Waldquell«-Wasser. Neben dem Eingang steht ein Strafschwein. Wer zu spät kommt, zahlt 2 Euro, erklärt mir der Fraktionschef. Dirk Adams leitet ernst, aber freundlich und malt dabei in sein Notizbuch eine Pflanze mit Blumentopf. Zuerst Beschwerden der Fraktion an Regierung und Koalition. Sie haben sich bei der neuen Fassung des Bildungsfreistellungsgesetzes nicht an die gemeinsam vereinbarte Schweigepflicht gehalten. Noch bevor es beschlossen war, stand schon in der Presse, dass die Arbeitgeber in Betrieben mit weniger als 5 Beschäftigten keinen Bildungsurlaub gewähren müssen.

Justizminister Dieter Lauinger, der Einzige mit Schlips in

der Runde, erwartet eine bessere Absprache über Äußerungen zu Bundesgesetzen. »Entweder die Regierung oder die Fraktion sagt etwas!« Er redet oft dazwischen, aber nachdem ihn der Fraktionsvorsitzende ermahnt hat, meldet er sich ordentlich. Bericht über die Eröffnung des Wahlkreisbüros in Saalfeld. »Fast 100 Leute sind gekommen. Es gab viele Diskussionen, unter anderem über das Pumpspeicherwerk. Die einen sagten: Das Pumpspeicherwerk ist sehr wichtig für die Energieeinsparung. Setzt euch also dafür im Landtag ein! – Die anderen widersprachen, dass das Pumpspeicherwerk die Natur zerstören würde! – Alle waren unsere Wähler.«

Umweltministerin Anja Siegesmund berichtet über die Verhandlungen zur Finanzierung der Freien Schulen.

»Als wir von mehr als 10 Millionen Euro redeten, gab es sehr unterschiedliche Meinungen in der Regierung. Die bislang freundlichen Mienen wurden plötzlich streng. Frau Klaubert guckte völlig entgeistert. Und auch der Ministerpräsident schaute empört. Wir werden allerdings nicht von unseren Forderungen abweichen. Wir dürfen die Zukunft der Freien Schulen nicht dem Diktat des Mammons opfern.«

Danach werden die Themen für die nächste Landtagssitzung beraten. Nicht jede Regierungsfraktion sollte sich zu jeder Anfrage äußern. Beispielsweise zur Rechtsgrundlage für den Winterabschiebestopp, nach der die AfD gefragt hat. »Wir müssen uns vorher einigen, wer aus der Koalition dazu spricht.« Bei der Masernimpfung werden sie für Freiwilligkeit plädieren. »›Impfpflicht‹ hört sich so an, als ob bei denen, die sich nicht impfen lassen wollen, die Polizei klingelt und die Schwester die Spritze unter Polizeischutz reinpiekt.«

Astrid Rothe-Beinlich: »Dieter, du machst uns bei der

Landtagssitzung den Minister, und ich mach wieder die Böse. Aber falls der Brandner von der AfD noch einmal meinen Namen verhohnepiepelt, gehe ich sofort raus!« Lautstarker Protest. »Wir haben nur eine Stimme Mehrheit! Also immer bei Abstimmungen in der Nähe sein oder, wie Frau Marx von der SPD gesagt hat: Tätowiert euch die Daten ein! Die CDU wartet darauf, alles kippen zu können. Wir hätten das in der Opposition nicht anders gemacht.«

In der Funktionssatzung der Fraktion wird folgender Passus über die Teilnahme an den Landtagssitzungen angenommen: »Alle Mitglieder der Fraktion haben während der gesamten Plenarzeit Anwesenheitspflicht. In besonderen Ausnahmefällen kann die parlamentarische Grünen-Fraktion in Abstimmung mit den Koalitionspartnern eine Abwesenheit genehmigen, wenn sichergestellt ist, dass ein Mitglied der Opposition in der betreffenden Zeit nicht an Abstimmungen beteiligt bzw. ebenfalls abwesend ist.«

»Auf jeden Einzelnen von uns muss Verlass sein«, sagt Dirk Adams. Er hat die Pflanze in allen Details gezeichnet.

»Eine Lilie?«

»Nein, Bogenhanf.«

Die sozialdemokratischen Abgeordneten werden bei der Fraktionssitzung nicht durch die Wahl von Imbiss und Getränken (es gibt nur Kaffee) an ihre politische Grundhaltung erinnert wie die Grünen. Ihre »Ideologie« sitzt – »drum links zwei drei, wo dein Platz Genosse ist« – mit am Tisch und prangt als Inschrift an der Wand. Man müsste nur das Tischmikrofon zur Seite rücken, dann könnte der Willy-Brandt-Kopf in der Sitzung reden. (Aber was würde der Genosse wohl sagen?) Sein Zitat an der Wand ist leider nicht zu entziffern, weil die Buchstaben so klein sind, dass mir weder die Abgeordneten noch die Pressechefin der Fraktion und auch nicht die stellvertretende Regierungssprecherin, die diesen Raum schon viele Jahre kennt, mit dem vollständigen Text helfen können. In Großbuchstaben sind nur DEMOKRATIE, SITTLICHKEIT, DEUTSCHLAND, KRIEG und FRIEDEN hervorgehoben.

DEMOKRATIE: Zum ersten Mal hat das höchste Gremium des Regierungstrios, der Koalitionsausschuss, getagt. Die Grünen hätten dort sofort mit der Feststellung begonnen: »Es ist uns eine Herzensangelegenheit!«, erzählt der Fraktionsvorsitzende Matthias Hey.

»Anschließend dauerten die Herzschmerzen für alle Beteiligten fast 6 Stunden«, ergänzt die Finanzministerin. »Nachdem man sich geeinigt hatte, dass die Freien Schulen, wie es die Grünen wollten, 12 Millionen mehr bekommen, ging es um den künftigen Aufwuchs, die finanziellen Steigerungsraten, bei neuen Schülern. Immer wieder unterbrachen die Grünen die Sitzung und beantragten wie beim Volleyball eine Auszeit. So ist das eben mit den Herzensangelegenheiten und der Demokratie«, resümiert sie. Und ich bilde mir ein, dass Willy nickt.

DENKEN: Christoph Matschie kritisiert seine Finanzministerin Heike Taubert, die in einem Interview gesagt hat, dass für sie schon jetzt die Fortsetzung der rot-rot-grünen Koalition nach 5 Jahren feststeht. Frau Taubert erwidert, dass sie nicht für die Fraktion, sondern nur in ihrem Namen gesprochen hat. Christoph Matschie erinnert sie daran, dass die SPD immer dann stark war, wenn sie ein eigenes Programm vorzuweisen hatte. Danach konnte sie entscheiden, mit wem sie koaliert. »Aber in der Gefangenschaft der Regierungsbeteiligung verkündet Heike Taubert ohne Notwendigkeit und ohne zu wissen, ob sie ein Erfolg wird, schon jetzt, dass sie auch 2019 wieder mit den Grünen und den Linken regieren will.«

Der Fraktionsvorsitzende: »Gibt es Wortmeldungen dazu?« Keine Wortmeldungen.

Die Mikrofonanlage schweigt. Die roten Lämpchen brennen nicht mehr. Uwe Höhn, der Ingenieur für Feinmechanik, bringt sie wieder zum Leuchten.

SITTLICHKEIT: Alle im Hans-Brill-Saal sind empört über Idee, Pressekampagne und Aktionen der Stadt Erfurt und der Landtagsverwaltung, dass das Haus der Abgeordneten künftig für Flüchtlingsfamilien genutzt werden soll und die Abgeordneten stattdessen im Hotel schlafen müssen.

Die Finanzministerin bestätigt, dass es im Heim entgegen den Pressemeldungen keine Küchenzeilen gibt.

»Das Haus hat Jugendherbergscharakter. Es wurde von der Stadt unsaniert an die Landtagsverwaltung übergeben und mit Staatsgeldern renoviert. Es ist die preiswerteste Unterkunft. Wir dürfen es nicht hergeben«, versichert Frau Klaubert. Sie rät der Landtagsverwaltung, die diesen »unsäglichen Vorschlag« begrüßt: »Sparen Sie sich selbst ein!«

Der Fraktionsvorsitzende verurteilt die Anti-Abgeordneten-Kampagne, die auch entstanden ist, weil die Erfurter Bürgermeisterin Tamara Thierbach (Die Linke) in der Presse mitgeteilt hat: Kein Abgeordneter wird sich diesem Akt der Solidarität mit den Flüchtlingen verweigern.

Matthias Hey formuliert sein ungutes Gefühl: »Pendler,

die täglich 120 Kilometer zur Arbeit fahren müssen, fragen mich. Ihr wollt wegen lumpiger 100 Kilometer auf Staatskosten im Hotel übernachten?«

Den letzten Tagesordnungspunkt, die Fraktionsgelder für 2015, beraten die 12 Abgeordneten intern. Durch die Wahlschlappe 2014 wurde die Fraktion von 18 Abgeordneten auf 12 dezimiert. Dementsprechend erhält sie weniger Haushaltsmittel und muss Mitarbeiter entlassen.

Von GELD ist wahrscheinlich in dem Brandt-Zitat keine Rede, zumindestens ist es nicht fett hervorgehoben. Die Pressesprecherin will mir den vollständigen Text besorgen.


Wenn Klaus Schmuck mal wieder schnell aus China nach Deutschland gekommen ist, ruft er meist erst morgens an, dass er nachmittags »auf einen kurzen Besuch vorbeischauen wird«.

Klaus ist ein halber Chinese. Er hat in Moskau u. a. Chinesisch gelernt, in der Pekinger DDR-Botschaft gearbeitet, war nach der Wende in Tschetschenien ein Jahr als Geisel gefangen, wo man ihn vor die Wahl stellte: entweder erschießen oder eine Million Lösegeld, und arbeitete seit über 10 Jahren als Manager in China.[*]

Heute begrüßt er mich nicht nur wie sonst mit »Ni hao«, sondern mit »Ni hao, Bodou Lamolouhu«, was »Guten Tag, Bodo Ramelow« heißen soll. Er hat den chinesisch umgeschriebenen Namen des Ministerpräsidenten auf der Internetseite der Staatskanzlei gelesen.

Weil der Besuch kurz sein soll, reden wir nicht erst über

---

[*] Für mein China-Buch »Madame Zhou und der Fahrradfriseur« war er mir zugleich Dolmetscher und Herbergsvater.

Frau, Essen und Wetter in China, sondern Klaus fragt, wohl nicht völlig ernst gemeint, welchen Unterschied – außer der Größe – es zwischen dem roten China und dem roten Thüringen gibt. Er antwortet gleich selber.

»Die rote Diktatur machte China satt und zur zweitgrößten Wirtschaftsmacht der Welt. Reformen werden von oben ausgedacht, angeordnet und durchgesetzt. Wenn es dem Volk dabei gutgeht, begrüßt es diese Politik. Erst wenn die Herrschenden nur noch Reformen beschließen, die ausschließlich ihren Reichtum steigern, murrt es.«

Im roten Thüringen dagegen will die Regierung, so stände es ebenfalls auf der Seite der Staatskanzlei, Reformen demokratisch von unten wachsen und erst danach oben beschließen lassen.

Er bezweifelt, dass die Leute so vernünftig und solidarisch denken, dass sie das Ganze und nicht nur das Eigene im Auge haben. »Außerdem hast du von unten immer einen geringeren Überblick. Da bleibt auch unter Rot-Rot-Grün nur die Hoffnung, dass die oben klug entscheiden.«

Mit dem roten Bodo Ramelow sei es – wenn man dem chinesischen Horoskop glaubt – vielleicht möglich, denn er ist, das steht natürlich nicht auf der Internetseite der Staatskanzlei, im Jahr des »wendigen Affen« geboren. Die im Zeichen des Affen Geborenen folgen nicht dem Prinzip des Yin (Nacht, Erde, Finsternis, weiblich, Mond, Feuchtigkeit, gerade Zahlen, spontan, Wasser, Rückseite, sauer, Entscheidungsschwäche, abwärts). Sie folgen dem Yang (Tag, Himmel, Licht, männlich, Sonne, trocken, ungerade Zahlen, geplant, Feuer, Vorderseite, Süßes, Entschlusskraft, aufwärts).

Außerdem werden alle 60 Jahre besondere Affen, die »Feueraffen«, geboren. Zuletzt 1956, das nächste Mal 2016 und dann erst wieder 2076. Bodo Ramelow ist am 16. Februar 1956 geboren, also ein »Feueraffe«. Die Eigenschaften des »Feueraffen«: Kampfgeist, und wenn er weiß, was er will, findet er einen Weg, es zu bekommen! Er kommuniziert viel, hat keine Scheuklappen bei Diskussionen. Er kann aus nichts viel machen. Er ist fähig, Leute zu beeinflussen, begabt und erfinderisch. Ein guter Politiker. Im Zeichen des Affen Geborene sind fleißig, klug, ehrgeizig und lernfreudig. Sie arbeiten sehr effektiv und systematisch und klettern auf der Leiter des Erfolges und der Karriere ziemlich schnell nach oben. Die Schwäche des Affen: Himmelhoch jauchzend – zu Tode betrübt. Es fällt ihm schwer, sich gefühlsmäßig in andere Menschen hineinzuversetzen. Vom Partner öffentlich kritisiert zu werden trifft sie an der empfindlichsten Stelle.

Andere »Feueraffen«, also 1956 Geborene, sind u. a. Herbert Grönemeyer und Günther Jauch … Weil 2016 wieder ein »Feueraffen«-Jahr sein wird, rechnet man in China schon jetzt mit einem Babyboom, »denn ›Feueraffen‹-Kinder sind nach den ›Drachen‹-Kindern die begehrtesten in der chinesischen Familie«.

Ich weigere mich zu erklären, welche Affen-Eigenschaften ich Bodou Lamolouhu zuordne, aber ich werde in Zukunft darauf achten, ob der Ministerpräsident ein »Feueraffe« ist. (5 Tage eher zur Welt gekommen, wäre er ein »Schaf« geworden und damit dem Yin gefolgt und wäre zwar »teamfähig«, würde aber »eine untergeordnete Rolle bevorzugen, anstatt im Zentrum der Macht zu stehen«.)

Weil »Feueraffen« eigensinnig sind und sich nicht gern etwas aufdrängen lassen, frage ich Bodo Ramelow bei unserem nächsten Zusammentreffen vorsichtig, wie oft er seit dem 5. Dezember in Suhl war.

Wie aus der Pistole geschossen: »Viermal, am Aschermittwoch wird es das fünfte Mal sein.«

»Am Aschermittwoch?«

»Ja, am politischen Aschermittwoch steig ich im CCS in die Bütt.«

»Weißt du, dass im Hochhaus daneben HDF* wohnt?«

Er stutzt. HDF war Wahlkampfleiter, als er sich um sein Landtagsmandat bewarb. »Wie geht es ihm?«

»Nach seiner Kopf-OP hatte man ihn ein dreiviertel Jahr ins künstliche Koma versetzt. Er kann jetzt wieder reden, klar und logisch denken, aber er sitzt meist nur im Rollstuhl.« Ich sage: »Du hast als Ministerpräsident natürlich wenig Zeit … Aber wenn es zu spät ist, macht man sich manchmal nicht nur als Christ Vorwürfe.«

Am nächsten Tag lässt er mir mitteilen, dass er am Aschermittwoch um 18 Uhr bei HDF sein wird. Ob ich ihn anmelde?


Ich bin schon vor 18 Uhr im sechsten Stock des Hochhauses. Hans-Dieters Frau Ingrid sagt, dass er nachmittags vor Aufregung nicht geschlafen hat.

Ich umarme den Sitzenden, als würden wir uns wie früher gegenüberstehen.

* HDF (Hans-Dieter Fritschler), der bis 1989 1. Sekretär der SED-Kreisleitung in Bad Salzungen war, hatte ich 1988 vier Wochen für mein Buch »Der Erste« begleitet.

»Kommt er allein?« Ich nicke. »Es ist schön, dass er als Ministerpräsident noch an seine Wegbegleiter denkt. Auch wenn unsereiner ihm nun nicht mehr nützlich sein kann.«

HDF liest täglich noch das »Politische« in der Zeitung. Zu Versammlungen lässt der »Erste« sich nicht mehr fahren. »Aber manchmal besuchen mich Freunde. Dann fragen sie, was ich über die Politik in Thüringen denke.«

»Und was denkst du?«

»Ich beneide Bodo nicht. Die Stadt Suhl ist pleite, und andere Städte und Dörfer haben auch kaum noch Geld. Es war für ihn bestimmt leichter, die DDR bei den Koalitionsverhandlungen einen Unrechtsstaat zu nennen, als jetzt den Kommunen Geld zu verschaffen.«

Doch die Bürger würden die neue Regierung nicht nach deren Zustimmung oder Ablehnung des Begriffes »Unrechtsstaat« beurteilen. »Sie registrieren nur, ob sie für Kindergärten, Schwimmbäder, Musikschulen und Kulturveranstaltungen mehr bezahlen müssen.«

Als es klingelt, strafft er sich und meint: »Aber das weiß er selbst. Darüber müssen wir jetzt nicht mit ihm reden.«

Bodo klopft HDF lachend auf die Schulter. Ingrid fragt, ob wir Tee aus frisch geraspeltem Ingwer möchten. Hans-Dieter verzieht den Mund.

»Mach nicht schon wieder solch ein Gesicht, Ingwer ist gesund!«

Bodo sagt: »Ich nehme eine Tasse.«

Ich bitte um Leitungswasser.

HDF: »Und, wie ist es so, das Regieren?«

»Bernhard Vogel hat kürzlich erklärt: Na, er macht es ganz gut. Dabei hätte er lieber gesagt: Es ist schlimm, was der Ramelow da in Thüringen anstellt! – Heute regieren wir 75 Tage, und es gibt in Thüringen immer noch Bananen.«

»Und wie fühlst du dich in der Staatskanzlei?«

»Ich habe fast alles gelassen, wie es war. Nur die Bilder von Bischofferode sind neu, die Grubenlampe im Regalschrank und der Eichsfelder Wanderstock vom Blindenverband aus Heiligenstadt.«

»Du siehst wie aus dem Ei gepellt aus.«

»Meine Frau sucht früh aus, was ich anziehe. Wenn sie ein paar Tage wegfährt, legt sie für jeden Tag das passende Hemd und den passenden Schlips zurecht. Wenn ich im Fernsehen schlecht aussehe, kann ich mir was anhören.«

»Ich war immer mein eigener Kleiderschrank. Aber nun verwaltet alles meine Frau«, meint HDF resigniert. »Ich habe kein Geld mehr und keinen Anzug. Aber der Geist ist noch helle.«

»Es gibt Leute, die haben viele Anzüge und noch mehr Geld. Aber leider keinen hellen Geist.«

Sie erinnern sich an den Wahlkampf 1999. »Damals hat man uns am Stand manchmal noch angespuckt.«

»Ja«, sagt Bodo, »und heute sind wir Regierungspartei.«

»Damals warst du ein Einzelkämpfer und hast auf keinen, wahrscheinlich auch nicht auf mich, gehört«, sagt HDF grinsend.

»Heute muss ich zuerst auf die anderen hören.«

»Ein sozialistisches Kollektiv also?«

»Na ja, eher ein buntes Kollektiv. Bunte Vielfalt, wo früher schwarze Traurigkeit war. Trotzdem, der Staat wird von Arm und Reich, die sich in unserer Gesellschaft aushalten müssen, sehr verschieden wahrgenommen. Die Reichen kön-

Der »Rote« mit dem früheren »Ersten« Hans-Dieter Fritschler
© privat

nen einen schwachen Staat verkraften. Die Armen brauchen einen starken Staat, der für sie sorgen kann. Das versuchen wir gemeinsam zu erreichen.«

Bevor wir uns nach einer reichlichen halben Stunde verabschieden müssen, bitte ich, dass Ingrid ein Foto macht.

Es ist ein gutes Gefühl, zwischen HDF und dem Ministerpräsidenten zu sitzen. Ich lege einen Arm auf die Schulter des »Ersten« und den anderen auf die des »Roten«.

HDF wünscht Bodo, dass er die Regierung zusammenhält.

»Ich möchte es fünf Jahre machen. Es liegt an mir!«, sagt der Ministerpräsident.

»Nein, nicht nur an dir, Bodo«, verbessert ihn HDF. »Du musst mit den anderen klarkommen!«

Er winkt, nun wieder im Rollstuhl sitzend, noch kurz von der Tür, als wir den langen Flur zum Fahrstuhl entlanggehen.

Am Ende des Flures steht eine junge Frau. Sie öffnet für uns den Fahrstuhl und übergibt dem Ministerpräsidenten seine Mappe.

»Weshalb hast du deine Sekretärin fast eine halbe Stunde hier draußen allein stehenlassen und nicht mit hineingenommen?«

»Das ist nicht meine Sekretärin, sondern eine von den Personenschützern. Wenn du das kleine Knöpfchen, ein Minimikro, bei einem am Revers siehst, dann weißt du: Der steht hier, um den Ministerpräsidenten zu beschützen.«

»Auch Frauen?«

»Auch Frauen.«


»1300 sind im Saal, manche bestimmt auch wegen Ihnen«, sagt die Chefin des CCS, als sie den Ministerpräsidenten begrüßt. Der erwidert: »Also mindestens sieben Mal mehr als bei der Anti-Sügida-Veranstaltung, bei der vielleicht auch einige wegen mir hierhergekommen waren.«

Schon zu Beginn steht er mit vielen begeistert klatschenden »Narren« auf, als die Kapelle den Cindy-und-Bert-Ohrwurm »Immer wieder sonntags kommt die Erinnerung« spielt und der Moderator Daniel Ebert dazu singt: »Immer wieder montags kommt die Sügida … und ganz Deutschland schaut zu.« Zwei Stunden später dann der gemeinsame Gesang: »Griechischer Wein … komm schenk uns ein.« Gänsehaut beim Karneval.

Dazwischen viel politisches Kabarett der Parteien des Suhler Parlaments und viel Rotes. Die »Rotschwänzchen« aus Bücheloh bei Ilmenau mit dem umgetexteten Beatles-Song »Yellow Submarine«:

»In unserem Land geht's jetzt heiß her, die CDU regiert nicht mehr.

Die Tine weg, der Bodo dran, und komisch, keiner wollt ihn ham.

Und jeder denkt, jetzt gehen wir drauf, die baun die Mauer wieder auf.

Drum sagen wir, solang's noch geht, schickt euch selbst noch ein Westpaket.

Bald stehn wir für Bananen wieder an, Bananen wieder an, Bananen wieder an …«

Und dann geht Bodo Ramelow nach vorn. Der erste Thüringer Ministerpräsident bei einem politischen Aschermittwoch in der Bütt. Ohne Zettel und ohne Uhr. (Jeder darf nur sechs Minuten und 66 Sekunden sprechen, dann wird er erbarmungslos abgeschaltet.) Der »Rote« schwärmt von seinem roten Suhler Bruder, dem Vater des Rennsteigliedes Herbert Roth, von den richtigen »roten Socken«, den Karnevalisten vom Suhler Ziegenberg, die rot bestrumpft auftreten, und dann widerlegt er mit den 350 Journalisten, die seine Wahl zum Thüringer Ministerpräsidenten live verfolgt haben, Rainald Grebes Lied über Thüringen, das »Land ohne Prominente«. Und bedankt sich bei den Mitgliedern der hessischen Jungen Union, die am Morgen seiner Wahl vor dem Landtag ein Plakat entrollten, auf dem stand: »Für Sie sind wir 1989 nicht auf die Straße gegangen«, dafür, dass sie 1989 in Hessen demonstriert haben.

Bodo Ramelow beendet seine freie, aber geschliffene und

pointierte Rede auf die Sekunde genau (es gibt auf der Bühne eine Zeitanzeige) mit dem Satz: »Heute ist der 75. Tag meiner Regentschaft. Aber es gibt immer noch Bananen in Thüringen.«

Minutenlanger Beifall. Der Moderator muss sich beeilen, um mit den anschließenden Zuschauerfragen an den »roten Baron« im »Zeitfenster« zu bleiben.

Ob er mit dem Fußballer Carsten Ramelow verwandt ist? – Nein. Er sei zwar zahlendes Mitglied im Fan-Club von Jena und gern gesehener »Berater« vom FC Rot-Weiß Erfurt, aber nur, weil er von Fußball keine Ahnung hat.

Ob er einen Thüringer Nacktwanderweg eröffnen und ausprobieren würde? – Nein. Er möchte sich nicht noch beim Wandern nackt machen müssen.

Abmarsch von der Bühne. Die Hoheit winkt. Das Volk jubelt.

Wir verabschieden uns vor dem CCS. Er fährt nach Erfurt. Ich in mein Dietzhäuser Waldhaus. Im sechsten Stock des Hochhauses nebenan brennt kein Licht mehr. HDF schläft schon.

Während Bodo Ramelow den »Ersten« am 75. Tag besuchte, sprach er mit dem »Zweiten«, Stefan Baldus[*], schon am zweiten Tag nach seiner Amtsübernahme. Stefan Baldus ist heute – nach dem Chefposten bei einer Tochtergesellschaft der Landesentwicklungsgesellschaft in Thüringen und Staatssekretär im Innen- und Landwirtschaftsministerium – Ge-

---

[*] Ich hatte den ehemaligen Landrat des Kreises Bad Salzungen, Stefan Baldus, vorher Bundeswehroffizier aus dem Westerwald, 1991 wochenlang begleitet und darüber das Buch »Der Zweite« geschrieben.

schäftsführer des mit 15 000 Mitgliedern größten Thüringer Verbandes, des Bauernverbandes.

Als ich anrufe, Grüße vom »Ersten« ausrichte und frage, ob wir uns treffen können, schlägt er ein schönes Café, in dem es einen guten Rotwein gibt, vor.

Stefan Baldus sitzt schon in einem der bequemen Sessel der Konditorei in der Erfurter Johannesstraße. Die Weingläser stehen bereits auf dem Tisch. Es ist, als ob wir uns gestern und nicht vor drei Jahren das letzte Mal gesehen haben.

Nach dem ersten Schluck auf unsere Gesundheit frage ich, ob Frieders Information stimmt, dass Bodo Ramelow die Forderung des Bauernverbandes – das Ministerium für Landwirtschaft, Forsten und Umwelt nicht an die Grünen zu vergeben – erfüllt hat, indem er Land- und Forstwirtschaft herausgenommen und den Grünen nur das Umweltministerium überlassen hat.

»Ja, er war kurz nach seiner Wahl in unserer Hauptversammlung und wollte wissen, ob wir mit dieser Lösung einverstanden sind.«

»Und wart ihr zufrieden?«

»Ja, man kann in der Politik keine Maximalforderungen durchsetzen. Und erst recht keine reine Idee und Utopie verwirklichen. Wenn Bodo Ramelow – und ich denke, er ist dafür prädestiniert – das beherrscht, wird es mit Rot-Rot-Grün gutgehen.«

Er hofft, dass er der »betriebsfremden« Landwirtschaftsministerin Birgit Keller vermitteln kann, wie kompliziert Landwirtschaftspolitik in den letzten Jahren geworden ist.

»Das Erscheinungsbild der Landwirtschaft hat sich grund-

**223**

legend gewandelt. Nach dem Krieg litten alle Hunger. Egal was, Hauptsache man hatte zu essen. Heute arbeiten nur noch 2 Prozent der Bevölkerung in der Landwirtschaft. Die persönlichen Erfahrungen der Menschen fehlen, und deshalb können die großen Lebensmittelkonzerne mit romantischen Begriffen wie ›Landliebe‹ und ›Wiesenhof-Hähnchen‹ für ihre Produkte werben. Doch diese Hähnchen haben nie einen Hof und nie eine Wiese gesehen. Das Bild von Heidi mit den glücklichen Kühen auf der Alm ..., aber der Bergkäse wird aus der Milch von Kühen gemacht, die in Anbindehaltung stehen. Ich habe in den USA hunderttausend Rinder gesehen, die bei sengender Hitze in einer Gegend ohne einen einzigen schattenspendenden Baum umhergetrieben worden sind. Die sie trieben, waren keine Bauern oder Viehzüchter, sondern Lohnsklaven. Dazu die riesigen amerikanischen Saatgutkonzerne und die Gentechnik. Nur wenige Menschen regen sich über gentechnisch veränderte Stoffe auf, die beispielsweise in der Zahnpasta versteckt sind. Die jungen Leute wollen heute anders essen und anders leben. Veganer sein ist inzwischen eine Jugendbewegung. Meine Jugendbewegung war noch die freie Liebe. Mit 38 bin ich immer geradezu in ein Haus hinein. Egal, ob dort eine Tür war oder nicht. Einfach gegen die Wand gerannt. Jetzt weiß ich, dass es besser ist, durch die Tür zu gehen.«

Die Agrargemeinschaften, die Nachfolger der LPGs im Osten, würden sogar die Bayern neidisch machen. »Bei denen sind 70 Kühe auf dem Hof schon eine Großviehanlage. Jetzt haben sich dort fünf Bauern zusammengeschlossen und halten 350 Kühe. Die möchten nämlich auch mal Urlaub und eine geregelte Arbeitszeit haben. Man begreift im Westen, dass in der DDR mit den Landwirtschaftlichen Produktionsgenossenschaften die Möglichkeit entstand, dass die Bauern sich nicht mehr selbst ausbeuten mussten. Ich war kürzlich bei einer Beratung der Linken in Brandenburg. Dort habe ich, ein Urschwarzer, den Roten erklärt, welche Vorteile die Genossenschaften in der DDR hatten. Trotzdem verlangten sie danach die Förderung von Kleinbauern. Aber wie soll man Kleinbauern fördern? Das ist und bleibt immer Selbstausbeutung. Mein Großvater hatte 10 Hektar Land, 9 Kühe, einen Bullen, 5 Schweine und Hühner. Um leben zu können, hat er nachts bei der Bahn noch Stückgut verladen. Und die Frau musste die Tiere versorgen.«

Stefan Baldus geht im Mai 2015 in den Ruhestand. »Der wird mir allerdings nicht so schwerfallen wie die Zeit nach der Wahl 2009, als mich Frau Lieberknecht weder als Landwirtschaftsminister noch als Staatssekretär in ihrer neuen Regierung einsetzen wollte. Danach war ich fürs Alltagsleben erst mal untauglich. Ich konnte nach dem Job als Staatssekretär mein Telefon nicht mehr allein programmieren. Ich konnte keine Fahrkarten am Automaten lösen. Ich brauchte drei Monate zur Resozialisierung.«

Er rät den Roten in Thüringen, dass sie sich auch um die Bauern in den Agrargemeinschaften und Großviehanlagen kümmern. »In der Landwirtschaft sind 20 000 Menschen beschäftigt. Dazu kommen etwa 100 000 in den Verarbeitungsbetrieben. Wenn die Regierung da was falsch macht, geht die Wertschöpfung in Thüringen in die Knie. Ob man einen Baum rechts oder links umfährt, ist nicht wichtig. Man darf nur nicht dagegen fahren.«

Das hat er auch dem Ministerpräsidenten gesagt.

Was er sonst dem Ministerpräsidenten raten würde? »Er braucht einen, der es wagt, ihn auch zusammenzuscheißen, damit er keine Fehler macht.«

Beim Abschied kaufe ich Stefan Baldus ein in der Konditorei besonders knusprig gebackenes Vollkornbauernbrot.

»Nimm eins für Bodo Ramelow mit«, schlägt er vor.

»Nein, ich werde mich bei ihm weder mit scharf gebackenem Bauernbrot noch mit weich gespülten Worten lieb Kind machen.«

Am Morgen erzähle ich Frieder von dem Gespräch mit Stefan Baldus. »Er kannte deinen Biobauern Hans-Georg nicht. Aber es stimmte: Auch der Geschäftsführer des Bauernverbands lobt, dass das Landwirtschaftsministerium nicht an die Grünen vergeben wurde.«

»Und was denkt der Bauernchef über den neuen Ministerpräsidenten«, will Frieder wissen.

»Was er denkt, weiß ich nicht. Aber er hat kein böses Wort über ihn verloren. Er schimpfte nur, dass der Thüringer Ministerpräsident im Bundesrat nichts gegen die seiner Meinung nach unsinnigen Kontrollen zum Mindestlohn unternimmt und dass er mit den mindestens 5 Beschäftigten für das Bildungsfreistellungsgesetz wieder einen bürokratischen Wirrwarr zugelassen hat. Doch dieses Problem wird Volker mit seinem Kleinbetrieb nicht haben. Denn dass du für 5 arbeitest, kann man nicht behaupten.«

Statt beleidigt zu sein, erklärt er, dass er schon als junger Mann von früh bis spät gearbeitet hat.

»Nun pass mal gut auf, ich muss dich da mal schlaumachen. Ich war länger als Bodo Ramelow im Teufelsmoor.

Mit 15 habe ich dort Drainagegräben ausgeschachtet. Am Morgen kam der Meister und sagte: Frieder, du machst heute 12 Meter! Das waren etwa zehn Spatenlängen, und ich gab ihm die Hand darauf. Abends ging ich zu ihm nach Hause und meldete: Alles erledigt, 12 Meter, und gab ihm die Hand drauf! Am nächsten Morgen maß er nicht nach, ob es 10 Spatenlängen waren. Der Handschlag galt.« Was heute wohl nicht mehr der Fall sei.

Allerdings hat er vor drei Tagen ausgerechnet am Ort des größten Betrugs, in einer Glücksspielhölle, erlebt, dass ein Mann einer Frau die Hand gab und versprach: Das gilt für 3 Monate.

»Du treibst dich in Spielsalons herum? Was sagt deine Frau dazu?«

»Soll ich weiter erzählen oder deine doofe Frage beantworten?«, fragt er gereizt.

Er hätte dort in der Nacht die Eierfrau Uta Liebers, die im Hühner-KZ gearbeitet hat, getroffen.

»Hat sie ihr letztes Geld an den Spielautomaten verloren?«

»Nee, sie verhandelte mit dem Chef, den sie wohl kannte und der sagte: 3 Euro die Stunde und das für 3 Monate. Er gab ihr die Hand darauf.« Ich solle nicht so bedeppert gucken. »Egal wie viel sie bekommt, sie muss, damit sie in Rente gehen kann, ein lückenloses Arbeitsverhältnis nachweisen.«

In der Nacht für 4 Stunden 12 Euro!


»Du musst am Montag nicht vor halb 9 da sein. Den ersten Termin hat er um halb zehn«, hatte mir Büroleiter Alexander Klein gesagt.

Ich warte trotzdem schon um 8 Uhr an dem vierstöckigen Haus. Doch erst als seine Personenschützer auftauchen, glaube ich, dass er wirklich dort wohnt. In der Straße kaum Grün, hohe Gründerzeithäuser mit kleinen Fenstern. Neben den Mülltonnen liegen Pappkartons. Vor dem Altkleidercontainer der Johanniter flüchten Mäuse. Und am Elektrokasten der Stadtwerke Erfurt wirbt Mühlhausen, dass es sich »sympathisch im Herzen Deutschlands« befinde.

Mit weißer Kreide steht darunter: »Scheiße.« Die künstlerische Gestaltung des Elektrokastens vervollständigt in roter krakeliger Schrift der Spruch: »Du kannst nicht wollen, was du willst.«

Nach 8 Uhr begrüßt mich ein junger Personenschützer, der mit seinen schwarzen krausen Haaren und dunklen Augen einem Italiener ähnelt, und sagt: »Es dauert noch.« Dann beginnt er, den Inhalt der Mülltonnen vor dem Eingang zu kontrollieren.

Als er sie wieder geschlossen hat, öffne ich sie noch einmal. Obenauf liegen das »Erfurter Amtsblatt«, Aldi-Reklame, das Poster einer mir nicht bekannten Schlagersängerin und Flugblätter gegen genmanipulierte Getreidesorten. Ich wühle nicht weiter, weil halbvolle Senfbecher ausgelaufen sind.

Dem »italienischen Personenschützer« zeige ich die Sprüche auf dem Elektrokasten. »Du kannst nicht wollen, was du willst, ist von Schopenhauer«, sagt er.

»Woher wissen Sie das? Haben Sie Philosophie studiert?«

»Ich denke, es ist von ihm.« Er hat Abitur, danach Bundeswehr und schließlich Polizei. Doch das darf er eigentlich nicht sagen.

»Als Personenschützer bist du für fremde Fragende nur noch ein Schweigender!«

Sie kommen zu dritt aus der Haustür. Attila zuerst, danach Germana Alberti vom Hofe und dann der Ministerpräsident. Wahrscheinlich hat er sich schon im Flur von seiner Frau mit Küsschen verabschiedet. Auf der Straße küsst er nicht mehr.

Der Fahrer öffnet den Wagenschlag. Der Ministerpräsident steigt vorn ein, ich setze mich dahinter.

Er fragt, ob ich ihn gestern Abend bei Jauch gesehen habe.

Ich muss ihm leider sagen, dass ich höchstens alle zwei Monate einmal den Fernseher einschalte und deshalb nicht wusste, dass er gestern Nacht bei Jauch war.

»Hast auch nichts verpasst. Mich kriegt so schnell keiner mehr zu solchen Talkshows.«

»Worüber habt ihr gesprochen?«

»Über den Mindestlohn.«

Er googelt und sagt erleichtert: »Auf Spiegel-Online schreiben sie, dass Bodo Ramelow in der Diskussionsrunde einer der wenigen war, der die Probleme auf den Punkt gebracht hat.« Einen Moment freut er sich verschmitzt. Er kann noch lachen wie ein kleiner Junge.

Doch schon Sekunden später erklärt er mir ernst, wie die einheitlichen Tarifverträge vor allem durch eine Ausgliederung der Arbeitnehmer in kleine Tochtergesellschaften systematisch ausgehöhlt worden sind. »Wenn früher die städtischen Müllfahrer streikten, zitterte ganz Deutschland! Inzwischen wurden sie auf verschiedene private Unternehmen verteilt, und aus ist es mit ihrer gewerkschaftlichen solidarischen Macht.«

Die Bäckereikette »Elmi« gehörte früher einem Unternehmer. Der verkaufte sie an einen Hedgefonds, und der verhökerte die Geschäfte in Form von Franchiseverträgen an Einzelhändler, die, um bestehen zu können, ohne Urlaub und geregelte Arbeitszeit schuften müssen. In den großen deutschen Schlachthöfen haben Rumänen durch Fremdfirmen für ein paar Cent Schweine zerlegt. In England sei man solider gewesen. Dort hätte man gleichzeitig mit so etwas wie Hartz IV den Mindestlohn eingeführt. Zur Steigerung von Profit und Export konnten dadurch Arbeitslose nicht als Billigjobber beschäftigt werden wie in Deutschland.

»Der Jauch wollte mir ständig in den Mund legen, dass es einen Unterschied zwischen Mindestlohn Ost und Mindestlohn West geben muss. Den Gefallen habe ich ihm nicht getan.«

Aber bei der Einstufung in Hartz IV hätte es 2009 natürlich einen sehr gravierenden Unterschied zwischen Ost und West gegeben. »Im Westen betraf es vor allem Gestrauchelte, die schon lange nicht mehr arbeiteten und von Sozialhilfe und Wohlfahrt lebten, im Osten dagegen Menschen, die ein Leben lang gearbeitet hatten und Arbeitslosengeld II erhielten.«

Zum Thema Hartz IV hatte ihn bereits Anne Will in die Talkshow eingeladen. Auch Langzeitarbeitslose saßen in der Runde. »Nach der Sendung wurden wir zum Stehbuffet gebeten. Doch als die Sicherheitsleute den Langzeitarbeitslosen sagten, dass sie sich nicht neben Wirtschaftsminister Clemens stellen sollen, bin ich mit ihnen gegangen, ohne etwas zu essen.«

Um 9.30 Uhr erster Termin in der Industrie- und Handelskammer Erfurt. Gemeinsam mit der Landesregierung will sie ein Pilotprojekt zur Berufsausbildung für junge Asylbewerber vorstellen.

Der Hauptgeschäftsführer der IHK wartet vor dem Eingang. Bodo Ramelow entschuldigt seine Ministerin Heike Werner, die Grippe hat. Danach entschuldigt er sich selbst: »Heute ist mein 86. Regierungstag, und ich habe zum ersten Mal meine Protokollmappe vergessen.«

Aber er hat wie immer die meisten Fakten und Zahlen auch ohne Mappe im Kopf: Rund 1000 Lehrstellen konnten im vergangenen Jahr in Thüringen nicht besetzt werden. In Erfurt befinden sich zurzeit 140 junge Ausländer in der Berufsausbildung. Durch das Pilotprojekt der IHK könnten in den nächsten 6 Monaten – er überlegt einen Moment – mindestens 120 Asylbewerber eine Berufsausbildung erhalten.

In der großen Runde redet er nur kurz über die politischen Leitlinien: Die Flüchtlinge nicht in die letzte Ecke von Thüringen abschieben. Statt Aufbewahrung Integration. Bekenntnis zum Zuwanderungsland Deutschland. Sich nicht über Probleme bei der Integration, sondern über gemeinsame Lösungen definieren.

Dann drängt er, die konkreten Bedingungen zu besprechen, und aus dem »staatstragenden Ministerpräsidenten« wird der praktische Organisator. Er zählt 6 Thüringer Betriebe auf, die händeringend nach Leuten suchen. Durch das »Pilotisieren« sollen Verbindungen zwischen den Asylbewerberheimen und Betrieben mit Arbeitskräftemangel hergestellt werden. »Wir dürfen nicht zulassen, dass junge Ausländer untätig in den Heimen hocken.«

Rudollah Khorrami, ein Flüchtling aus dem Iran, der im Mercure-Hotel Erfurt lernt, hat seinen deutschen Ausbilder mitgebracht. Sich immer wieder die schweißnassen Hände reibend, berichtet er von den Schwierigkeiten, endlich eine Chance zu erhalten, »dass ich nicht mehr musste in Weimar im Heim an Wand schauen. Schon zu Hause im Iran wollte Koch ich werden. Hier 6 Monate nichts machen? Nein! Besser lernen!«

Als sich Rudollah beim Direktor des Hotels vorstellte, sagte der: »Mich interessiert nicht, dass du Ausländer bist. Aber morgens um 5 Uhr musst du zur Schicht hier sein.«

»Von Weimar. Denn im Heim ich musste wohnen.«

Sein Ausbilder organisierte später ein Zimmer in Erfurt. Aber Rudollah durfte als Auszubildender nicht wie deutsche Arbeitslose Möbel bei der Sozialhilfe abholen. »Nun habe ich Matratze auf Boden liegen. Ich bin nicht hoffnungslos.«

Auch der Ministerpräsident ist auf die Bürokratie in Thüringen nicht gut zu sprechen. »Bürokraten müssen überall erst ihr Bäuerchen dazu machen. Wäre unser Freund aus dem Iran ein ›normaler Deutscher‹, hätte er nicht nur Möbel, sondern auch eine Aufstockung erhalten.«

Er verspricht im Namen der Ministerin, das begonnene Projekt zwischen IHK und Landesregierung weiter zu »pilotisieren«.

Bevor er geht, nimmt er sich ein Brötchen als Wegzehrung mit.

Im Auto, immer noch kauend, sagt er, dass er auch nach der Sendung mit Jauch die anschließende Einladung nicht angenommen hat.

»Der redet über einen Mindestlohn von 8,50 Euro und

verdient damit in jeder Minute 4000 Euro, also insgesamt 200 000 Euro für die Sendung. Und hat, so erzählt man, schon halb Potsdam aufgekauft.«

In der Staatskanzlei wartet der Vorstandsvorsitzende der Hessischen Landesbank auf seinen Antrittsbesuch. Bevor Bodo Ramelow sich hinsetzt, geht er um das schwarze Ledersofa und die Ledersessel herum und sagt: »Die sind alle vom Geld der Steuerzahler gekauft. Man sollte sie schonen und sich nicht immer auf denselben Platz setzen, um sie gleichmäßig abzunutzen.«

Der Vorstandsvorsitzende Hans-Dieter Brenner lächelt. »Ich darf Ihnen, Herr Ministerpräsident, Dank sagen, dass ich die Gelegenheit habe, Sie zu sprechen.«

Der Ministerpräsident entgegnet, dass er ein glühender Anhänger der Sparkassen und Genossenschaftsbanken ist. Außerdem liebe er kurze Wege zur Bank, und deshalb freue auch er sich über den Besuch.

Hans-Dieter Brenner, sehr höflich: »Für uns ist die Thüringer Aufbaubank kein Konkurrent, und wir werden Thüringen weiterhin zum Beispiel bei den Domfestspielen oder den Biathlon-Wettkämpfen unterstützen.«

Der Ministerpräsident wirft ein, dass es nützlich wäre, wenn sie das Jüdische Kulturfestival »Achava« auf dem Petersberg, für das er sich auch persönlich engagiert, fördern könnten. »Gleichzeitig werden 600 Wissenschaftler der verschiedenen Religionsgemeinschaften bei einer Dialogveranstaltung in Erfurt sein. Dieses Kunstfestival ist auch Antwort auf Luthers Antisemitismus.«

Es folgt Bodo Ramelows verbales Feuerwerk über Wind im Wald, Pumpspeicherwerk als Wertschöpfung, erfolgreiche Kommunalisierung der TEAG, das größte ICE-Kreuz Europas in Erfurt, durch das jährlich 20 Millionen Fahrgäste »gepumpt« werden können, das weltgrößte Buchausliefe-rungslager in der Landeshauptstadt, das Reformationsjahr 2017, zu dem die dänische Königin kommen wird und Lars von Trier zum ersten Mal in Erfurt inszeniert, den Deutschen Bauernkongress, der in Thüringen tagen wird … Das alles bedeutet: »Wir haben als neue Regierung jetzt die Chance, die Weichen für eine langfristige Entwicklung Thüringens zu stellen.«

Der Vorstandsvorsitzende nickt: »Falls ich helfen kann, werde ich das tun.«

Damit ist eigentlich alles gesagt. Aber beim Woher und Wohin fällt das Wort Gießen. Dort haben beide mit der von den Gewerkschaften gegründeten Wohnungsgenossenschaft Neue Heimat und dem kooperativen Supermarkt COOP wichtige Erfahrungen gesammelt. Bodo Ramelow, der heiß-blütige Junggewerkschaftssekretär und Verfechter der Neuen Heimat, und Hans-Dieter Brenner, der Wirtschaftsprüfer, der die Neue Heimat vor ihrer Insolvenz prüfen musste. Jetzt sitzen sie gemeinsam auf den schwarzen Ledersesseln der Staatskanzlei und resümieren: »Die langen Schatten der Ver-gangenheit haben uns eingeholt.«

Der Ministerpräsident bestätigt, dass er durch die unver-meidliche Pleite der Neuen Heimat gelernt hat, Ermessens-spielräume sorgfältig auszuloten und niemals betriebswirt-schaftliche Kennziffern zu ignorieren.

Von seinen Ausführungen über Banken, Kredite und Anleihen des Landes verstehe ich nur so viel, dass man in Dänemark bereits Negativzinsen in die Sparbücher der kleinen Leute einträgt. »Man zahlt 100 Euro ein und gibt noch einen zusätzlichen Euro, den Negativzins, dazu.«

Bevor sie sich verabschieden, erwähnt einer von beiden die Anteile des Landes an den Unternehmen von Jenoptik, das auch Rüstungsgüter herstellt. Der Banker versichert, dass die Bank für Rüstung keine Kredite gewährt, und der Ministerpräsident erklärt: »Mit meiner Partei stehe ich gegen die Produktion und den Export von Kriegsgerät jeder Art.« Dann schiebt er ein Aber nach. »Aber ich hatte nicht die Macht und die Möglichkeit, bei Jenoptik etwas dagegen zu tun. Wenn wir uns mit dem Landesanteil dort zurückziehen, werden sich sofort die Hedgefonds darauf stürzen, und was Jenoptik dann produziert, ist überhaupt nicht mehr zu kontrollieren.« Über die Rüstungssparte wolle er aber mit dem Vorstand von Jenoptik sprechen. Herr Brenner wird ihm die Leitlinien der Bank zur Rüstungsproblematik schicken.

»Mittagessen?«, sage ich, als der Besuch beendet ist.

»Hast du dir bei der IHK keine Brötchen genommen?«, fragt er und beginnt seinen Schreibtisch aufzuräumen. Das Lexikon über die Staatssicherheit der DDR, das wahrscheinlich seit seinem Treffen mit Eppelmann neben der Bibel liegt, verstaut er in einer Schublade. Die Blumen, die welk in der Vase hängen, bringt er ins Vorzimmer. Er räumt Akten in einen Karton. »Das sind die alten geheimen Verträge zu Kali, Bischofferode und so.«

Er liest im Stehen Briefe und Protokolle. Bückt sich zum Unterschreiben. Geht ans Fenster, von dem aus man zum Erfurter Boulevard schauen kann. Die Leute, die hinaufblicken, sehen ihn in voller Größe. Einige haben sogar schon gewunken, sagt er und greift zum Telefonhörer: »Hier ist

Bodo Ramelow, Thüringer Staatskanzlei … Ich habe mit dem Oberbürgermeister in Jena ausführlich darüber gesprochen … Richten Sie ihm das bitte aus … Wieso nicht? … Mein Name? … Bodo Ramelow!«

Er zerreißt einen Zettel in winzige Stücke. »Eine persönliche Angelegenheit. Ich hätte ihn auch draußen schreddern lassen können. Aber was man selber macht, ist erledigt!«

Dann spricht er einen Aktenvermerk in sein Diktiergerät, ein Monstrum aus alter Zeit, das er mit den dazugehörigen Kassetten hier im Keller gefunden hat: »Helaba-Gespräch … Bitte zeitnahe Diskussion über Zukunftsszenarien … Frau Siegesmund als Vertreterin der Kernzone dazu … Zeitraum 1 bis 2 Stunden …«

Begrüßung des Konzernbevollmächtigten der Bahn für den Freistaat Thüringen, Diplom-Physiker Volker Hädrich. Der erzählt ohne lange Vorrede, dass sein Vater seit 1946 bei der Deutschen Reichsbahn gearbeitet hat. »Damals mussten sie an vielen Strecken das zweite Gleis als Reparation für die Sowjetunion abmontieren. Ich, also sein Sohn, habe dem Bund 70 Millionen aus dem Kreuz geleiert. Damit bauen wir das zweite Gleis wieder auf!« Der Mann redet, wie eine Dampflok faucht. »Von Berlin nach Erfurt in knapp zwei Stunden. Dann kann man nicht nur in Berlin, sondern auch in Erfurt Geschäfte machen. Wir werden die Leute hierherholen, Kongresse, Ausstellungen organisieren. Erfurt ist sozusagen ein Vorort von Berlin geworden. Unser neuer Bahnhof hat 50 Millionen Euro gekostet. Jetzt müssen wir Gera wieder an den Fernverkehr anschließen. Wir haben als Bahn zu viele Flächen, die wir gar nicht mehr brauchen, 1000 Quadratkilometer, und sind neben der katholischen Kirche der größte Flächenbesitzer in Deutschland. Wissen Sie, Herr Ministerpräsident, dass wir rund 28 Milliarden zur Erhaltung des Bahnstandards brauchen? Das ICE-Kreuz, der Knotenpunkt für ganz Deutschland, ist natürlich janusköpfig. Man kann sehr schnell nach Thüringen hinein-, aber genauso schnell auch hinauskommen. Die Erfurter Arbeitsuchenden sind in 40 Minuten in Nürnberg. Und dort wird die Arbeit besser bezahlt. Die Lohnkosten der Deutschen Bahn sind 15 Prozent höher als die der Thüringer Privatbahnen …«

Zum ersten Mal bemerke ich, dass Bodo Ramelow müde wird, und ich erinnere mich an Bernhard Vogel, den ehemaligen Ministerpräsidenten, wie er 2003 einem Vortrag des Geschäftsführers von Antec-Solar lauschte.

Nach etwa fünf Minuten sah ich damals, dass der Ministerpräsident mit sich kämpfte, einen Kampf, den auch ich sehr gut kenne. Erst blinzelte er heftig, dann riss er die Augen auf und schloss sie einen Moment, als würde er nachdenken. Riss sie noch einmal auf … Blinzelte. Dann sackte das Kinn nach unten. Der Ministerpräsident verlor seinen Kampf. Wäre nicht der Redner vorn, gäbe das ein selten friedliches Bild: ein schlafender alter Mann. Und ich mochte ihn plötzlich …

Ich reiche Bodo Ramelow die handgeschöpften Pralinen, die auf dem Tisch stehen, hinüber. Sie stammen aus der Schokoladerie auf der Erfurter Krämerbrücke. Er nickt, genießt und übernimmt die Gesprächsführung. Der Ministerpräsident missbilligt den Konkurrenzkampf um die Thüringer Privatbahnen. Er möchte eine Bahn, die wie in der Schweiz gleichermaßen im Süden, Osten, Westen und Norden des Landes fährt. Eine Thüringenbahn. Außerdem plädiert er für die Verbesserung des Zugverkehrs, damit nicht noch mehr Fernbusse die Haltestellen in den Städten frequentieren. Es gibt inzwischen, sagt er, eine Kannibalisierung zwischen Bahn und Bus. 4 Cent für einen Kilometer per Bus und 11 Cent bei der Bahn. Die Straßen und Autobahnen bezahlt der Bund, die Gleise bezahlen die Bahnen selbst.

»Auch unsere Tochter Marlene fährt inzwischen mit dem Bus von Frankfurt nach Erfurt. Einmal habe ich sie mit dem Zugticket ködern können. Aber ausgerechnet dieser Zug hatte sehr viel Verspätung.«

Am 9. Dezember 2015 soll die Jungfernfahrt des ICE in Halle beginnen. »Frau Merkel wird einsteigen«, versichert Volker Hädrich.

»Ich könnte ihr mit einer kleinen roten Draisine entgegenfahren. Wie lang ist der Bremsweg eines mit 240 Kilometern pro Stunde rasenden ICE?«, fragt der Ministerpräsident. Das weiß der Konzernbevollmächtigte nicht genau.

Genau weiß er das Datum des Bahngipfels in Erfurt. Am 4. Juni wird Bahnchef Grube in Erfurt den Thüringer Bahnchef verabschieden und den neuen vorstellen. »Vielleicht mit Ihnen gemeinsam in der Staatskanzlei?«

Bodo Ramelow studiert seine Zeitfenster und bedauert: »Am 4. Juni bin ich beim Kirchentag in Stuttgart.«

Doch es sei ihm wichtig, am Bahngipfel teilzunehmen und mit Bahnchef Grube zu sprechen. Vielleicht könnte der eher kommen? Doch das erlaubt das Zeitfenster von Grube nicht.

»Dann sollte er mich anschließend mit seinem Flieger

nach Stuttgart bringen. Nicht mit der Bahn. Die wird Verspätung haben«, sagt der Ministerpräsident lachend und fügt ernster hinzu: »Herr Hädrich, ich habe noch ein Bürgeranliegen an Sie. In Hohenschrecke braucht man wenigstens eine Bedarfshaltestelle.« Während sie überlegen, auf welcher Strecke Hohenschrecke liegt, kommt seine Vorzimmerfrau Veronika Sauer und sagt erst leise, dann drängend: »Herr Ministerpräsident, Sie sollten die Ordensverleihung des Bundesverdienstkreuzes am Bande vornehmen. Man wartet auf Sie.«

Er entschuldigt sich bei dem Konzernbevollmächtigten für die Unterbrechung. Er solle sich inzwischen an den Pralinen bedienen.

Auf dem Weg zum Festsaal knöpft er sein Jackett zu. In der ersten Reihe sitzen die beiden Männer, die geehrt werden. Der Ministerpräsident deutet, bevor er zum Rednerpult geht, vor ihnen eine Verbeugung an. Ich denke, dass ist wahrscheinlich sein Umschaltepunkt von der Bedarfshaltestelle in Hohenschrecke zum Verleihen des Verdienstkreuzes am Bande des Verdienstordens der Bundesrepublik Deutschland, der höchsten Auszeichnung für Bürger, die sich um das Gemeinwohl verdient gemacht haben.

Er bekommt die Rede gereicht. Neben mir steht die Protokollchefin. Sie macht Häkchen an die Sätze, die er abliest, und versucht, freie Passagen stichpunktartig in ihr Exemplar einzufügen. Er liest nicht halb so gut, wie er seine spontan dazwischengeschobenen Sätze vorträgt.

Ausgezeichnet werden der Natur- und Artenschützer Dr. Siegfried Klaus aus Jena und der Katholik Werner Kukulenz, der nach der Wende in Gotha als Bürgermeister erfolgreich die politische, soziale und ökonomische Erneuerung vorantrieb.

Bodo Ramelow dankt allen 700 000 Thüringern, die, wie die beiden Ausgezeichneten, ehrenamtlich dem Gemeinwohl dienen und »eine Arbeit leisten, die unbezahlt und zugleich unbezahlbar ist«.

Ehrenamtlich seien in Thüringen vor allem Frauen tätig, doch werden sie seltener als Männer geehrt. »Die beiden heute ausgezeichneten Männer können aber dafür nichts.«

Die Laudatio für den Artenschützer beginnt er mit einem Zitat des Philosophen, dessen rot gekrakelten Spruch ich auf dem Elektrokasten gelesen hatte: Arthur Schopenhauer. »Jeder dumme Junge kann einen Käfer zertreten. Aber alle Professoren der Welt können keinen herstellen.«

Danach die Aufzählung einiger Tiere, um deren Schutz sich Dr. Klaus verdient gemacht hat: Auerhahn, Biber, Fischotter, Mittelspecht, Haselhuhn, Birkhuhn … Zusammen mit seinem Partner Edgar Reißinger hat er den Nationalpark Hainich gegründet, in dem sich der größte zusammenhängende Laubwald Deutschlands befindet.

»Natur bedeutet, Natur sein lassen«, sagt Bodo Ramelow.

Im Hainich gibt es inzwischen wieder Wildkatzen, Luchse, dazu 1600 Pilzarten, 180 Vogelarten und 30 Baumarten. »Hauptsächlich Rotbuchen, was mich besonders freut«, sagt der Ministerpräsident.

Dem ehemaligen Bürgermeister von Gotha wünscht er »alles Gute und Gottes Segen«.

Sekt, Saft und Blätterteigstangen werden gereicht. Mein verspätetes Mittagessen.

Während sich der Ministerpräsident mit den Ausgezeichneten und ihren Ehefrauen fotografieren lässt, loben einige Gäste, dass im Koalitionsvertrag festgelegt wurde, dass 5 Prozent der staatlichen Waldfläche Thüringens nicht bewirtschaftet, sondern naturbelassen werden.

Der Mentor des ersten deutschen Nationalparks, der 82 Jahre alte Hans Bibelriether aus Bayern, meint, dass solch eine Vereinbarung in Bayern unmöglich wäre. CSU-Ministerpräsident Seehofer würde niemals zustimmen, dass 5 Prozent des Waldes keinen finanziellen Gewinn brächten. »Da könnte der Freistaat Bayern mal was vom Freistaat Thüringen lernen.«

Bodo Ramelow hat das Jackett wieder aufgeknöpft und erzählt von seinem Besuch der Grünen Woche in Berlin. Am besten gefiel ihm die Losung der Tierschützer: »Hühner zur Sonne, zur Freiheit!«

Den Chef des Thüringer Staatsforstes, Volker Gebhardt, frage ich, was Frieder nach dem Zusammenbruch von Richards Leiterwagen wissen wollte: »Weshalb sehen die Waldwege in Thüringen oft wie Panzerstrecken auf einem militärischen Übungsgelände aus?«

»Wir geben immer mehr Geld für die Instandhaltung aus«, erwidert er. »Doch in Thüringen haben wir eine Holzverarbeitungskapazität von 4,5 Millionen Festmetern, schlagen aber nur 2,8 Millionen Festmeter ein. Um die Werke möglichst auszulasten, müssen wir also Tag für Tag Holz fällen und abfahren, auch wenn die Wege weder gefroren noch trocken sind. Und der Wald sollte, wie der Ministerpräsident gerade wieder gesagt hat, auch Geld einbringen. Durch das Holz und auf den freien Flächen durch den Wind.«

Mich interessiert, was die heute Geehrten über die kurz

vor der Wahl des Ministerpräsidenten veröffentlichte Anzeige denken, die auch in diesem Festsaal ausgezeichnete Träger des Thüringer Verdienstordens initiiert hatten. Sie forderten damals die Landtagsabgeordneten auf, zu verhindern, dass mit einem Ministerpräsidenten der Linken »den Gefängniswärtern von gestern die Schlüssel wieder ausgehändigt werden«.

Dr. Klaus lächelt nachdenklich. »Wissen Sie, es ist noch alles in Ordnung in Thüringen. Nur der Frost fehlt. Also werden sich die Schädlinge in diesem Jahr vermehren. Abwarten! Und schauen, was der Herr Ramelow machen wird, wenn es stürmischer wird.«

Der ehemalige CDU-Bürgermeister Kukulenz überlegt länger. »Ob jemand heute ein Demokrat ist, kann man nicht an seiner Vergangenheit festmachen. Auch ausgezeichnete Persönlichkeiten haben kein Vorrecht, Verleumdung zu predigen. Jesus hat sogar noch am Kreuz vergeben.«

Als wir in Bodo Ramelows Regierungszimmer zurückkommen, ist der Konzernbeauftragte der Bahn inzwischen gegangen. Die Pralinen der Krämerbrücken-Schokoladerie sind alle.

Frau Sauer stellt Kekse auf den Tisch, danach bittet sie zwei Männer herein. Beide tragen Schlips. Fürsorglich führt der eine den anderen und hilft ihm, sich auf die Couch zu setzen. Joachim Leibiger ist Vorsitzender des Thüringer Verbandes der Blinden und Sehbehinderten. Sein Begleiter ein freier Unternehmer, der mit dem Verband kooperiert, um Blinde in Betriebe zu integrieren. Dafür haben sie mit Unterstützung des Landes ein Vermittlungsbüro gegründet. Das erfahre ich allerdings erst später. Zuerst lädt Joachim Leibiger den Ministerpräsidenten zu einer Fahrt auf dem Tandem ein. »Das funktioniert so: Vorn fährt der Sehende und lenkt und der Blinde hinten trampelt.« So sind sie in Gruppen bereits durch mehrere europäische Länder geradelt. »Wir könnten das – natürlich nur, wenn du willst, Bodo – auch in Thüringen organisieren. Ja?«

Der Ministerpräsident fragt: »Und was bin ich dann: Der vorn lenkt oder der hinten strampelt?«

Der Blinde beeilt sich zu versichern: »Natürlich würde ich hinten treten, und du lenkst wie immer.«

Der Ministerpräsident, lächelnd: »Na ja, vielleicht irgendwann eine Runde um die Staatskanzlei.«

Danach beschwert sich Joachim Leibiger über das zu geringe Blindengeld.

»Die alte Regierung hat das Blindengeld erst abgeschafft und dann verringert wieder eingeführt«, erklärt Bodo Ramelow. »Aber du weißt, wir sind in der Haushaltskonsultierung. Es steht mir nicht zu, irgendjemandem jetzt irgendetwas zu versprechen, aber die Prüfung läuft.«

Viele Betriebe würden lieber 3000 Euro Strafe bezahlen, als dass sie einen Behinderten einstellen. Vielleicht könnte der Ministerpräsident die Strafe erhöhen, damit sie als Vermittlerbüro mehr einstellen lassen könnten.

»Ich bin nicht dran«, sagt Bodo Ramelow. »Ich halte höchstens den Schirm hoch.« Das Problem sei einfach zu lösen: »Ihr müsst a) die Betroffenen und b) die Betriebe suchen, in denen die Versehrten arbeiten können. Auch wenn ich ein neuer Ministerpräsident bin, vergossener Milch laufe ich nicht hinterher.«

In Heichelheim feiern sie mit Regierungsbeteiligung das

»Fest der Kartoffel«. Im Mai legen sie gemeinsam die ersten Knollen. »Bodo, du könntest helfen, dass wir eine Klasse finden, die in diesem Jahr wieder mitmacht.«

Der Ministerpräsident, nun schon ein wenig genervt: »Ist mir alles recht, aber verantwortlich seid ihr.«

»Wir könnten zum Kartoffelfest auch eine Inklusionsklasse einladen.« Vielleicht, dass der Ministerpräsident auch helfen könnte, eine weitere Agrargemeinschaft zu finden, in der Behinderte zum Kartoffelsortieren eingestellt werden. »Wenn du das organisieren lässt, Bodo … Natürlich nur, wenn du Zeit hast.«

Der Ministerpräsident erklärt, dass er sich den 7. Mai für das Kartoffellegen vorgemerkt hat. »Hoffentlich sind genügend Kartoffeln da. Und in diesem Jahr für mich vielleicht rote.«

»Alles wird so gemacht, wie du das möchtest, Bodo.«

Der freie Unternehmer, er ist Chef des »Bundes der freien Unternehmer«, bittet den Ministerpräsidenten noch um ein Interview für die Selbständigen-Zeitung. Bodo Ramelow sagt: »Einfach Fragen herschicken und dann einen Termin ausmachen.«

Es ist Feierabend.

Morgen muss der Ministerpräsident nach Berlin. In der Thüringer Landesvertretung ist für ihn ständig eine Suite reserviert. Eine Suite mit Doppelbett. Aber die vom vorherigen Staatssekretär erlassene »Hausordnung« gestattet nur dem Ministerpräsidenten das Nächtigen in der Suite. »Um mit meiner Frau in Berlin, wo sie oft arbeitet, zusammen sein zu können, muss ich für uns ein Hotelzimmer buchen. Das bezahlt der Freistaat dann extra. Aber wie gesagt: In der Suite der Thüringer Landesvertretung steht ein Doppelbett.« Sie würden die Benutzung der Suite sehr gern für Germana bezahlen oder eine monatliche Miete entrichten. »Doch der Amtsschimmel wiehert.« Auch als regierender Ministerpräsident hat er nicht die Macht, diese, wie er sagt, »idiotische Anordnung« unbürokratisch zu verändern.

Ich denke, dass wir – obwohl er diese Begriffe für seine Tätigkeit ablehnt – doch irgendwann über Macht und Ohnmacht des Regierens reden sollten.

Zum Beispiel, dass ihm nichts anderes übrigbleibt, als für den umstrittenen Elefantenjäger Udo Wedekind, den Frau Siegesmund auf keinen Fall in ihrem Ministerium beschäftigen wollte, einen Posten in der Staatskanzlei finden zu müssen …

Der Chauffeur hält dem Ministerpräsidenten die Wagentür auf. Dem »italienischen Personenschützer«, der nichts über sich erzählen darf, sage ich, was der Ministerpräsident heute zitiert hat: »Jeder dumme Junge kann einen Käfer zertreten. Aber alle Professoren der Welt können keinen herstellen.« Er grinst und meint, bevor er in die vordere Staatskarosse einsteigt: »Es ist wohl von Schopenhauer.«

## Von einer »Adligen«, die nur eine »vom Hofe« ist, der Bio-Weihnachtsgans, die in keine Pfanne passte, und einer Schaufensterpuppe im Schlafzimmer der Ramelows

Weil ich morgen im Landtag mit Christine Lieberknecht verabredet bin, werde ich in Erfurt bleiben. Ich will Frieder Bescheid sagen, aber ich habe seine Nummer nicht, und die Telefonauskunft sucht sie unter Fridolin Scheusel vergeblich. Ich stelle mir vor, wie er übermorgen – falls er mich zur Strafe nicht einige Tage warten lässt – schimpfen wird: »Nu pass mal gut auf: So was wirste nich noch mal mit mir machen, sonst ...«

Auf dem Gang im Landtag hängen, farbig und in Öl, Porträts der Thüringer Landtagspräsidenten. Das dritte in der Reihe ist Christine Lieberknecht. Das Double des Bildes – sozusagen ein erster Versuch – lehnt in ihrem Landtagsbüro auf einem der 40 Umzugskartons an der Wand. Über den Kisten mit ihrem Arbeitsmaterial und den Erinnerungen an Staatskanzlei, Sozialministerium und Landtagspräsidentschaft hat sie vorerst als einzigen Wandschmuck das Bildnis eines kleinen Jungen angebracht. »Das ist Karlchen. Mein Opa hat ihn 1928 porträtiert. Er war der Älteste seiner 5 Söhne. Ich wollte das Gemälde am 3. Oktober 2009 meiner Tochter zum Geburtstag schenken. Doch als ich am 30. Oktober zur Ministerpräsidentin gewählt wurde und das Bild noch nicht weggegeben hatte, nahm ich es mit in die Staatskanzlei. Mein Onkel Karl ist im Jahr 1943 mit 23 gefallen. Von den 5 Brüdern kamen nur zwei aus dem Krieg zurück.«

Das Bild ist ihr Mahnung. »Ich habe heute manchmal wieder Angst vor einem Krieg.« Als sie unlängst für den Hörselberg-Boten ein Grußwort schrieb, hätte sie zum ersten Mal den Satz angehängt: »Und ich wünsche, dass unser Land in Frieden bleibt.«

Mit ihren kurzen, glatt gescheitelten Haaren, dem meist dunklen Kostüm, der einfarbigen Bluse und ihren unter der randlosen Brille wie nach innen schauenden Augen könnte Christine Lieberknecht auch in einem Frauenchor singen oder die Thomaner dirigieren.

Als sie 2008 noch Sozialministerin war und ich in der Eisenacher Lebensmitteltafel arbeitete, hatten wir uns in einer Erfurter Gaststätte verabredet. Wir tranken – ich erinnere mich nicht mehr genau, aber weil Tee besser zu ihr passt, sagen wir mal – Tee. Damals schrieb ich mir einen Satz von ihr auf: »Als Pfarrerin habe ich oft gehört und oft gesehen: Unter jedem Dach gibt es auch ein Ach. Nicht allen kann man helfen. Aber schlimm ist es, wenn man, ob als Pfarrerin, Künstlerin oder Ministerin, die Ohren davor verschließt.«

Als sie bereits Ministerpräsidentin war, schickte ich ihr einige meiner Hörbuch-CDs über Tschernobyl. Mit dem Erlös von insgesamt 2000 CDs konnte ich damals strahlengeschädigten Kindern in der Ukraine eine ärztliche Behandlung ermöglichen. Die Ministerpräsidentin ließ ihre Sekretärin am Telefon dafür danken.

Wochen später erhielt ich einen zweiseitigen handgeschriebenen (!) Brief: »Ich sitze seit vielen Wochen zum ersten Mal am Nachmittag wieder in unserem Garten. Ich freue mich an der Frühlingssonne und an den Blumen. Aber ich habe auch ein schlechtes Gewissen, weil ich Ihnen noch nicht persönlich für die Hörbücher gedankt habe. Das möchte ich jetzt – während mein Mann für uns Tee« (!) »brüht – tun und Ihnen, lieber Herr Scherzer …«

Das war der einzige Kontakt, den ich in den 5 Regierungsjahren mit ihr hatte.

Und nun das Zimmer mit den Umzugskisten. Früher war der Raum ein Extrazimmer, in dem die Landtagspräsidenten Gäste empfangen konnten. Vor dem Fenster wehen die Fahnen von Thüringen, der Bundesrepublik und der EU. Am Schreibtisch sitzt ein schon sehr alter Herr. Er will sich, als ich »Guten Tag« gesagt habe, sofort höflich zurückziehen. Aber Frau Lieberknecht sagt: »Professor, bleiben Sie doch!« und stellt mir Otto Preu vor.

»Herr Professor, waren Sie nicht der Chef des Fördervereins der Erfurter Puppenbühne, der 2009 den Vorsitz an Holger Poppenhäger übergeben hat?«, frage ich.

Er nickt. Frau Lieberknecht ergänzt: »Er war Professor für Stimmbildung an der PH Erfurt und leitete bis 1990 die zentrale Schulungsstätte der Ost-CDU. Seit 1990 – er brauchte einfach eine Beschäftigung – hilft er mir sozusagen ehrenamtlich in meinem Büro. Er ist mein Gehirn, denn er beherrscht im Gegensatz zu mir den Computer.«

Ich frage noch einmal: »Sie sind wirklich schon 84 Jahre?«

Er bestätigt es und behauptet, dass es keiner besonderen Intelligenz bedarf, einen Computer zu bedienen.

Das Schwierigste sei heute, sich neben die Tablet-Welt zu stellen. »Unsere Gesellschaft ist inzwischen eine bis in die Einzelheiten vorprogrammierte Tablet-Welt. Und wenn der

Bürger es nicht schafft, sich danebenzustellen, hat er verloren. Wenn sich die Macht der Kultur bemächtigt, hat die Diktatur gewonnen. Das Tablet oder Smartphone ist der Mainstream. Man muss ihnen das Persönliche gegenüberstellen. Ob das gelingt, ist fraglich, denn die persönlichen Werte sind vergänglich wie die Schreibschrift, die unsere Kinder nicht mehr lernen müssen.« Ohne eine Erwiderung zu erwarten, schaltet er den Computer ab und lässt uns – »für ein Stündchen« – allein.

Ich will Frau Lieberknecht fragen, wie sie sich gefühlt hat, als sie am 5. Dezember die Macht abgeben musste. Als ob sie ahnt, was ich wissen will, erzählt sie: »Ich trage mein Tablett mit dem Kaffeegeschirr« (also doch keine Teetrinkerin?) »wieder selber durch die Gänge in die Kantine. Da gucken manche.«

Aber sie hätte noch die guten alten Beziehungen zu einigen Mitarbeitern in der Staatskanzlei. »Am vergangenen Montag erfuhr ich über Facebook, dass eine junge Ukrainerin, die in Rom Philosophie studiert hat, in Erfurt ihre Doktorarbeit schreiben und, um Geld zu verdienen, im katholischen Krankenhaus arbeiten will. Für eine Aufenthaltsgenehmigung müsste sie eine Arbeitsstelle nachweisen. Aber ohne Visum hätte sie keine Arbeitsstelle bekommen. Also rief ich meinen ehemaligen Berater Herrn Hasenbeck in der Staatskanzlei an. Der hat alles geklärt.«

Bei Facebook sei sie erst seit dem Sommer 2014. »Als der Wahlkampf begann, dachte ich, dass es gut ist, wenn ich Freunde habe, die mir Mut machen.«

Vor einigen Tagen saß sie zum ersten Mal – »wahrscheinlich so schnell wie nie ein Ex-Ministerpräsident vor mir« –

wieder in ihrem Regierungszimmer in der Staatskanzlei. »Bodo Ramelow hatte mich eingeladen, damit wir gemeinsam einem in Wien verurteilten Studenten aus Jena helfen. Er soll ein Rädelsführer bei den Protesten gegen den Aufmarsch von rechten Burschenschaften in Wien gewesen und durch Videoaufnahmen überführt worden sein.

Aber ich kenne ihn und seine Eltern schon sehr lange. Er ist zwar sehr groß, deshalb ragte er wahrscheinlich aus der Menge heraus, doch ich glaube nicht, dass er ein Anführer von Gewaltaktionen sein kann, und habe seine Akte in der Hoffnung, dass sie der linke Ministerpräsident weiter bearbeitet, in der Staatskanzlei gelassen.«

Schließlich frage ich doch: »Frau Lieberknecht, was haben Sie am 5. Dezember gemacht, als Sie nicht mehr die Ministerpräsidentin von Thüringen waren?«

Sie kann jetzt schon darüber lachen. »Nach der Landtagssitzung bin ich in Kostüm und weißer Bluse, ohne mich umzuziehen, sozusagen noch in Dienstkleidung, um 17 Uhr zum Anger gegangen und habe eingekauft: frisches Brot, Salat, Obst … und Sekt. Eine unbekannte alte Frau umarmte mich und klagte: Das darf doch nicht wahr sein, liebe Frau Lieberknecht.

Zu Hause haben wir gegessen und Sekt getrunken.« (Das mit dem Sekt sollte ich zwar nicht schreiben, aber, verehrte Frau Lieberknecht, Sie werden mir diesen kleinen Vertrauensbruch verzeihen, ja?) »Ich war wieder richtig zu Hause. Doch wenn man dich täglich am Morgen mit zwei Limousinen abholt, du keinen Schritt laufen musst, wenn gemacht wird, was du – auch wenn es mal falsch sein sollte – anordnest, wenn man dich hofiert, kannst du plötzlich auch die

Wege, die du sonst gelaufen bist, und die Menschen, mit denen du sonst gefeiert hast, für einen Moment vergessen. Aber ich war immer in der Dorfgemeinschaft eingebettet.«

Jedes Mal wenn sie eine Stufe nach oben stieg, dann nur so hoch, dass sie den anderen noch in die Augen schauen konnte. »Und ich bin nur einsvierundsechzig.« In ihrem Dorf und der Umgebung hat sie in manchen Biographien auch die »schreiende Ungerechtigkeit« und die Ohnmacht des Regierens ertragen müssen. »Hier leben Handwerker, die konnten nach der Wende keine finanziellen Rückstellungen machen. Sie haben nur gearbeitet und gearbeitet und gearbeitet. Aber heute erhalten sie eine Rente, mit der sie nicht einmal die Beiträge für ihre Krankenversicherung bezahlen können.«

Einige Kartons hat sie schon ausgepackt. Im unteren Fach eines Regals stehen 7 prall gefüllte Aktenordner zur Kinderarmut.

»Ich habe als Sozialministerin Tausende Seiten gelesen und vielleicht genauso viele gefüllt, denn die Bürger wollen von einer Ministerin eine stimmige Aussage. Und wehe, sie redet nur Blablabla. Das kann man im Landtag, aber nicht im Ministerium machen.«

Am Pfingstmontag 2007 war sie mit Wechselwäsche und einem Geschirrhandtuch in ihr Büro im Sozialministerium eingezogen. »Ich hatte dort eine Schlafkemenate und eine Nasszelle. Erst nach einer Woche bin ich zum ersten Mal nach Hause gefahren, um frische Wäsche zu holen. Von früh um 6 bis nachts um 24 Uhr habe ich versucht, mich in Hunderte Gesetze und Verordnungen – von Ost- und Westrenten bis zu Fördermaßnahmen für Behinderte – einzulesen.

Wenn man als neue Ministerin von den Mitarbeitern eine Vorlage erhält und die falsch beurteilt, ist man von Anfang an verloren.«

Sie versteht nicht, dass Minister von einem zum anderen Fachposten hüpfen können. »Ich hätte mich als Sozialministerin im Gegensatz zu Frau Taubert nie als Finanzministerin einsetzen lassen!«

Man würde als Chef eines Ministeriums ein solides fachliches Wissen benötigen. »Die Parteizugehörigkeit spielt dabei nicht unbedingt die entscheidende Rolle. Mangelnde Farbengleichheit ist – wenn die Parteien sich nicht sinnlos bekämpfen – durch gemeinsames Fachwissen zu ersetzen.«

Ob das der rot-rot-grünen Koalition mit ihren »Nicht-Fachministern« gelingt, bezweifelt sie. »Denn die eigentliche Gefahr für ein Scheitern dieser Regierung ist nicht ihre knappe Einstimmenmehrheit.«

»Aber ein Leck in der Koalition und das Umschwenken eines einzigen Abgeordneten würde die Ära Ramelow doch vorzeitig beenden.«

»So wie Sie, Herr Scherzer, denken die meisten. Entweder sie haben eine trügerische Hoffnung oder ein ängstliches Bangen. Aber wegen einer Abstimmungsniederlage zu einem Gesetz wird die Regierung nicht scheitern. Dann leben wir eben ohne dieses Gesetz. Wir haben eh schon zu viele davon.«

Nach ihrer Abwahl hat sie Bodo Ramelow die Tageslosung im Kirchenkalender vom 5. Dezember laminiert und mit guten Wünschen überreicht. »Joseph sprach zu seinem Bruder, streite nicht auf dem Wege. Moses 45,24. Und sei darauf bedacht, zu wahren die Ewigkeit im Geist durch das Band des Friedens.«

Es klopft. Der Professor kommt leise herein. Er will nur ein Buch holen, aber ich verabschiede mich. Und habe vergessen, Frau Lieberknecht zu fragen, ob sie damals in der Gaststätte Tee oder Kaffee getrunken hat. Oder wir zusammen beim Wein gesessen haben.

Germana Alberti vom Hofe, die seit über 7 Jahren mit Bodo Ramelow in Erfurt lebt, hat inzwischen viele Lieblingsplätze in der Landeshauptstadt. Und eigentlich fehlen ihr in Erfurt nur ein wenig Multikulti und Gassen mit mediterranen Geschäften. »Wo man bummeln und einkaufen kann. In Berlin gehe ich in die türkischen Läden und atme tief das orientalisch duftende Leben ein.« Original Schinken aus ihrer Heimatstadt Parma bekommt sie in Erfurt nur ab und an.

Für unser Gespräch über »das Leben der Germana Alberti vom Hofe« schlägt sie vor, auf den Petersberg zu steigen. Dort oben steht ein neues modernes Restaurant, durch dessen große Fenster man auf die Stadt sieht.

Als wir mit Attila durch die Straßen von Erfurt gehen, denke ich, dass der Regierungshund wohl doch nicht so bekannt sein kann. Statt dem Hund schauen zumindest einige Männer der beim Reden leidenschaftlich gestikulierenden Frau mit den schwarzen zu einem Knoten gebundenen Haaren, in die schon winzige silberne Fäden verwoben sind, hinterher.

Obwohl er um seine Freiheit zerrt, hält sie Attila an der Leine.

»Bodo musste schon 35 Euro bezahlen, weil der Hund nicht angeleint war.« Die Strafe hat er zu Recht erhalten. »Aber dass Tausende Hundebesitzer in Erfurt jährlich 108 Euro Steuer an die Stadt zahlen, es aber auf dem viel zu kleinen Hunde-auslaufplatz strengstens verboten ist, dass die Hunde Löcher scharren, weil die Landschaftspflege dann extra Geld kosten würde, das ist eine Unverschämtheit.«

»Der Bodo könnte das dem SPD-Landesvorsitzenden, Oberbürgermeister Andreas Bausewein, stecken.«

»Nee, so was macht mein Ramelow nicht!«

Zum Restaurant hinauf schafft der Hund die Eisentreppe als Erster. Oben genießen Germana und ich die Aussicht. Ich bitte sie, ihr Leben zu erzählen, und hoffe, dass dabei der Adelstitel eine Rolle spielen wird.

Geboren ist sie in Parma. Der Vater war Leiter eines kleinen Supermarktes. Die Mutter kam vom Lande. Sie hatte bei den Eltern auf den Feldern gearbeitet und war mit 15 Hausmädchen. »Wir wohnten in der Altstadt. In so einem kleinen Palazzo. In der Mitte die Hauptwohnung, drum herum Wohnungen für die Bediensteten. Wie Bienenwaben hingen die Wohnungen außen an dem Haus.

Ich ging in Parma in einem ehemaligen Kloster im Zentrum der Stadt aufs Gymnasium. Man lief durch eine lange, schöne Allee bis zur Pforte. In einem Raum hing das berühmte Gemälde ›Camera della Badessa‹ von Correggio. Im Kloster war es arschkalt, aber eben sehr schön. Später habe ich ein Jahr im Krankenhaus geputzt, und dann war ich im Staatsdienst Erzieherin für erwachsene Schwerbehinderte. Schließlich habe ich italienische Sprache und Literatur studiert. 1989 bin ich mit meinem ersten Mann, einem Lehrer, nach Deutschland gegangen. Das war kurz vor dem Mauerfall. Also, Germana kam nach Deutschland und mit ihr die Wende. Später bin ich kurz nach Italien zurück und habe

1992 das Studium beendet. 2008 wurde unsere Tochter Marlene geboren. Sie hat übrigens, weil sie einen Film über Attila liebte, unserem Hund den Namen gegeben. Ich unterrichtete erst an einer Privatschule und war in Frankfurt Buchhalterin der italienischen Handelskammer. Dann blieb ich ein paar Jahre zu Hause. Schließlich arbeitete ich als Assistentin der Geschäftsführung einer Mailänder Kartonfabrik in Bad Homburg. Dort habe ich sehr viel gelernt, was ich jetzt in meinem Job als Kommunikations- und Verhaltenstrainerin nutze: moderne Kommunikation, Abrechnung, Computertechnik ...«

Ich wollte sie nach dem Adelstitel fragen, doch sie erzählt von ihrem politischen Lebenslauf.

»Schon mein Opa war Kommunist. In den 20er Jahren, als die italienischen Faschisten auf Rom marschierten, verbarrikadierten die Kommunisten, damit die Faschisten nicht weiterziehen konnten, an der alten Römerstraße von Parma die Brücke über den Fluss. Die Faschisten zogen natürlich trotzdem weiter. Während der faschistischen Diktatur haben die Mussolini-Leute unseren Opa oft abgeholt. Irgendwann war sein Trommelfell kaputt. Er hat nur gesagt: Es kommt vom Ohrenputzen. Nie hat er über diese Zeit gesprochen. Mein Vater war in der kommunistischen Partei und ich eine Jungkommunistin. Und natürlich in der Gewerkschaft. Jeder Italiener ist in der Gewerkschaft.

In Frankfurt nahm mich eine Freundin mit in die Kneipe, in der auch die PDS tagte. Ich fand das Programm des Demokratischen Sozialismus gut. SED und den Ballast, den die Genossen im Osten mit sich herumschleppen mussten, kannte ich ja nicht. Einmal fuhren wir mit der PDS nach

Erfurt. Die Erfurter Genossen hatten mit unserem Kreisverband in Frankfurt/Main eine Partnerschaft. Im Landtag habe ich den Bodo Ramelow zum ersten Mal gesehen. O mein Gott, sah der aus. Die Haare und diese Tolle! Nee, das wäre nicht mein Mann. Dachte ich damals. In Frankfurt organisierte ich auch die Montagsdemos gegen Hartz IV. Manchmal waren wir nur ein Dutzend Leute. Und einmal hatten wir den Bodo Ramelow zur Montagsdemo nach Frankfurt eingeladen. Er sprach mit Feuer im Herzen. Wir haben uns gut verstanden. Das war alles. So lange er noch verheiratet war.«

Ich frage sie, weil ich Frieders Informationen immer misstraue, vorsichtig nach der Bio-Weihnachtsgans von Olaf Möller.

Was sie gekostet hat, weiß sie nicht mehr. »Aber es war ein Riesenvieh. Sie hatte bestimmt sechs Kilo. Eine große Bratpfanne, in die sie hineingepasst hätte, besaßen wir nicht. Ich habe sie also direkt auf das Blech gelegt, mit Alufolie umwickelt und, wie ich es gelernt habe, mit einer Apfel-Honig-Mischung gefüllt. Aber sie war trotzdem sehr hart und einfach zu groß für uns. Wir hätten die gesamte linke Fraktion zum Essen einladen müssen.

Meinen Mann berate ich als Kommunikations- und Verhaltenstrainerin natürlich nicht. Aber ich beobachte seine Körpersprache. Beispielsweise in der Fernsehdiskussion mit Mike Mohring. Während der Mohring Bodo immer angeschaut hat, wenn der sprach, hat Bodo geradeaus geblickt, wenn Mohring etwas sagte. Er hat die Rolle des Ministerpräsidenten angenommen und dieses Kleid, in dem er nicht schlecht aussieht, angezogen. Aber dann gibt es eben auch

Niederlagen wie die mit den Stromtrassen. Ich sage ihm nie: Du machst was falsch! Ich sage immer nur: Ich habe den Eindruck oder ich habe ein ungutes Gefühl. Das sage ich auch bei meinen Coachings. Du musst immer nur das Handeln beurteilen, nie die Person. Du hast dich blöd angestellt. Das ja. Aber nie: Du bist blöd.«

Beim Abstieg vom Petersberg hinunter zur Stadt frage ich, ob sie in ihre gemeinsame Wohnung viel Eigenes mitgenommen hat.

»Lediglich eine Kommode von meiner Oma aus Parma. Sie ist aus Kirschholz. Außerdem gehört mir noch ein Tisch, den ich vor Jahrzehnten bei einem Antiquitätenhändler in der Nähe von Parma gekauft habe. Ich liebe Möbel, war auch schon einmal im Dorotheum in Wien. Drei Stockwerke voll mit Möbeln, die man ersteigern kann. Bodo saß währenddessen mit Freunden in einem Café. Shopping ist nichts für ihn. Ich mag Jugendstil, abgesehen von der Ideologie. Und Biedermeier. Aber in unserer Wohnung steht fast nur, was Bodo angeschleppt hat. In den Regalen stapeln sich die Bücher. Man weiß nicht mehr, was in der dritten Reihe ganz hinten steht.«

Als ob es allbekannt ist und ich Frieder glauben kann, frage ich, woher die Schaufensterpuppe im Schlafzimmer stammt.

»Der Florian? Den haben die Gewerkschafter eines hessischen Kaufhauses, die er beim Insolvenzstreit vertreten hat, Bodo als Dankeschön geschenkt. Und seitdem nimmt er ihn überall mit.«

»Wie den Tisch mit der kaputten Glasplatte?«

»Die Platte ist wieder ganz. Aber dieser Tisch mit seinen Metallbeinen ist eine ästhetische Beleidigung für unsere Wohnung. Als die Platte beim Umzug herunterfiel, dachte ich mir: Na endlich! Aber mein Bodo hat eine neue besorgt … Wenn Sie das aufschreiben und er es liest, habe ich vielleicht die Chance, dass der Tisch endlich verschwindet.«

Weil ich inzwischen von ihr erfahren habe, dass Großvater und Vater italienische Kommunisten waren, fällt es mir schwer, zu fragen, ob sie von Geburt adlig ist.

Sie lacht, sie hätte nicht vermutet, dass auch ich nachplappere, was viele Leute hinter vorgehaltener Hand behaupten: »Der rote Ministerpräsident hat eine italienische Adlige zur Frau!«

»Stimmt es nicht?«

»Nein. Alberti ist mein Mädchenname. Den habe ich bei der Hochzeit mit meinem ersten Mann, der übrigens Sonderschullehrer für Sprachbehinderte war, behalten. Dazu kam dann sein ›vom Hofe‹. Das ist kein Adelstitel, sondern war im deutschen Kaiserreich die Bezeichnung für Grundbesitzer, die an der Reichsgrenze einen großen Hof besaßen.«

Sie würde ihren alten Namen behalten, auch wenn Bodo Ramelow jetzt in aller Munde sei. »Erstens heißen seine Frau und seine Söhne schon Ramelow, und Germana Alberti vom Hofe klingt nach was. Außerdem: Ich bin ich. Und bleibe das auch als Frau des Ministerpräsidenten.«

Ich sage ihr, dass es spannender gewesen wäre, über den Ministerpräsidenten als gottgläubigen Kommunisten und seine Frau als adlige Kommunistin zu schreiben …

»Man kann nicht alles haben«, sagt sie.

Mein Schachtarbeiter Frieder wird mir immer sympathischer. Gestern hat er sich mit seinem alten Turnkameraden

Eddy in einer Erfurter Kneipe getroffen, und heute Morgen verkündet er stolz, dass an dem Nachbartisch Politiker gesessen haben. »Drei tranken Bier und einer Rotwein. Der Weintrinker hatte, wenn ich mich recht erinnere, blaue Augen, sorgsam gescheitelte blonde Haare und einen Schal um den Hals geschlungen, den er aber, als sie Steak aßen, über die Stuhllehne hängte. Er wird um die 40 gewesen sein, die Biertrinker sagten Benni zu ihm.«

»Und woher weißt du, dass es Politiker waren?«

»Weil sie den Weintrinker mehrfach gefragt haben, ob es schwer ist, die Leute in der Staatskanzlei anzuleiten.« Ich vermute, dass es wahrscheinlich Benjamin-Immanuel Hoff gewesen ist.

Der Ministerpräsident sagt von ihm, dass er mit einem Hintern gleichzeitig auf zwei Pferden reiten würde. Er wohnt mit seiner Frau und den Kindern in Berlin, ist aber in Erfurt, wie er selbst formuliert, das »Frühwarnsystem« für die rot-rot-grüne Regierung.

»Frühwarnsystem?«, fragt Frieder.

»Ja, der Radarschirm dreht sich, piepst und piepst, und er muss entscheiden, ob der Flugverkehr normal ist oder sich eine Rakete nähert. Er würde allerdings nicht erst auf Einschläge warten, sondern schon vorher ein Leck in der Koalition suchen, denn Rot-Rot-Grün würde bestimmt nicht nur von außen, sondern auch von innen Gefahr drohen. Man könnte Problemzonen dazu sagen.«

Mir hat er die Problemzonen der drei Parteien einmal so beschrieben: »Die in Gotha gegründete und in der DDR verbotene SPD hatte 1990 gehofft, stärkste Partei in Thüringen zu werden. Aber schon damals fing für sie das Verlieren an. Sie versuchte es zuerst in der großen Koalition, dann in der Opposition und noch einmal in der Koalition mit der CDU. Immer war sie dabei der Verlierer. Wenn man ständig verliert, wird man ängstlich und ist aus sich heraus schlecht zu steuern … Und die sechs Grünen sind einfach zu wenig. Das ist wie der Versuch, in einer WG zusammenzuleben. Konflikte sind vorprogrammiert … Bei den Linken existiert unterschwellig die Angst, dass es vielleicht nicht funktioniert. Man hält sich also zurück, prescht nicht vor und flüchtet sich oft in die Theorie, die der Praxis dann entgegensteht. Außerdem sind einige altbewährte Fachleute bei den Linken vergnatzt, weil sie nicht den erhofften Posten bekommen haben. Darüber reden sie zwar nicht, aber sie sind manchmal nicht mehr mit Begeisterung dabei und sehen manches, was wir machen, überzogen kritisch.«

Ja, so etwas Ähnliches hätte der Weintrinker auch den Biertrinkern gesagt und erzählt, wie es 2014 mit den drei Parteien gelaufen ist. 2009, als die Linken mit der SPD und den Grünen im Landtag eine satte Mehrheit hatten, verhandelten die Linken nach der Devise: Wenn es nicht klappt, haben nicht wir, sondern immer die anderen Schuld. Sie scheiterten. 2014 fuhren sie eine andere Strategie: Niemand ist schuld, wenn die Koalitionsverhandlungen misslingen. Wir müssen einander in jeder Beziehung vertrauen. Diese Strategie ging auf. Aber eben nur noch mit einer Stimme Mehrheit.

»Und wer weiß, wie lange die hält«, sage ich.

Frieder holt lächelnd einen zerknüllten Zettel aus der Hosentasche, glättet ihn und erklärt mir die Stichworte, die darauf stehen.

«Ich dachte mir, das es dich interessiert, was der mit dem roten Wein über den roten Ministerpräsidenten gesagt hat.«

Er würde ein manchmal gefährlich gesteigertes Verhältnis zur Gerechtigkeit haben. Falls seiner Meinung nach etwas nicht richtig ist, eine Meldung in der Presse zum Beispiel, würde er dort sofort selbst anrufen. Doch für die Medien ruft da nicht Bodo Ramelow, der Recht bekommen möchte, sondern der Ministerpräsident von Thüringen an. Sein Gerechtigkeitsgefühl wäre seine Stärke. Eine Stärke, die eben manchmal auch zu seiner Schwäche würde. Obwohl er stolz ist, dass er es geschafft hat, Ministerpräsident zu werden, könnte er sich das noch nicht immer bewusst machen. Zwar würde er die Instrumente der Macht in der Hand halten, aber er möchte die Probleme möglichst selbst und ohne diese Instrumente zu benutzen, erledigen. Als Reaktion auf seine Legasthenie sei er besonders aufnahmefähig. Er sei oft ungeduldig und rechne schneller, als die Uhren der anderen laufen würden. Dann stände er im Rampenlicht, und die Übrigen blieben erst mal dahinter. Nicht, weil er vorn stehen wollte, sondern weil er schneller gedacht hatte. Dadurch würden sich Partner manchmal zurückgesetzt fühlen.

»Als die Biertrinker den Weintrinker fragten, ob ihn mit Bodo Ramelow außer Dienst und Politik auch eine richtige Männerfreundschaft verbinden würde, schüttelte er den Kopf. Er wusste nicht, ob Bodo Ramelow überhaupt eine richtige Männerfreundschaft pflegt.«

»Hat sich Glasermeister und Turnfreund Eddy nicht gewundert, dass du dir Stichpunkte gemacht hast?«

»Also, nu pass mal mal gut auf, ich muss dich mal schlaumachen: Er hat schließlich nicht gelesen, was ich mir notierte. Ich habe ihm gesagt, dass ich einkaufen muss und dazu immer einen Zettel brauche.«

»Gehacktes steht nicht drauf?«

»Nee, aber du kannst mir die Schüssel noch mal geben. Und ein paar Zwiebeln schneiden.«


Weil ich schon einen Bußgeldbescheid wegen unerlaubten Parkens vor dem Landtag erhalten habe, kurve ich am Montagmorgen eine gute Viertelstunde um den Beethovenplatz, der sich zwischen Landtag und Umweltministerium befindet. Zwar entdecke ich in einer Seitengasse eine Parklücke, werde aber nicht mehr pünktlich um 8 Uhr bei Staatssekretär Olaf Möller sein.

Der Pförtner hat ihn heute noch nicht gesehen. Nachdem er in seinem Büro angerufen hat, bittet er mich zu warten. Der Herr Staatssekretär würde jeden Moment eintreffen.

Die Märzsonne scheint schon warm. Ich setze mich auf die Freitreppe vor dem Ministerium und lese in meinen Aufzeichnungen. Die Bemerkungen von Astrid Rothe-Beinlich über Olaf Möller: »SED-Genosse … Mitbegründer der Grünen in Thüringen … Ja zum Kosovo-Krieg … Realo …« Dazu biographische Ergänzungen: 53 Jahre alt, fünf Kinder.

Ein großer schwarzer Audi hält. Der Staatssekretär – ein stattlicher schlanker Mann in Marken-Jeans und kariertem Hemd – steigt schneller aus, als der Chauffeur ihm den Schlag öffnen kann. Der Fahrer ist kleiner und läuft ein wenig gekrümmt. Ich bilde mir ein, dass ich ihn kenne. Der Staatssekretär schleppt einen dicken Aktenkoffer. »Das war meine Wochenendbeschäftigung!«, begrüßt er mich. Er ist kaum dazu gekommen, Schwein und Schafe zu füttern,

Gänse und Enten herauszulassen, geschweige denn seiner Frau Katrin zum Frauentag zu gratulieren.

»Aber für die Frauentagsfeier heute in unserem Ministerium hat sie Kuchen gebacken. Ihr gehört in Jena eine Cateringfirma, in der sie vegetarische und einmal in der Woche Fleischspeisen anbietet.«

Bevor wir in sein Büro gehen, sagt er Anja Siegesmund guten Morgen. Im Vorzimmer der Ministerin fehlt der ausgestopfte Mufflon-Schädel. Aber dem Büroleiter baumelt immer noch der lange Pferdeschwanz auf die Schultern. Weil ich heute ein offizieller Gast des Staatssekretärs bin, ist der Büroleiter wahrscheinlich freigiebiger mit seinen Informationen.

Er kommt aus Bayreuth. Seit 2008 beschäftigt er sich mit Schutzgebieten und Biosphärenreservaten. In seinem Zimmer hängen zwei große Bilder von seiner Frau und den beiden Kindern.

»Bei der Übergabe war hier alles ausgeräumt, selbst die Computer. Nur die Sektflaschen von der Abschiedsparty des CDU-Ministers Reinholz standen noch herum. Und die schmutzigen Gläser und Teller.«

Auch an einer Wand seines Büros stapeln sich Pappkartons. Auf einem steht dick unterstrichen: Privat!

Die Frau Ministerin hätte noch keine Zeit gehabt, sie auszupacken. Sie würde mehr arbeiten als ihr Vorgänger. Er kann es beurteilen, denn 2011 und 2012 saß er schon als Vertretung in diesem Zimmer.

»Und die Arbeit jetzt?«, frage ich.

»Ein Dammbruch!«

Die meisten heiklen Probleme wie das Pumpspeicherwerk,

Windräder im Wald, Kali-Altlasten usw. wären schon im März 2014 von den Mitarbeitern des Ministeriums vorbereitet worden. Aber dann blieb erst einmal alles liegen, denn im Wahlkampf konnte man keine heiklen Angelegenheiten gebrauchen. Je lauter der Wahlkampf, umso stiller wurde es um die unangenehmen Themen. Bis zum 5. Dezember. Schon einen Tag danach bombardierten die Abteilungen die »Hausleitung« mit allem, was ein halbes Jahr in den Schubladen geschlummert hatte. Dazu kamen Hunderte Glückwunschschreiben für Frau Siegesmund. Man konnte nicht alle wegwerfen oder mit Vordrucken beantworten. Schließlich meldeten sich alle Vereine und Personen, die unter der CDU-Regentschaft angeblich finanziell benachteiligt worden waren und jetzt hofften, nachträglich Gelder abfassen zu können. Und dann Termine für Antrittsbesuche.

»Wir hätten den Monat auf 120 Tage erweitern müssen. Aber wir waren hier im Vorzimmer nur die Durchlauferhitzer.« Mit seiner Meinung zu Problemen wie Windrädern im Wald hat er sich in dieser Hektik zurückgehalten.

»Und heute?«

»Ich habe nichts gegen Windräder im Wald. Die Deutschen singen immer noch inbrünstig: O du schöner deutscher Wald. Das war einmal! Ein Monokultur-Fichtenwald sieht heute nicht anders aus als ein Maisfeld.«

Olaf Möller kommt gutgelaunt von der Ministerin zurück.

Um 15 Uhr beginnt die Frauentagsfeier für alle Mitarbeiterinnen. Er wird Kaffee ausschenken und Kuchen verteilen.

Auf dem Tisch der Sekretärin steht eine angeschnittene Buttercreme-Schokotorte.

»Die sieht nicht besonders gesund aus«, sage ich.

»Sie ist auch nicht von meiner Frau«, verteidigt sie Olaf Möller.

Ein Mitarbeiter hatte Geburtstag. Ich entziffere auf der Torte die Zuckergussnamen Andreas und Jana.

Anja Siegesmund bittet zur Beratung in ihr Zimmer. Die 38-Jährige mit den langen schwarzen Haaren, dunklen ausdrucksstarken Augen und einer top Figur weiß, dass sie gut aussieht. Während sie redet, macht sie aus dem Siegesmund bei Kritik Schmollmund, bei Lob Kussmund. Auf alle Fälle bleibt es beim beeindruckenden Siegesmund.

Ich weiß nicht, ob sie das Buch »Kluge Gedanken für umwerfende Frauen« zum Frauentag geschenkt bekommen hat. Aber sie zitiert daraus: »Das Beginnen wird nicht belohnt, sondern das Durchhalten!« Zwei Elefanten haben ihre Rüssel verbandelt, und in der Mitte sitzt eine Frau.

Genug Symbolik, obwohl der Staatssekretär vorschlägt, dass er aus seinem Kalender mit Sprüchen Prominenter den von gestern zitieren könnte.

»Später«, sagt die Ministerin. »Wir müssen jetzt arbeiten, damit die Minister morgen in der Kabinettssitzung was zu tun haben.« Zuerst Nachhaltigkeitspolitik in Thüringen. Olaf Möller hat sich in der Vorlage den Satz angestrichen: »Bewertungspflicht, welche Folgen die Umweltgesetzgebung auf die Wirtschaft hat.«

»Dann bitte schön möchte ich aber auch auf dem Umkehrsatz bestehen: Bewertungspflicht, welche Folgen die Wirtschaftsgesetzgebung auf die Umwelt und das Sozialgefüge hat.«

Unvermittelt bemerkt sie: »Der Bagger bewegt sich schon

seit Monaten nicht mehr!« Ich beiße mir auf die Zunge, damit ich nicht erwidere: »Vor drei Tagen hat Volker noch gebaggert!«

Sie erklärt: »Drei Monate steht der Bagger am Ministerium. Bauzäune davor. Ich werde Samen ausstreuen. Wenn schon keine Nässesanierung erfolgt, sollen wenigstens Blumen vor dem Ministerium wachsen.«

»Sonnenblumen«, schlägt Olaf Möller vor.

Der Gesetzesvorlage, dass Thüringer sich schon mit 16 Jahren an Kommunalwahlen beteiligen dürfen, wird zugestimmt. Danach noch einmal Möller: »Wenn ich meine persönliche Meinung sagen darf: Ich bin eigentlich dafür, dass Jugendliche erst ab 21 wahlberechtigt sind. Dann haben sie den Kopf wieder frei. Ich kann das beurteilen, ich habe fünf Kinder von 17 bis 30 zu Hause.«

Vergabe von Lottogeld an die Schutzgemeinschaft Deutscher Wald. Die Ministerin ist eigentlich gegen Lotto. »Aber schlechtes Geld wenigstens für einen guten Zweck!«

Am Freitag oder Montag findet bei der Finanzministerin die erste Beratung über den Haushalt statt. »Freitag müsste ich den Termin zu den Radwanderwegen absagen. Das will ich nicht«, sagt die Ministerin. Ihr wäre der Montag lieber, auch weil sie dann als grüne Ministerin mehr Druck wegen der Freien Schulen machen kann.

Kuchen fassen im Vorzimmer. Von Jana ist nur ein »Ja«-Tortenstückchen und von Andreas das s übriggeblieben. Ich nehme eine Cremeschnitte.

Während ich am Auto auf Olaf Möller warte, fragt mich der Fahrer kopfschüttelnd: »Du kennst mich wohl nicht mehr?«

Ich blödle: »Nee, vor zwei Stunden hattest du noch keinen Schlips um.«

»Den Scheißstrick binde ich mir nur um, wenn ich in die Staatskanzlei fahren muss!« Der Staatssekretär hätte es einfacher. Der würde seine Fliege aus der Tasche holen und sie sich mit dem Gummizug um den Hals schnippen.

Dann erklärt er, dass wir uns von früher kennen. »Ich bin der Eberhard aus Suhl! Ich war Kraftfahrer in der nachgegliederten Einrichtung vom Rat des Bezirkes, dem Bezirkskabinett für Weiterbildung der Kader der Berufsausbildung.«

Wir beide lachen wie über einen guten Witz.

Olaf Möller kann mich zwar zur Beratung der grünen Staatssekretäre mitnehmen, aber an der Vollversammlung in der Staatskanzlei, wo über Vorlagen für die Kabinettssitzung beraten wird, darf ich nicht teilnehmen. Er rechnet, dass sie 2 Stunden dauert. Während oben die Staatssekretäre – wie Eberhard sagt – Schlüsselfragen für Thüringens Schicksal besprechen, erzählt er mir auf dem Hof, in dem inzwischen ein halbes Dutzend Staatskarossen stehen, dass er nicht nur Funktionärskader der bezirklichen Berufsausbildung, sondern an der Erdgastrasse in der Sowjetunion auch Betonelemente gefahren hat. Nach der Wende arbeitete er im Suhler Umweltamt. Als es 2008 ins Ministerium integriert wurde, ging er als Chauffeur mit nach Erfurt.

»Ich bin allerdings nicht der Einzige aus der Autonomen Gebirgsrepublik Suhl, der hier einen Staatssekretär fährt.« Er läuft zum übernächsten Wagen, in dem ein Chauffeur am Fernseher sitzt, öffnet die Tür und sagt: »Frank, das Programm ist sowieso Kacke! Man sollte lieber miteinander reden, als allein zu glotzen. Also mach dich raus!«

Der ehemalige Oberhofer Frank Weiß fährt die Staatssekretärin im Thüringer Ministerium für Migration, Justiz und Verbraucherschutz Dr. Silke Albin.

Was sie gestern zum Frauentag gemacht hat, frage ich den Fahrer. Aber er erwidert, auch wenn er und ich früher fast Nachbarn gewesen sind (Oberhof ist nur gut 20 Kilometer von Dietzhausen entfernt), würde er mir nichts über seine Staatssekretärin erzählen. »Frauen reden zwar gern, aber wehe, ein anderer redet über sie.«

Er hat für den Armeesportclub ASK Sportgeräte konstruiert. »Auch Schlitten, mit denen unsere Leute Weltmeister und Olympiasieger geworden sind.« Später war er Chef der zentralen Heizungsanlage. »Nach der Wende wurde die Heizung von Strom auf Holzschnitze und ich von Arbeit auf Freizeit umgestellt. Früher bin ich Tankwagen gefahren, also habe ich mich hier als Chauffeur beworben.«

Eberhard grient. »Früher Gefahrguttransport und heute wieder!« Doch wenn man den Mund hält, könnte auch ein »Regierungskutscher« nichts falsch machen. »Am 5. Dezember stand Olaf Möller zum ersten Mal vor mir. Hut und Mantel und sehr groß. Du weißt nicht, was das für einer ist. Du weißt nur, dass du sein persönlicher Fahrer bist und mit ihm auskommen musst. Wie Zwangsverheiratete.«

Der persönliche Fahrer vom CDU-Minister Reinholz sollte nach dem 5. Dezember die neue Ministerin Anja Siegesmund fahren. »Er hatte aber immer wieder kundgetan, dass er die Ansichten der Grünen idiotisch findet und ihre Politik noch schlimmer. Jetzt ist er Einsatzfahrer im Ministerium.«

Eberhard will seinen privaten Audi verkaufen. »In den letzten 5 Jahren ist er nur noch 13 000 Kilometer gefahren.«

»Haste jemanden, der ihn kaufen will?«

»Nee, kennst du jemand, der einen Audi braucht?«

Sie beraten unten im Hof, wie viel man für den Wagen verlangen kann. Und oben in der Staatskanzlei beraten die Staatssekretäre – Olaf Möller hatte mir vertraulich die Tagesordnung gezeigt –, welche Ministerien für welche Sachfragen verantwortlich sind und wie das Geld des künftigen Haushalts schnell und richtig verteilt werden kann.

Frank meint, dass der Audi ein gutes Auto ist. Nur die Batterie müsste man mal unter dem Sitz oder mal im Kofferraum suchen. »Aber wehe, wenn kein Strom mehr drauf ist! Erst flimmert das Fernsehbild beim Krimi kurz auf, dann ist alles zappenduster.« Und keines der computergesteuerten Extras des Autos würde noch funktionieren.

Die erste Stunde der Beratung oben ist vorbei. Eberhard schimpft, er hat gestern 30 Euro Mieterhöhung erhalten! Er will dagegen klagen. Der Oberhofer rät: »Unterschreib unter Vorbehalt, das ist sicherer.«

Ich nehme an, dass sie oben über die Energiewende beraten. Eberhard meint, dass es idiotisch ist, in Deutschland alle Atomkraftwerke abzuschalten. »Um uns herum – ob in Frankreich oder Tschechien – stehen Unmengen davon. Nicht einmal das schafft die EU. Aber eine gemeinsame europäische Armee wollen sie! Und die Kosten? Bezahlen wir!«

Frank schlägt vor, dass in Thüringen mehr Seniorenheime gebaut und unterhalten werden. »Damit uns wenigstens dort, wenn wir alt sind, jemand umsorgt.«

Er stellt den Motor an. Die Batterie hat nicht mehr viel Kraft. Aber es wird vielleicht ein langer Fernsehabend. Seine Staatssekretärin soll nach Suhl zur Anti-Sügida-Demonstration.

Olaf Möller sorgt sich persönlich um mein Wohlergehen. Er schlägt vor, im nahegelegenen Café Süden zu essen – einem Treffpunkt für Künstler, Politiker, Umweltschützer und Vegetarier. Symbolisch bestellt er für uns rote Linsensuppe und Nudeln mit grünem Pesto.

Ich frage, ob Rot-Rot-Grün bisher reibungslos funktioniert. Er denkt, dass Bodo Ramelow alles ordentlich zusammenhält, »wie eine Entenmutter ihre Küken, wenn sie eine gefährliche Straße überqueren müssen. Auf der Spielwiese angekommen, wird es schwierig. Dann kann die Entenmutter zwar vom Fuchs schnattern, aber der muss erst eines gefressen haben, bevor die übrigen es glauben.

Apropos Fuchs! Das gutgemeinte Aussetzen von Auerhühnern in Thüringen, das die alte Regierung noch beschlossen hat, ist zum teuersten Fuchs-Förderprogramm des Landes geworden. Die Auerhähne, die sich im Revier nicht auskennen, werden eine leichte Beute für die Füchse.«

»Ähnlich den nach Thüringen eingeflogenen Staatssekretären und Ministern?«, frage ich.

Das sei ein blöder tierisch-menschlicher Vergleich. Erstens, weil im Thüringer Politikwald keine wirklich gefährlichen Füchse – »der Mohring bellt letztendlich nur den Mond an« – herumlaufen. Und zweitens, weil die Neuen von Bodo, der hier vor 25 Jahren genauso fremd war, lernen können, wie man schnell heimisch wird: nämlich durch Arbeit.

Das größere Problem sei, in den Ministerien eine eigenständige Evidenz wie in der Natur herzustellen. Also, dass die Ministerien sich aus sich heraus begreifen.

Ich ahne nicht mal, was er damit meint, und er erklärt, dass eine Buche sich immer nur als Buche versteht. »Auf ihr werden deshalb nie Eichenblätter wachsen.« Nicht nach Anordnungen, sondern aus sich heraus handeln! Das müssten alle Mitarbeiter des Ministeriums begreifen.

Gegen meinen Protest bezahlt er unser Essen und meint, dass es ein seltsames Gefühl ist, in ein Auto zu steigen, in dem der Fahrer bereits weiß, wann der Möller wo sein muss. Doch er hätte schnell begriffen: »Das Auto und der Fahrer sind nicht an eine Person, sondern nur an die Funktion der Person gebunden. Das darfst du nie verwechseln. Du darfst nie glauben, dass du gefahren wirst, weil du vielleicht ein bedeutender Mensch bist. Gefahren wird immer nur die Funktion. Als mein Vorgänger, Staatssekretär Richwien, sich sieben Stunden nach dem Wahlsieg von Bodo Ramelow noch einmal in sein Auto setzen und nach Hause fahren lassen wollte, hieß es, das wäre jetzt mein Dienstauto! Damals gab ich meine erste Anweisung als neuer Staatssekretär: Fahren Sie bitte zuerst Herrn Richwien zu seiner Wohnung. Er war mit einem Klick abgeschaltet und ich mit einem Klick eingeschaltet worden.«

80 Frauen haben sich im Versammlungssaal des Ministeriums eingefunden. Die Ministerin schiebt Olaf Möller in die Mitte des Raumes. »Der ranghöchste Mann im Ministerium möchte den Frauen für ihre Arbeit danken und ihnen nachträglich zum Internationalen Frauentag gratulieren!«

Olaf Möller schenkt Kaffee aus. Ich frage zwei ältere Mitarbeiterinnen nach ihren Erinnerungen an die Frauentagsfeiern in der DDR. Ich habe Pech. Susanne Bauder-Schwartz kommt aus München und Elke Kuhlmann-Otto aus Mainz. Sie arbeitet seit 1990 als Verwaltungsjuristin in Erfurt. »Verwaltungsjuristen gab es hier nicht. Heute sind Strukturen und Abläufe gleich. Mein Mann arbeitet im Bundesministerium. Manchmal sehen wir uns im Reichstag. Aber dort fehlt die Atmosphäre für einen Kuss.«

Der Kuchen schmeckt ihnen. Mit der Frauentagsfeier und dem neuen freundlicheren Umgangston sei wahrscheinlich ein Stück DDR ins Ministerium eingezogen. Was man vom Spruchkalender des Staatssekretärs nicht behaupten kann. Denn dort steht am 8. März ein Zitat, das man der ehemaligen CDU-Familienministerin Kristina Schröder zugeschrieben hat: »Verantwortungsbewusste Frauen wollen gar nicht wählen.« (Das Original stammt allerdings von einem amerikanischen Präsidenten aus dem Jahre 1904.)

Eine Frau fragt den Staatssekretär, ob er auch einen Hund hat. »Ja, einen Eichenberger.« Obwohl sie eine Hundeliebhaberin ist, hat sie von dieser Rasse noch nie etwas gehört. Sie werde sich zu Hause gleich über diese seltene Rasse informieren.

»Keine Rasse, ein Mischling. Ich habe ihn aus Eichenberg geholt.«

Auf seinem Bauernhof hält Olaf Möller auch zwei Schweine, und er schwärmt von frischem Gehacktem beim Schlachtfest.

Es ist noch Fastenzeit. In diesem Jahr fastet er auf Fleisch. Eine Frau sagt: »Ich esse in der Fastenzeit keine Schokolade!« Statt Schokolade nimmt sie Datteln mit Kakaopulver. Eine gutschmeckende Mogelpackung! Mogelpackungen wären, wenn sie an Trasse, Windräder und Kalilaugen denkt, im Ministerium bestimmt auch unter der neuen Regierung notwendig.

Der Kuchen ist bis auf wenige Reste gegessen. Die Frauen

des Ministeriums bestellen Grüße an die Frau des Staatssekretärs.

Von der Geburtstagstorte im Vorzimmer der Ministerin sind immer noch die Anfangs- und Endbuchstaben der Spender übrig. An den Sitzungstisch der Ministerin müssen noch zwei Stühle gestellt werden. Große Runde zur Diskussion über den sogenannten Werra-Weser-Vertrag. Die 5 wichtigsten Anrainerbundesländer von Werra und Weser haben in jahrelanger Verhandlung gemeinsam einen Vertrag ausgearbeitet: Bewirtschaftung, Hochwasser- und Umweltschutz, Tourismus … Er muss einstimmig beschlossen werden. Mit der neuen Regierung scheint das leichter geworden zu sein. Doch im Wahlprogramm der Grünen und zum Teil im Koalitionsvertrag steht: keine Einleitung von Kalilauge in die Werra und keine unterirdische Laugenverpressung in Thüringen. Die grüne hessische Umweltministerin will auf Drängen des Kali- und Salzkonzerns inzwischen eine weitere Salzeinleitung bis 2040 und die Verpressung, die 2016 eingestellt werden sollte, genehmigen.

»Wenn wir Thüringer auf einem Verbot bestehen, werden die Hessen dem Gesamtwerk nicht zustimmen. Alle bisherige Arbeit ist dann für die Katz«, prognostiziert die Ministerin. Andererseits wären die Trinkwasserbrunnen in Gerstungen bereits salzbelastet, und auf Äckern, auf denen vor 20 Jahren Kartoffeln angebaut wurden, würden nur noch Salzgräser wachsen.

Die Ministerin bittet zwei Mitarbeiter um genaue Werte für die Boden- und Wasserbelastung.

»Es gibt nur eine abstrakte Gefährdung durch die Verpressung«, wiegeln beide ab.

»Ich will die Belege für die konkrete Gefährdung«, verlangt die Ministerin. »Bis morgen früh, bitte!«

Die beiden Fachleute können diese Zahlen nicht so schnell liefern.

»Das Thema bearbeiten Sie aber schon länger«, sagt Olaf Möller.

Ende der Woche soll der Bewirtschaftungsplan zum letzten Mal durch die Länder verhandelt werden. »Wir können nicht einerseits dem Bewirtschaftungsplan von Werra und Weser zustimmen und andererseits die Verpressung und Salzeinleitung verhindern. Das wäre wie eine halbe Schwangerschaft«, erklärt die Ministerin.

Olaf Möller meint: »Gutachten hin, Gutachten her, für mich bleibt es eine politische Entscheidung. Wenn wir Kali und Salz die Verpressung der Laugen verbieten, werden die mit der Schließung einer Grube drohen. Und zwar der Grube im thüringischen Unterbreizbach. Und glaubt ja nicht, dass die Unterbreizbacher auf ihren durch Kali-Steuern begründeten Wohlstand der Gemeinde – die Eltern müssen dort für einen Kindergartenplatz keinen Cent bezahlen – verzichten, damit in Gerstungen die Trinkwasserbrunnen nicht mehr gefährdet sind.«

Am Ende einigt man sich, dem Bewirtschaftungsplan Werra-Weser zuzustimmen und in einer Protokollnotiz anzumahnen, dass Thüringen gegen die Einleitung und Verpressung von Kalilauge protestiert. (»Ich halte mein Fastenziel ein: keine Schokolade! Stattdessen esse ich Datteln mit Kakaopulver!«)

Auf der Fahrt nach Rödigen, wo Olaf Möller wohnt, frage ich ihn, ob er manchmal mit seinem Chauffeur auch über

Politik diskutiert und dadurch Volkes Meinung erfährt. Als er antwortet, dass er unterwegs meist nur in Akten und Protokollen liest, provoziere ich und frage Eberhard, was er über Windräder im Wald denkt. Er druckst erst, ehe er sagt: »Die Windräder verschandeln unseren schönen Thüringer Wald. Früher bist du auf einen Berg gekraxelt und konntest die Sicht auf Wiesentäler, Fichten-, Tannen- und Buchenwälder genießen. In Zukunft wirst du oben auf dem Berg stehen und im Wald kahle Stellen entdecken, auf denen sich Windräder drehen. Dann ist es vorbei mit der Romantik im Wald.«

Olaf Möller fragt: »Wann gehen Sie denn noch in den Wald? Am Wochenende sind wir meist zusammen unterwegs, und im Urlaub fahren Sie nach Mallorca oder an die Ostsee.« Er zeigt auf dem Display »schöne deutsche Landschaften, die nicht durch Windräder im Wald verschandelt worden sind«: rauchende Kohlekraftwerke, Kühltürme, Hochspannungsmasten.

Eberhard macht noch einen Versuch. Er hat gelesen, dass jährlich Hunderte Vögel von den Rotorblättern der Windräder getötet werden. Sogar Auerhähne!

Der Staatssekretär schweigt. Vielleicht denkt er: Ob nun die Füchse oder die Windräder!

Wir halten in Rödigen am roten Feuerwehrhaus vor einem alten blauen Gebäude. Glocke am Türbalken, drinnen große Räume mit kleinen Fenstern. Es war früher ein Wirtshaus.

An den Wänden hängen Fotografien, Sinnsprüche und Bilder. Sie sind so wenig geordnet wie die Töpfe und Gläser um den von allen Seiten begehbaren Küchenherd in der Mitte des Raumes. Hier hat das spontane Leben das Primat.

Draußen stehen baufällige Kaninchenställe, Haufen von Mauer- und Natursteinen liegen daneben. Im Garten wachsen alte Obstbäume … Ich würde mich hier wohl fühlen.

Olaf Möller bestätigt, dass er am und im Haus noch viel machen muss. Auch in den nächsten 5 Jahren.Es gibt die Auflage, dass alle Klärgruben an ein zentrales Abwassernetz angeschlossen werden müssen. »25 Prozent der Thüringer Klärgruben sind nicht biologisch. Also hat man diese Auflage erlassen. Aber bei uns leben sogar Regenwürmer in der Klärgrube. So gesund essen wir, und so gesund sind die Fäkalien.« Er hat gehört, dass ein höflicher Gast in China dem Gastgeber, bei dem er das Essen genossen hat, als Dankeschön die wiederverwendbaren Nährstoffe zurücklässt. »Also in dessen Grube scheißt.«

Er wird den Anschlussbescheid erst einmal unterschreiben. Der Bürgermeister hat ihm gesagt, dass frühestens in 5 Jahren etwas geschieht. Bis dahin solle er abwarten.

Die magischen 5 Jahre!

»Gleich wie es mit Rot-Rot-Grün ausgeht. Wir wollen, dass etwas bleibt: die Naturschutzstationen, die wir aufbauen, die sanierten Stauanlagen, die gepflanzten Bäume.

Was wir nicht schaffen werden? Beispielsweise gegen Fracking- und Ölsucher vorzugehen. Die Unternehmen erhalten von der Kommune eine Aufsuchungserlaubnis für bestimmte Flächen und haben damit Gebietsschutz. Das ist so, als ob ein Hund mit Beinhochheben sein Revier markiert. Die Ölleute können mit Einwilligung des Grundstücksbesitzers auf dem Land machen, was sie wollen. Schließlich Planfeststellung zur Genehmigung der Bohrung und dann wird der Bohrturm aufgestellt.

Selbst ein Staatssekretär für Umwelt muss ohnmächtig zuschauen. Es ist alles so, wie es die Lobbyisten wollten.«

Ich lobe den Kuchen seiner Frau. Sie produziert mit 13 Angestellten in ihrer Cateringfirma täglich über 800 Portionen. Manchmal bleibt Essen übrig. Salate darf sie einen Tag im Kühlschrank aufbewahren und wieder anbieten. Doch die Nudeln, Kartoffeln und Klöße mit Soße dürfen die Möllers nicht einmal mehr, wie es die Bauern seit Jahrhunderten gemacht haben, an ihre Schweine verfüttern. »Angeblich, um die Tiere vor menschlichen Krankheitskeimen zu schützen. Durchgesetzt haben diese Dummheit wahrscheinlich die Lobbyisten der Futtermittelhersteller«, schimpft der Staatssekretär. »Wir müssten also die Essensreste teuer entsorgen lassen und noch teureres Tierfutter kaufen.«

Ich frage, wie viel der Ministerpräsident für die Weihnachtsgans bezahlt hat. Er weiß es nicht mehr. »Auf jeden Fall habe ich ihm nichts geschenkt. Das wäre, als ob ich mich einkratzen wollte. Nein, das niemals!«

Er kann Bodo Ramelow gut leiden. Nur manchmal würde der Ministerpräsident sehr schnell etwas herausposaunen, was er nicht mehr zurücknehmen könnte. »Wie die Afrikaner sagen: Gespuckten Speichel kann man nicht mehr schlucken! Und wenn er keine Zeit hat, um sich mit dem komplizierten Ganzen zu beschäftigen, begnügt er sich mit einem Detail und schlussfolgert daraus.« Sein Deal mit dem Bauernverband – die Landwirtschaft nicht den Grünen zu überlassen, sondern dem Ministerium für Infrastruktur und der Linken Birgit Keller zu geben – sei nur zum Teil aufgegangen. »Frau Keller lehnt resolut alle Großviehanlagen in der Landwirtschaft ab. Im Nachbardorf soll demnächst eine Tausender Milchviehanlage in Betrieb genommen werden. Die Ministerin hat sich konsequent geweigert, dort zu reden. Wahrscheinlich werde ich zur Einweihung etwas sagen müssen. Vielleicht wären wir Grünen vorsichtiger mit den Bauern umgegangen!«

Sie hätten auch versucht, die EU-Fördergelder differenzierter zu verteilen. Laut EU-Richtlinien würden zum Beispiel Bauern gefördert, die auf ihren Grünflächen außer Gras mindestens vier verschiedene Pflanzen nachweisen können. Gleich welche das sind, ob Spitzwegerich, Klee, Johanniskraut oder Schafgarbe.

Er hat spontan vier Heilpflanzen genannt! Neben seinem Hauseingang steht das Schild: »Heilpraktiker Olaf Möller.« Ich weiß, dass er Direktor der Waldorf-Schule in Jena war. Aber Heilpraktiker?

»Nach jeweils 18 dreiviertel Jahren stehen Sonne, Erde und Mond in der gleichen Konstellation wie bei der Geburt. Also ist das immer eine Zeit für einen Neubeginn.« Deshalb hat er im Jahr 2000, also mit 38 Jahren, sein Leben noch einmal völlig verändern wollen und ist Heilpraktiker geworden.

Dirk Löhr holt mich in Rödigen ab. Auf der Rückfahrt will er wissen, ob ich den Staatssekretär nach seiner SED-Mitgliedschaft gefragt habe. Ich nicke.

»Na und?«

»Was na und? Ich war auch in der SED!«

»Und was hat Olaf über die Astrid Rothe-Beinlich gesagt?«

»Gelacht und gemeint: Man muss mit den Mädels tanzen, die im Saale sind!«

»Für den Satz hat sich der Tag mit Möller doch gelohnt!«

Ich nehme mir vor, im Spätherbst eine Gans bei Olaf Möller zu bestellen und Frieder zum Weihnachtsessen einzuladen. Vielleicht erzählt er mir dann, woher er seine Insiderinformationen wirklich hat. Von wegen Biobauer …

Wolfgang Nürnberger ist ein hartnäckiger Mensch. Er ruft schon wieder an. Morgen verkauft er in der Nähe eine Sämaschine.

»Gut«, sage ich. »Aber nur eine halbe Stunde.«

Der Schatzmeister der Linken bestätigt mir, dass die 30000 Euro von Wolfgang Nürnberger die größte private Spende waren, die sie je in Thüringen erhalten haben.

Ich frage, ob die Summe in Raten gezahlt wurde.

»Danach müssen Sie ihn selbst fragen. Bis 499 Euro kann man, ohne dass der Name genannt wird, bar spenden. Mit Überweisung sind 9999 Euro möglich. Erst ab 10000 Euro müssen wir den Namen des Spenders veröffentlichen.«

»Weshalb spendet ein Unternehmer für die Linke?«

»Mir hat er gesagt: Ich bin eben ein kommunistischer Kapitalist.«

Der »kommunistische Kapitalist« trägt ein grobes kariertes Hemd, seine kurz geschorenen grauen Haare bedecken nur noch den Hinterkopf. Eine hohe Denkerstirn und darunter geschwungene dunkle Brauen und engstehende Augen, die er zusammenkneift, als würde ihn die Sonne blenden. Wenn der 64-Jährige lacht oder staunt, tut er es mit dem ganzen Gesicht.

»Ich will das mit unseren Maschinen gesäte Gras noch nicht von unten angucken, aber mein Leben schon mal für die Ewigkeit festhalten. Deshalb sollten Sie es in einem Buch beschreiben.«

Ich lehne mit der freundlichen Bemerkung ab, dass die Volksweisheit nicht »Wer schreiben lässt, bleibt«, sondern »Wer schreibt, bleibt« heißt. »Setzen Sie sich jeden Abend mit einem Bier oder einem Glas Wein in den Sessel, schalten ein Diktiergerät an und erzählen ihre Erinnerungen, ohne an künstlerische Formulierungen zu denken, frei von der Leber weg.«

Der Unternehmer betrachtet meinen Vorschlag als Aufforderung und beginnt sofort, Einzelheiten zu berichten. Dass er als Kind von den anderen abfällig »Dicker« gerufen wurde. Dass er, wenn die Spieler für Fußballmannschaften ausgewählt wurden, immer als Letzter übrigblieb. Dass er weder bei Mädchen noch in der Schule und auch 1973 zu Beginn des Studiums der Sozialistischen Betriebswirtschaft nicht zu den Erfolgreichen gehörte. Dass er später im Außenhandel der DDR das Landmaschinenkombinat »Fortschritt« unter anderem in Syrien vertreten hat. Dass er sogar für Gaddafi bald ein gefragter Partner war ... Dass er in Syrien nicht nur Landmaschinengeschäfte, sondern auch Waffengeschäfte verhandelte ... Dass er nach der Wende für die Firma Horsch, die 1989 schließen wollte, weil sie jährlich nur noch für eine Million DM Bodenbearbeitungsgeräte verkaufte, im Osten sofort Landmaschinen im Wert von 2 Millionen DM umgesetzt hat. Dass er später ein eigenes Vertriebsunternehmen gründete und inzwischen mit 9 Leuten die Maschinen nicht nur verkauft, sondern auch wartet und repariert.

Mit seinem Umsatz – »die billigste Sämaschine kostet so viel wie ein neuer Opel« – kann er zufrieden sein. »Aber Geld ist bedeutungslos, wenn ich daran denke, dass ich bei allem

Erfolg vielleicht meine Kinder vernachlässigt habe.« Das Leben seiner Tochter hing nur noch am seidenen Faden, weil sie magersüchtig war, und sein Sohn sitzt wegen Mordes (den der Vater persönlich und juristisch anzweifelt) im Gefängnis.

Er holt sein Portemonnaie aus der Tasche, grau, groß, abgegriffen, und zieht ein Kalenderblatt aus dem Jahre 1977 heraus. »Eine meiner Lebensweisheiten: Solange es Parteien gibt, gibt es keine wahre Demokratie.«

Diese Kalenderweisheit kann wahrscheinlich nicht der Grund für seine Parteispende sein.

»Ich dachte, es wäre gut, zu helfen, dass nach einem viertel Jahrhundert CDU-Macht in Thüringen – wenn man das mal bedenkt: schon über die Hälfte der Zeit, die die SED hier herrschte –, also dass etwas Neues kommen sollte. Und zweitens, irgendwann muss man anfangen, sich zu entreichern. Vielleicht wäre es aber sinnvoller gewesen, mit den 30 000 Euro in ›meinen‹ indischen Schulen Wasserfilter einbauen zu lassen.«

»In Indien?«

»Ja, vor zwei Jahren hatte ich in drei indischen Nationalparks je vier Großwildsafaris gebucht …«

Nein, das jetzt nicht, denke ich! Kommunistischer Kapitalist und dann ein Elefantenjäger wie der aus der Staatskanzlei.

Ich habe zu laut gedacht. »Keine Elefanten, sondern bengalische Tiger! Und nicht mit dem Gewehr, sondern dem Fotoapparat.«

Als er bei 11 Safaris nicht einen Tiger vor die Linse bekam, verzichtete er auf die schon bezahlte zwölfte und bat seinen Führer, mit ihm in Dörfer zu fahren. »In einem Ort am Pench National Park führte er mich in eine Grundschule. Die Kinder der 1. bis 6. Klasse saßen auf dem Fußboden, und die Lehrer schrieben auf die mit olivgrüner Ölfarbe gestrichene Wand. Das Wasser aus dem Brunnen nebenan roch faulig.«

Inzwischen war er mit seiner Frau noch einmal in diesem Dorf. »Wir haben bei einem indischen Schuster 120 Schulranzen für je 5,50 Euro fertigen lassen.« Gefüllt mit Heftern, Kugelschreibern und Süßigkeiten, überreichten sie sie den glücklichen Kindern, vergaben außerdem Leistungsprämien an die Klassenbesten (»Bildung ist das Wichtigste für diese Menschen«) und wollen mindestens zwei Schulen mit Mobiliar und sauberem Trinkwasser versorgen. 100 000 Euro pro Schule sind nötig.

Das sei die eine Seite der Medaille. Aber er möchte nicht an die andere denken. Denn deutsche Handelsketten lassen solche guten Ranzen für 7 Euro in Indien produzieren und verhökern sie hier in Deutschland für 80 bis 100 Euro. »Die indischen Kinder werden vielleicht Computerspezialisten, Krankenschwestern oder sogar Wissenschaftler. Qualifizierte Arbeitskräfte, die schließlich auch nach Deutschland abgeworben werden. Ohne dass der deutsche Staat oder ein Unternehmer eine einzige Rupie für ihre Bildung in Indien ausgeben musste. Der Mensch ist eine genetische Fehlkonstruktion«, resümiert er.

Die halbe Stunde haben wir längst überschritten. Während ich Kaffee mache, erklärt er die »genetische Fehlkonstruktion«.

»Hamster sind genetisch so programmiert, dass sie ihre 4

unterschiedlichen Kammern mit Vorrat für den Winter füllen. Selbst wenn es Körner im Überfluss gibt, stopfen sie nicht aus Gier noch ihre Gänge damit voll. Dann könnten sie nämlich nicht mehr in die Gänge flüchten, wenn der Bussard sie angreift.«

Bei den Menschen würden Gier, Neid und Profitsucht immer größer. Von den zwei Erziehungsmethoden, dem »Wir-Modell« und dem »Ich-Modell«, tendiere alles zum Egoismus. Und die geläufige Ost-Frage »Warum?« würde man im Westen kaum stellen. »Die sagen: Passt schon! und stopfen die Gänge weiter voll.«

Was das Besondere an einem »kommunistischen Kapitalisten« ist?

»Ich habe mal zu einem Kubaner gesagt: Ich komme als ein kommunistischer Kapitalist zu Ihnen. Wäre ich nur ein Kommunist, würde ich Ihnen meine mühsam ersparten 36 Euro bringen. Wäre ich ein Kapitalist, würde ich gar nichts bringen. Als kommunistischer Kapitalist kann ich Ihnen 36 000 Euro bringen.«

»Und wie haben Sie die 30 000 Euro bei der Linken untergebracht, ohne dass Sie – wie es bei über 9999,99 Euro verlangt wird – öffentlich genannt wurden?«

»Leider bin ich kein Scheich«, sagt er, »dann hätte ich die 30 000 auf viele Frauen verteilen können, die es für mich einzahlen. So eben nur auf eine Frau und …« Er macht eine vage Handbewegung, und ich merke, dass ich das Thema wechseln soll.

»Zufrieden mit der neuen Regierung?«

»Sie müsste 50 Aufgaben gleichzeitig erledigen, aber das Geld reicht nur für 5. Und der Ministerpräsident sollte als

Linker auch linke Worte zur Verlogenheit der Politik sagen. Außerdem könnte er mit ein paar Millionen 99 Sachverständige einstellen, die ihn anstelle der alten Ministerien beraten.«

»Weshalb nicht 100?«

»Weil er noch einen Schreiber beschäftigen müsste, der ein Buch zu seinem Lobe verfasst«, sagt er und lacht. »Wenn ich an der Regierung wäre, gäbe es keine Autos mit über 100 PS. Außerdem würde ich in allen Wagen eine automatische Fahrsperre einbauen lassen. Fährt einer mit dem Auto weniger als einen Kilometer, springt es erst nach 5 Tagen wieder an.«

Im Juni will er zum Schulbeginn zuerst nach Indien fliegen. Und danach von Murmansk aus als Tourist mit einem russischen Atomeisbrecher bis hinauf zum Nordpol fahren.

## Von einem das Ohr abkauenden Politiker aus Berlin, dem Fledermaushotel für 90 000 Euro, aus dem eine Webcam alle Gäste ins Internet stellt, und der Wüste als spannendem Lebensort

Wahrscheinlich habe ich an diesem Sonntag alles falsch gemacht. Im Zeitfensterplan des Ministerpräsidenten stand nichts außer »Gespräch mit L. Scherzer in Dietzhausen«. Er wird auch seine Frau Germana und Hund Attila mitbringen.

Ich überlege schon Tage zuvor, was ich kochen werde – entscheide mich schließlich für griechische Vorspeisen und bulgarisches Gemüse mit Kebapcheta. Am Nachmittag würde ich, wenn sie so lange blieben, Eierkuchen backen.

Weil die Katze nicht weiß, dass Attila, seitdem er von einer großen fetten Katze eins auf die Schnauze bekommen hat, ein »Katzenfreund« geworden ist, verschwindet sie, als der Hund sich ihrem Fressnapf nähert, und wird erst zwei Tage später zurückkommen. Germana und Bodo haben den Anstieg vom Wiesental zum Häuschen ohne Atemnot geschafft. Beide tragen Pullover und rote Anoraks. »Urlaubskleidung«, sagt Bodo und freut sich über den Bach und die Fichten und Birken, die das Flusstal säumen. Er lobt das selbstgebaute Häuschen und beneidet uns um die Einsamkeit. Am begeistertsten ist er jedoch von den »Longhorns«. Er glaubt, dass ich Besitzer von dem Wiesental und den schottischen Hochlandrindern bin. Als ich ihm erzähle, dass ich hier Kartoffeln und Gemüse anbaue, aus Himbeeren und Heidelbeeren Marmelade koche, Huflattichtee gegen Husten und Pilze für den Winter trockne, meint er, dass sei bestimmt freudvoller, als ein Buch über Thüringer Politiker zu schreiben.

»Wenn man nichts Leidvolles tut, weiß man nicht, was Freude ist«, sage ich und erkläre, dass mir weder Tal noch »Longhorns« gehören.

Als wir über das Essen reden, schlägt Germana vor, an den Gemüsetopf außer Oliven, Paprika und Tomaten Schafskäse zu geben. Das mache ihre Mutter so. Vor dem Essen will sie mit meiner Frau das drei Kilometer lange Tal umrunden, damit Bodo und ich ungestört über die Thüringer Politik sprechen können.

Wir setzen uns in das kleine Zimmer, aus dem man durch zwei Fenster ins Tal schauen kann. Auf der Ofenbank liegen die Felle meiner vor einigen Jahren geschlachteten Schafe, durch die Klappe des Heißluftofens dringt der Geruch verbrannten Holzes, und nebenan in der Küche köchelt das nach Oregano, Basilikum und Thymian duftende Gemüse.

Wie wirst du mit deiner Finanzministerin die Gelder so verteilen, dass sie sowohl für die Freien Schulen der Grünen als auch für die Arbeitsmaßnahmen der Linken und die zusätzlichen Polizeibeamten der Sozialdemokraten reichen? … Bleibt die Arbeit liegen, weil die Ministerien durch die Strukturveränderungen umziehen müssen und sich die Staatskanzlei mit Postenvergaben und neuen Abteilungen beschäftigt? … Fühlst du dich ohnmächtig gegenüber 50hertz, die den Trassenbau nun gegen allen Bürgerprotest durchgesetzt haben? – Das alles sollte ich fragen.

Aber zuerst muss ich die Gemüsepfanne umrühren.

Ich rede von der Zeit, als ich die »Erfurter Erklärung« bei meinen Veranstaltungen zitiert habe, von den Hoffnungen, als ich vor den auf der Hungerpritsche liegenden Kali-Kumpeln las. Er erzählt, wie er den Konsum-Nord in Thüringen in der Insolvenz verwaltet hat. »Der Konsum-Fleischerbetrieb, den wir damals retten konnten, ist heute die bedeutende Fleischfabrik ›Die Thüringer‹. Und bei der Watzdorfer Konsum-Brauerei, steht meine Unterschrift noch auf dem Übergabeprotokoll.«

Während wir so über Vergangenes sprechen, muss ich an die Holzfäller Paul und Heinrich in Brechts »Aufstieg und Fall der Stadt Mahagonny« denken, wie sie sich gemeinsam an die »sieben Winter« und die »großen Kälten« in Alaska erinnern.

Weshalb scheue ich mich, ihn über eventuelle Fehlbesetzungen in der Regierung und Kompromisse beziehungsweise Differenzen in der Koalitionsfraktion zu fragen? Weil ich für ihn koche und backe wie für alle Gäste, die hier im Häuschen über dem Flusstal willkommen sind? Bin ich ihm zu nah?

Schließlich sprechen wir über seine Kartons, die er bei allen Umzügen mitnimmt.

»Immer wenn etwas zu Ende war, habe ich den Schreibtisch ausgeräumt und einen Karton vollgepackt.« Inzwischen liegen fünf Kartons bei ihm zu Hause unter einer Treppenschräge. »Irgendwann werde ich sie sortieren und manches wegwerfen. Man kann nicht in die Vergangenheit zurückkehren, die Zeit ist längst eine andere.«

Einige Materialien und Aufzeichnungen, wie die zur »Erfurter Erklärung«, hat er an das Archiv der Rosa-Luxemburg-Stiftung gegeben.

»Und welche persönlichen Dinge hast du in den Kartons aufbewahrt?«

»Ein schönes Glas aus Murano, Murmeln und eine noch halbvolle Zigarettenschachtel. Die letzte Zigarette, das war am 3. Januar 1990. Aufgehört habe ich nicht wegen der F6, die ich damals rauchte. Ich wollte es!«

In seiner Kindheit hätten andere über ihn bestimmt, seitdem versuche er nur noch das zu machen, was er selbst wolle.

Irgendwann erfuhr er als Junge ein Familiengeheimnis: Sein Onkel hatte sich, wahrscheinlich traumatisiert von den Gräueln des Krieges, das Leben genommen. Die Frau war damals schwanger. Ihrem Sohn wurde später erzählt, dass der Vater bei einem Motorradunfall ums Leben gekommen sei. »Alle in der Familie blieben bis 1989 bei dieser gutgemeinten Lüge, auch ich, aber als mein Cousin endlich die Wahrheit wusste, hat er sehr darunter gelitten, hintergangen worden zu sein.

Eine miteinander abgesprochene Lüge«, sagt Bodo, »kann ein Leben und eine Gemeinschaft, gleich ob zwischen Menschen oder Parteien, zerstören.«

Ich hole den Zaziki aus dem Kühlschrank, und Bodo erzählt vom zweiten Geheimnis der Familie. »Mein Vater, der Mitte der Sechziger gestorben ist, war, bevor er meine Mutter kennenlernte, schon zweimal verheiratet. Er hatte Zwillinge, die in der DDR lebten.« 1985 hat Bodo Ramelow sie mit Hilfe der evangelischen Kirche gefunden. Den einen Halbbruder konnte er besuchen. Der andere war Kriminalist bei der Deutschen Volkspolizei. »Der durfte sich nicht mit dem Klassengegner treffen.«

Der eine Bruder jedenfalls, ein Schlosser, und seine Frau, die als Wicklerin in einem Motorenwerk arbeitete, freuten sich über den Westbesuch. »Doch der Westbesuch, also ich, kam im Škoda. Ich merkte sofort, wie enttäuscht sie waren.«

Beim nächsten Besuch kam er im Dienstwagen, einem Opel. »Damals war ich neidisch auf meinen Halbbruder, auf seine solide Schulbildung, und er beneidete mich um ›mein‹ Auto.«

Wegen multipler Sklerose konnte sein 50-jähriger Halbbruder sich später nur noch im Rollstuhl bewegen. »Zur Zeit der Wende bekam er endlich in Magdeburg einen Termin für die komplizierte Operation. Aber die Ärzte waren scharenweise in den Westen gegangen, und so konnte er nicht operiert werden. Danach ein Termin an der Charité. Aber hier fehlten die notwendigen Spezialbohrer, denn die DDR hatte keine Devisen mehr. Seitdem saß er endgültig im Rollstuhl. Seine Frau wurde langzeitarbeitslos. Früher eine lustige und lebensfrohe Frau, war sie nicht wiederzuerkennen.«

Aus dem DDR-Kriminalisten wurde inzwischen ein ordentlicher bundesdeutscher Kriminalbeamter und seine Frau Personalchefin im CDU-geführten Landratsamt. Und wieder waren die Besuche des roten Bodo Ramelow nicht förderlich für die Laufbahn. Doch nach der Wahl zum Ministerpräsidenten hat ihm die Schwägerin einen roten Schal gestrickt.

»Was wir früher von der DDR wussten? Über dieses Thema sprachen die Erwachsenen meist nicht, wenn wir Kinder dabeisaßen. Als mein Vater seinen Tante-Emma-Laden wegen der Konkurrenz der Billigketten schließen mußte, wusste er nicht mehr wie weiter im Westen und ging, um Neues auszuprobieren, in den Osten. Aber als er dort Kundschafter für die DDR werden sollte, kam er schleunigst zurück, und in der Familie fürchtete man, dass die DDR den Ramelows das nie vergessen wird.«

»Hat sie aber, Herr Ministerpräsident Ramelow!«

»Zur Weihnachtszeit mussten wir Fensterbilder mit einem stilisierten Stacheldrahtzaun basteln und brennende Kerzen für die im Osten eingesperrten Brüder und Schwestern dahinterstellen. Außerdem schickten wir regelmäßig Pakete in die ›Zone‹. Nicht weil man dafür vom Staat eine finanzielle Vergütung erhielt, sondern weil wir christlich dachten. Erst als Nutella auf einer Wunschliste stand, haben wir geantwortet: Wir essen selber nur Nudossi.«

Auch am Fleisch wurde gespart, und im Herbst wurden auf ihrem Grabland Kartoffeln gestoppelt. »Das war wie Schatzsuche. Schon in der Bibel steht: Die zweite Ernte gehört allen.«

Über seinen Glauben reden wir nur sehr kurz. Man müsste an sich zweifeln und vor allem die Zweifel der anderen ergründen. »Kein Mensch weiß alles, und wer das von sich behauptet, kann nicht mein Weggenosse sein.« Für ihn bedeute Gottgläubigkeit auch die stetige Suche nach Ehrlichkeit, Beständigkeit, Gerechtigkeit und Toleranz. »Sosehr ich das Allumfassende und Soziale der Religiosität mag, so sehr lehne ich aber in jeder Religion das Orthodoxe ab. In Tel Aviv gibt es Sabbat-Fahrstühle. Weil man während des Sabbats nicht arbeiten – also nicht einmal Fahrstuhlknöpfe drücken – darf, hält der Fahrstuhl automatisch in jedem Stock. Bis er oben ist, dauert es eine Ewigkeit. Man darf nach dem Willen der Orthodoxen am Sabbat auch keinen Kinderwagen schieben. Denn mit den Rädern macht man Spuren in den Sand, und das ist Schreiben. Und Schreiben ist Arbeit.«

Was ich bestätigen kann.

Von seinen Kindern hat er noch nichts erzählt. »Philip wird 32. Er saß übrigens mit seiner Mutter bei der Wahlentscheidung am 5. Dezember auf der Besuchertribüne im Landtag. Als EDV-Spezialist arbeitet er im medizinischen Fachverband für Wundheilkunde.«

»Und der Jüngere?«

»Viktor wird 30 ... o Mann, o Mann ... Er hat sein Studium abgebrochen ... dann wurde er Bürokaufmann ... o Mann, o Mann ... erst in einem Dentalbüro ... dann bei einer ... o Mann, o Mann ... Reinigungsfirma ...«

Germana und Ellen haben das Tal umrundet. Wahrscheinlich hat der Marsch Attila am meisten angestrengt, denn er legt sich sofort im kleinen Zimmer unter den Tisch.

Attila hätte das Zeug zu einem Politiker, sagt der Ministerpräsident. »Er ist friedlich, aber schnell und listig, und für eine Handvoll Leckerli macht er alles.«

Früher sei der Hund, obwohl ihm Strafe angedroht wurde, immer unter einem Zaun zum Nachbarn hinübergekrochen. Dort war ein großer schwarzer Leonberger. Den hat er solange freundlich geschubst und bedrängt, bis der sich hinlegte, Attila auf seinen Rücken klettern konnte und dem genüsslich knurrenden Leonberger stundenlang am Ohr knabberte. »Politisch nennt man das: ein Ohr abkauen.«

»Können das Politiker?«, frage ich.

»Ja, der Benni« (Prof. Dr. Benjamin-Immanuel Hoff) »entwickelt manchmal solche Fähigkeiten.«

Als das Essen auf dem Tisch steht, sagt der Ministerpräsident wieder dieses nicht zu seinem sonstigen Redestil passende, staunende: »O Mann ... o Mann!«

Ich freue mich, wenn Gäste meine »Kochkünste« wortlos loben, indem sie viel essen. Germana und Bodo machen mich froh.

Bevor die Schläfrigkeit nach dem Essen beginnt (wir haben dem Besuch die Ofenbank angeboten), versuche ich es doch noch mit einer »Politikfrage«: Ob er glaubt, sich beim Wechsel aus der Opposition zum Regierenden verändert zu haben.

»Verändert? Ich bin immer noch ungefähr 1,80 Meter groß, wiege immer noch knapp 90 Kilo, habe blonde Haare und bin als sehr hellhäutiger Mensch immer noch extrem sonnenempfindlich. Ich schleppe die Bierkästen allein zu uns in den vierten Stock und versuche mich wie früher beim Gang durch die Kaufhalle hinter meiner Frau – was wegen ihrer Schlankheit schwierig ist – zu verstecken.«

Er hätte sich noch nie geändert, um irgendwann irgendein Amt ausüben zu können. »In der Opposition war es mir nicht möglich, zu entscheiden, ich konnte nur Entscheidungen vorschlagen. Jetzt dagegen kann ich Entscheidungen treffen, die langfristige Wirkungen haben. Wirkungen, die ich mir schon lange gewünscht habe. Zum Beispiel im Gesundheitswesen. Es kann doch nicht sein, dass sich bei Herrn Ministerpräsidenten Bodo Ramelow, der auch nur in einer gesetzlichen Krankenkasse versichert ist, sechs Professoren um dessen Herz bemühen, aber ...«

»... aber Herr Scherzer monatelang auf einen Termin beim Kardiologen warten muss?«

»Richtig!«

Er möchte noch einen Sonntagsspaziergang mit Germana machen. Ich gebe ihnen altes Brot mit, damit sie die Hochlandrinder füttern können. Als sie zurückkommen, schwärmt der Ministerpräsident wieder von den »Longhorns« und lobt den Bauern für die Idee, in Thüringen schottische Hochlandrinder zu halten.

Während ich sehr dünne Eierkuchen – mit einem Schuss Buttermilch werden sie lockerer – backe, kommt Bodo in die Küche und erzählt, ohne dass ich fragen muss, vom Moor, vom Meer und von der Wüste.

»Mein Traum von der Wüste entstand auch durch das Leben am Rande des Teufelsmoors. Der weite Blick auf eine ausgedehnte, flache Landschaft, die sich nur in Wolkenbildern und in den Licht- und Schattenrissen der Bäume verändert. Du siehst endlos. Und endlos heißt dort, bis zum Horizont. Es ist eine raue, karge Landschaft, kein sattes Bild. Ich bin mit Heinrich Vogeler und den Worpsweder Malern großgeworden. Am Ende meines Torfkanals und am Ende der Kleinbahn waren immer der Bahnhof und die Maler. Die Bilder und die Sehnsucht. Moor und Meer ähneln sich. Wüste ist für mich auch eine endlose Landschaft. Ich bin einmal über die Wüste geflogen, und dann habe ich viele Bücher über die Sahara gelesen. Die meisten Menschen halten die Wüste für etwas Lebensfeindliches. Doch wenn man weiß, wie man mit Hitze umgeht, wie man sich vor der Sonne schützt, wenn man weiß, wie man seine Kraft einteilt, dann ist die Wüste zwar eine tagtägliche Herausforderung, aber in Wirklichkeit ein spannender Lebensort. Als ich mit Kamelen einen steilen Höhenrücken überwinden musste, wir endlich oben standen, die Sonnenwinde über uns hinwegfegten und plötzlich ein unübersehbar dichter Heuschreckenschwarm an uns vorbeiflog, hatte ich eine Vorstellung, was in der Bibel mit den sieben Plagen gemeint ist. Diese großen, von den Sonnenwinden getriebenen Insekten bewältigen unglaublich lange Flugstrecken in der Wüste.

Ich bin am Meer mit Ebbe und Flut aufgewachsen und

habe die Hamburger Sturmflut miterlebt. Den Orkan, die Bäume, die wie Streichhölzer umgeknickt sind. Ein ganzer Wald weg. Die Schuppen flogen meterhoch in die Luft …

Wenn wir mit Vater Wochenendausflüge gemacht haben, sind wir nach Bremerhaven oder nach Cuxhaven gefahren. Urlaub war immer Urlaub an der Nordsee.

Inzwischen ist die Ostsee für mich faszinierender als die Nordsee. Sie ist bunter. Ich laufe sehr gern zwischen Bodden und Ostsee hin und her.«

Damit Frieder keinen Grund mehr hat, seinen Moornachbarn zu besuchen, frage ich Bodo Ramelow, was mein Schachtarbeiter wissen will: »Hast du Lieblingsplätze in Thüringen?«

»Meine Lieblingsstelle ist bei Paska.«

»Wo bitte?«

»Man merkt, du bist kein Thüringer, du bist Südthüringer, ein Franke!«, sagt er ironisch. »Paska über der Hohenwarte – oberhalb von Ziegenrück. Der Weg von Paska herunter führt direkt zur Fähre. Es gibt ja nur eine Fähre in Thüringen, und die ist dort. Also das Auto in Paska abstellen und zu Fuß nach Ziegenrück laufen. Dazwischen gibt es eine Stelle, die heißt ›Fernsicht‹. Von dort oben hast du einen Blick wie auf die Saarschleife. Dort kann ich stundenlang sitzen. – Auf der anderen Seite der Saale steht das Mooshäuschen. Es braucht keine Fenster, alles ist offen. Die Wände sind mit Moos eingehaust. Du nimmst einen Apfel und schneidest ihn in Stückchen. Da kommen die Siebenschläfer und fressen dir die Apfelstückchen aus der Hand.

Die Thüringer wissen oft nicht, wie schön Thüringen wirklich ist. Wir hatten mal einen Bungalow in der Nähe von Öhrenstock. An einem Wiesenhang stand eine Bank.

Wenn man dort oben saß, überschaute man das ganze Land. Wir haben den Bungalow dem Nachbarn gegeben, und der hat ein wunderschönes Haus daraus gemacht. Uns fehlten die Zeit und die Kraft dafür.«

Zu den Eierkuchen koche ich auf der Herdplatte mit einer italienischen Kaffeemaschine Espresso.

Beim Verabschieden eine herzlich feste Umarmung von Germana und eine freundlich angedeutete von Bodo. »Es waren sehr schöne erholsame Sonntagsstunden bei euch. Danke, Dichter.«

Nähe ist nicht immer förderlich. Wahrscheinlich habe ich heute bei der einzigen Gelegenheit, den Ministerpräsidenten in den ersten 100 Tagen ausführlich über Politik, Publicity und Persönlichkeiten auszufragen, alles falsch gemacht. Mein Wettkumpel Frieder wird sich freuen.

Ich armer Tor, ich bin so klug als wie zuvor.

Oder trotzdem klüger?

Ein positives Ergebnis hatte der Besuch für Germana und Bodo. Tage später verriet mir der Ministerpräsident: »Als wir aus euerm Wiesental weggefahren sind, hat meine liebe Frau Alberti laut darüber nachgedacht, ob wir uns nicht wieder ein Häuschen kaufen sollten. Damit leitete sie vorerst einen spielerischen Denkprozess ein: Berge? See? Luft? Wald? Alterssitz oder nicht? Barrierefrei oder nicht?«

Am Montag früh erzähle ich weder Frieder noch Volker oder Karl vom Besuch des Ministerpräsidenten. Nur falls Frieder auf seinem Besuch beim »Moornachbarn« bestehen sollte, werde ich sagen: »Ich kann dir verraten, von wo aus er am liebsten übers Land schaut.«

Als Karl schimpft, dass Thüringen das beschissenste Bundesland in Deutschland ist, ducke ich mich ab. »Da schufte ich wie ein Biobauer, lasse die unbenutzten Flächen abweiden, bevor das Tal verwildert, lasse die Tiere auch im Winter draußen, aber ich bekomme kein grünes, also steuerlich günstigeres Kennzeichen für meinen Traktor. Und die paar Kröten Rente – soll ich euch mal sagen, was der Dietl gemacht hat: Sein Leben lang früh um vier die Viecher gefüttert, dann zur Arbeit in die Tischlerei. Doch nun nicht mal 700 Euro Rente! Und wenn ich zusätzlich 'ne Spritze für mein kaputtes Knie brauche, muss ich sie bezahlen. Weshalb bin ich nicht nebenan im bayrischen Coburg aufgewachsen?«

»Sei froh, dass du nicht in Syrien geboren wurdest«, sage ich und wechsle schnell das Thema und frage Volker, wie weit er mit dem Fledermaushotel ist und wann er hier wieder baggern kann.

»Im Sommer wird es fertig sein. Im Herbst können die Fledermäuse einziehen.« Als er erwähnt, dass der Bau rund 90 000 Euro kostet, mault Karl: »Das Geld hätten sie lieber nehmen sollen, um die Toiletten im Schwimmbad zu sanieren.«

Volker erklärt, dass sei »finanztechnisch nicht möglich«. Die Audi-Stiftung gibt das Geld. Zusammen mit dem Artenschutz in Franken entwickelt man ein Pilotprojekt für Fledermaushotels. Dafür wird das alte Trafohäuschen in Dietzhausen umgebaut. Weil es dicht am Bach steht, muss zunächst eine Stützmauer errichtet und ein Zugang geschaffen werden. Über das alte Dach wird ein neues gesetzt. Im Zwischenraum schlafen die Fledermäuse, das heißt, sie hängen sich an die Decke. Außerdem gibt es Nistkästen für Rauchschwalben,

Karl Dietl am 145. Tag der Ramelow-Regierung mit seinen »Longhorns«, im Hintergrund das Kälbchen Lotte
© Landolf Scherzer

Bachstelzen und eine Sperlingskolonie. Außen muss Feinputz angebracht werden, damit eine Künstlerin das Haus bemalen kann. Davor kommt eine Tafel aus Edelstahl, die beleuchtet wird, und es gibt eine um 360 Grad drehbare Webcam. Überall in der Welt kann man künftig übers Internet beobachten, »wie die Vögelei in Dietzhausen funktioniert«.

Karl mosert: »So 'ne Furzidee für 90 000. Denkste, die Fledermäuse hätten nicht auch ohne Webcam und Edelstahlschautafel in dem Trafohäuschen überwintern können?«

»Wenn du heutzutage ein Haus für vier Leute baust, zahlste mindestens 300 000. Und in dem für 90 000 werden 100 Fledermäuse und noch einmal so viele Vögel schlafen.«

Volker fährt zur Baustelle, und Karl Dietl, der sich wie kein Zweiter im Dorf und bei Viechern auskennt, prophezeit: »In das Audi-Hotel wird keine Fledermaus reingehen. In der Niederung des Flusses ist es für sie viel zu kalt, die brauchen Wärme.«

Ich heize den Ofen, lege zum Schluss Buchenholzklötze auf, die halten die Glut am besten, setze mich auf die Schaffelle und versuche, mein Versagen am Sonntag wettzumachen, indem ich mich mühe, all das, was mir der Ministerpräsident in den vergangenen zwei Monaten irgendwann gesagt hat oder was ich bei seinen Gesprächen aufschnappen konnte, aufzuschreiben.

Die Macht:

Die Macht haben die anderen. Ich kann die Hedgefonds nicht aufhalten. Aber der Arroganz der Mächtigen möchte ich in Thüringen ein jahrhundertealtes Gut entgegensetzen: die Humanität. Wenigstens in kleinen überschaubaren Bereichen. Wir müssen im Landtag einen Blick fürs praktisch Machbare haben und uns nicht über weltökonomische Systeme streiten. Bevor ich jeden Tag über die Wallstreet oder die Hedgefonds jammere, erzähle ich lieber, wie ich hier eine neue Genossenschaft aufbaue. Erzähle lieber davon, wie unsere verschuldeten Städte und Gemeinden zu so viel Geld kommen können, dass sie ihre Aufgaben wieder wahrnehmen können. Oder über die »Rückeroberung« des öffentlichen Gesundheitswesens. Ich äußere nicht jeden Tag irgendwelche ideologischen Phantastereien, wie gesellschaftsverändernd wir wirken müssten.

Das Sozialistische:

Sozialistisch denken? Was ist Sozialismus? Keine Ahnung, vielleicht die Vision vom Paradies. Die ist sehr schön. Aber den Weg dahin, wer zeigt ihn uns? Das heißt, man muss die Welt ein bisschen gerechter und lebenswerter machen. Die einzige Konstante ist die Veränderung der Gesellschaft. Ich möchte, dass nicht der Finanzmarkt entscheidet, was ein Mensch wert ist. Die kommunistische Bewegung grenzte Gott und den Glauben aus. Dafür hat der sozialistische Staat die Sehnsucht nach einem Glauben mit rituellen Floskeln gefüllt. Denn etwas braucht der Mensch. Die DDR-Rituale zum 1. Mai und die Aufmärsche zum Tag der Republik ähnelten katholischen Prozessionen. Ich bin ein Anhänger der mittelamerikanischen Theologie der Befreiung, die auch der neue Papst vertritt. Franziskus gegen die Mafia, gegen die Vatikan-Bank und so weiter. Das ist schon revolutionär. Was kann man gegen die Finanzeliten tun? Das Islam-Banking beispielsweise. Dort wird auch Geld verliehen, aber niemals gegen Zinsen … Eine Verstärkung des Thüringer Kapitalstocks, kommunale Betriebe, Energie-Genossenschaften bedeuten keine sozialistische Revolution, aber notwendige Veränderungen.


Die Waffenproduktion in Jena:

Mit meiner Partei stehe ich auch gegen die Produktion und den Export von Kriegsgerät jeder Art. Aber ich hatte nicht die Macht und die Möglichkeit, bei Jenoptik etwas dagegen zu tun. Was man in Jena produziert, das sind passive Rüstungsgüter. Stabilisationselemente kann man sowohl im Leo-Panzer als auch in der Neigetechnik der Eisenbahn verwenden. Den Mungo, den kleinen Transporter, der in Waltershausen produziert wird, kann man fürs Friedhofsjäten oder fürs Minenräumen benutzen. Kurzfristig zu reagieren und zu verbieten bringt nichts. Wenn wir bei Jenoptik aussteigen, werden die Hedgefonds zuschlagen.

Die ICE-Strecke:

Vor 15 Jahren habe ich im Wahlkampf gegen den ICE geredet. Ich war damals für den Ausbau der Mitte-Deutschland-Bahn und für einen Kreuzbahnhof mit der Saale-Bahn in Jena. Entschieden wurde aber anders. Heute haben wir mit dem ICE eine neue Perspektive in Thüringen. Man sollte den Bahnhof in Erfurt »Bernhard-Vogel-Bahnhof« nennen. Ich hab sie bekämpft, diese Strecke. Nun denke ich anders. Man kann nicht 15 Jahre lang einen Protest wie eine Monstranz vor sich hertragen. Ich wäre jetzt auch dafür, eine gemeinsame Thüringer Eisenbahngesellschaft zu gründen.

Der linke Unterschied:

Bei einer CDU-Versammlung über wirtschaftliche Grundfragen waren die Unions-Freunde und ich uns in vielen Fragen einig. Bis auf das Bildungsfreistellungsgesetz. Da jammerten sie: Die Welt geht unter! Ich sagte: Das sehen Sie nicht sachlich, sondern nur ideologisch. Ich kann Ihnen in drei Minuten das Gesetz und seine Wirkung erklären. Aber sie wollten mich ökonomisch belehren. Da kann ich auch belehrend werden! Sie versuchten mir weiszumachen, dass durch dieses Gesetz der Kapitalismus zusammenbricht, dass die freie Welt untergeht. Nur weil Betriebe ihren Mitarbeitern Bildungsurlaub gewähren müssen! In 13 Bundesländern ist das schon eingeführt. Und nirgendwo brach deswegen der Kapitalismus zusammen. Mit solch einem Gesetz habe ich in Hessen bereits gearbeitet, als die DDR noch existierte. In der Staatskanzlei sagte man mir, bei solchen Gesprächen dürfte ich nicht so energisch auftreten. Doch, sagte ich, man muss. Sonst merkt man den Unterschied nicht, weshalb ich bei den Linken bin und nicht in der CDU.

Die Ängstlichen:

Sie legen die Flügel an und sagen, wir versuchen gar nicht erst zu fliegen. Wir bleiben am Boden hocken und behaupten, die Flügel sind uns nicht gegeben, um damit zu fliegen. Und wenn alle am Boden hocken und nach unten gucken, ob sie dort was zu picken kriegen, da passiert eben nichts mehr im Land. Alles Bodenhocker. Gleich, ob in der Verwaltung oder in Betrieben. Wenn manche Leute sich zurücknehmen und sagen, wir können eh nichts ändern, andere aber stolz auf die eigene Leistung schauen und arbeiten, hat das auch mit Führungskultur zu tun. Ich habe mein Leben lang versucht, Menschen zu ermuntern, etwas zu tun, die Überwindung der Angst als Chance zu begreifen. Die Stärke entsteht oft in Niederlagen. Als Gewerkschafter musste ich mit Niederlagen umgehen. Schon im Westen. Ich habe in den Betrieben erst mal die Angst auf mich wirken lassen. Ich hab nicht gesagt, ich erklär euch mal die Welt. Oder wählt mich, und dann löse ich euch das Problem.

Es gab in Marburg eine Buchhandlung, die war verhasst. Falls der Chef erfuhr, dass jemand in der Gewerkschaft war, flog der sofort raus. Wenn ich als Gewerkschafter dort aufgetaucht wäre, hätte er einen Tobsuchtsanfall bekommen.

Irgendwann traf ich zwei Frauen, die arbeiteten dort im Lager. Die waren richtig bodenständig. Mit denen habe ich mich heimlich getroffen. Durch ihre Hilfe habe ich die Buchhandlung geknackt. Davor gab es 10 fristlose Kündigungen, einen fliegenden Schreibtischstuhl im Büro und bestimmt 30 cholerische Anfälle des Chefs. Den beiden Frauen schärfte ich ein: Wenn ich eine Versammlung einberufe, dann müsst ihr gegen mich auftreten und sagen, dass ihr euch nicht von einem Gewerkschafter beeinflussen lasst. Und bevor der Chef etwas gemerkt hat, war der Betriebsrat gegründet. Sie hatten die Angst überwunden und wurden als Betriebsrätinnen sehr aktiv.

Oder in Pößneck, beim längsten Arbeitskampf in einer deutschen Bank. Als der Wessi-Vorstand den Leuten sagte: »Ihr arbeitet im Osten nur die Hälfte, ihr denkt nur die Hälfte, also kriegt ihr auch nur die Hälfte Gehalt«, war der Punkt erreicht, an dem der Stolz der Leute über ihre Angst siegte. Und dann haben wir eine Strategie entwickelt: eine Woche lang Vollstreik. Selbst der Bankautomat hat mitgestreikt. Und bevor Banker streiken, das dauert 'ne Weile.

Die Systemveränderer:

Die Medien und ihnen nahestehende Politiker behaupten heute: Ein Gespenst geht um in Europa, das Gespenst der Systemveränderer. Als »Systemveränderer« bezeichnen sie alle, die links denken. Doch unser marktwirtschaftliches System haben nicht die Linken, sondern die Neoliberalen und Finanzmärkte kaputtgemacht. Der neoliberale Umbau läuft schon seit 40 Jahren. Mit dem Beitritt der DDR wurde ja nur ein Experimentierfeld geschaffen, um einige Ungeheuerlichkeiten turbomäßig draufzuladen. In der ganzen Zeit hat man uns glauben gemacht, dass die soziale Marktwirtschaft ersetzt werden muss durch das Wort Kapitalmarkt. Wenn man genügend Kapital beiseiteschafft, dann hat man lebenslang ausgesorgt! Früher waren Zusatzrenten wie Betriebsboni für den normalen Arbeiter nur das Sahnehäubchen. Die Grundlage seiner Rente, von der er leben konnte, war die gesetzliche Rentenversicherung. Als das verändert wurde, als man das normale Rentensystem nicht mehr hatte, um im Alter ausreichend abgesichert zu sein, und als immer mehr kapitalgedeckte Strukturen dazukamen, fühlte sich der Einzelne, als ob er auf dem Weg zum Millionär wäre. Aber oft war es der Weg zur Altersarmut. Frage ich: Wer hat das System verändert? Die Linken? In den 70er Jahren gab es immer noch ein Grundverständnis für Solidarität unter den Belegschaften, die auch wegen der Tariftreue zusammenhalten mussten. Ein Tarifvertrag ist zwar eine Verhandlung über den Verdienst des Einzelnen, aber der ist umso höher, je stärker die Solidarität der Arbeitnehmer ist. Der Verhandlungsführer kann nämlich nur stark sein, wenn eine solidarische Mehrheit hinter ihm steht. Also mussten die Systemveränderer auch die Solidarität beseitigen. Sie erfanden dafür und um ihre Gewinne zu erhöhen, die Zeitarbeiter. Mit den Zeitarbeitern ist die Solidarität in den Betrieben kaputtgemacht worden. Ein Drittel Zeitarbeiter und zwei Drittel mit einem besseren Tarif, aber alle arbeiten in einem Betrieb an der gleichen Wertschöpfung. Da gibt es keine Gemeinsamkeit. Die Systemveränderer sind nicht die Linken!

Das Wissen:

Ich habe wegen der Legasthenie ein Kompensationsmodell entwickelt. Das versetzt mich in die Lage, manche Dinge blitzschnell miteinander in Verbindung zu bringen. Weil ich mich seit 20 Jahren mit Kali beschäftige, weiß ich manchmal mehr über die alten Kali-Geschichten als einige Beamte in der Staatskanzlei oder dem Umweltministerium. In Vermerken über die Kali-Altlasten, für deren Beseitigung nicht der Bund, sondern das Land Milliarden bezahlen soll, gab es den Hinweis, dass wir uns in der Sache besser nicht mit dem Bund anlegen. Ich sehe das anders. Ich muss den Druckpunkt finden, mit dem ich den Bund zum Verhandeln zwinge. Nach den Verhandlungen kann ich eventuell wieder einen Kompromiss schließen. Also das, was der Mitarbeiter mit seinem Vermerk erreichen wollte. Aber nun vielleicht mit anderen Ergebnissen.

Die »Kommunisten«:

Als in der Bundesrepublik Beschäftigte im Öffentlichen Dienst, gleich ob Lokführer oder Briefträger, von Gerichten wegen ihrer Mitgliedschaft in der KPD mit Berufsverbot belegt wurden, habe ich mich für einen Postbeamten eingesetzt. Das KPD-Verbotsurteil gehört aufgehoben, und die mit Berufsverbot Belegten müssen rehabilitiert werden. Und auch das Verbot der FDJ im Westen muss aufgehoben werden. Ich sage das nicht, weil ich die KPD wiederhaben will. Diese kommunistischen Kleinparteien mit ihren ideologischen Glaubensbekenntnissen nerven mich auch in Buchenwald. Sie marschieren dort als Kleinstgruppen auf und denken, sie müssten ihre Parteifahnen schwenken. Sie missachten alle Verbrechen, die im Namen des Kommunismus begangen worden sind. Und es ist erbärmlich, wenn bei der Liebknecht-Luxemburg-Ehrung in Berlin Genossen, die sich Kommunisten nennen, die Blumen von dem Gedenkstein der Opfer des Stalinismus mit den Füßen wegtreten und damit die ermordeten Kommunisten noch einmal beleidigen. Erbärmlich. Aber trotzdem: Das KPD-Verbot, das FDJ-Verbot und das Blauhemd-Verbot schaden dem Prozess der Öffnung und der Diskussion in Deutschland. In den USA gibt es Lehrstühle der marxistischen Wissenschaft. In Marburg haben die Professoren als Beute den letzten marxistischen Lehrstuhl, der Professor Wolfgang Abendroth gewidmet war, unter sich aufgeteilt.

Der Tsipras:

Ich würde Tsipras gern helfen. Wir verdienen an Griechenlands Schulden. Wir haben den höchsten Exportüberschuss. Ich lese und höre jetzt manchmal: Bodo Ramelow, der Tsipras von Thüringen! Zwar fühle ich mich geehrt, denn Tsipras ist, obwohl in Deutschland nur hässlich über ihn berichtet wird, eine unwahrscheinliche Figur. Aber er und die Griechen haben natürlich ganz andere Probleme als wir. Ich muss bei Schuldenbremse oder Nichtschuldenbremse und bei Investitionslenkung und Haushaltsplanung eine gute Figur machen. Er dagegen muss um das Existenzminimum für die Griechen kämpfen, denn bei ihm hungern die Menschen. Ich möchte nicht ansatzweise tauschen. Aber die Kraft, die Syriza in Griechenland mobilisiert hat, macht auch mir Mut. Tsipras wünsche ich ein Wunder. Man müsste die Austeritätspolitik gegen Griechenland und die Schulden aussetzen, bis die Wirtschaftskraft gestiegen ist.

Der Traum:

Der demokratische Sozialismus ist nach wie vor mein Traum. Ein Traum wie der von der Wüste. Wenn alles nur nach Geld berechnet wird, zerstört man die Gesellschaft und die Solidarität. Ich habe keinen konkreten Sozialismus-Begriff. Ich weiß nur, dass es eine andere Lösung und eine andere Lesart jenseits dessen, was wir von kapitalgedeckten Sozialsicherungssystemen kennen, geben muss. Spätestens wenn diese Währung kaputtgeht, werden wir mühselig an Alternativen basteln. Alles, was wir zuvor an kleinteiligen Systemen hatten, an lokalen Beziehungen und dem Gefühl, dass man gemeinsam etwas schafft, wären Antworten auf den Knall, von dem ich befürchte, dass es ihn irgendwann gibt. Ich arbeite nicht auf den Knall hin, aber wenn die mit dem Finanzsystem so weitermachen, wird er kommen.

Lange Zeit haben wir Antibiotika als Ersatz für Waden-wickel genommen. Und wenn ich weiß, wie viel Antibiotika in der Tiermast eingesetzt werden, weiß ich, dass wir gefähr-lich leben.

Wenn wir gar nicht mehr wissen, dass Äpfel auf dem Baum wachsen und eine Streuobstwiese was Gutes ist, dann geht was schief. Thüringen ist das einzige Bundesland, in dem »Schulgarten« noch als Lehrfach existiert. Und da sage ich dieses eine Mal: Bildungsföderalismus hat auch etwas Gutes.

Auch Landambulatorien, wie es sie in der DDR gab, sind wichtig, und Gemeindeschwestern! Die Wessis wissen so was nicht. Es ist mir egal, weshalb es das in der DDR gab. Wenn wir über Gesundheitsvorsorge in Thüringen reden, dann müssen wir über die künstliche Trennung von ambulant und stationär reden.

Und wenn wir nicht nur in der Vergangenheitsform über all diese Dinge sprechen, sondern einiges davon wiederbeleben, könnten wir sagen: Guckt mal, ihr Lieben im Westen, was wir hier Tolles gemacht haben! – Deshalb hätte ich mir die Abwicklung der DDR nicht nur als Abwicklung gewünscht, sondern auch als Erfahrungsaustausch. Beispielsweise über längeres gemeinsames Lernen, vielleicht sogar über den Eigentumsbegriff neu nachzudenken. Eigentumsbegriff im Sinn von Nutzungsrechten. Alles Dinge, die es in der DDR wie selbstverständlich gab. Erst wenn es einem weggenommen wird, merkt man: Wir hätten dafür sorgen müssen, dass die im Westen nach der Wende auch ein paar Verbesserungsprozesse mitmachen.

Die Angst:

Während der Wehrmachtsausstellung 1996 im Erfurter Haus der Gewerkschaften hatten immer zwei von uns Dienst. An jenem Tag Christoph, der heute bei der IG-Metall in Jena ist, und ich. Ein alter Mann sprühte mit einer roten Spraydose »Hetze«, »Lüge« und anderes auf die Ausstellungsbilder. Ich wusste sofort, das ist Röder, der Rechtsradikale, der gerade aus dem Knast entlassen war. Ich habe den Röder am Arm gefasst und versucht, ihm die Sprühdose wegzunehmen. Christoph hatte inzwischen die Polizei gerufen. Röder wurde verhaftet. Es gab einen Prozess wegen Schändung der Wehrmachtsausstellung. Er klagte mich wegen Körperverletzung an. Es waren quälende Verhandlungstage. Er redete in einem SS-ähnlichen Ton. Er examinierte mich, was mein Vater im Krieg gemacht und wo er gedient hatte.

Damals bat ich um Schutz, denn ich merkte, dass ich außerhalb des Gerichts ständig von zwei Männern verfolgt wurde. Ich bekam Panik. Und ich habe die Augen von denen gesehen, immer nur die Augen. Die Botschaft der auf mich gerichteten Augen war eindeutig: Wir wissen, wer du bist! Wir wissen, wo du wohnst, und wir kriegen dich! Es ist kein Wort gefallen. Ich sah es nur an ihren Augen.

In unserem Gewerkschaftsbüro wurde auch Feuer gelegt und eingebrochen. Röder war der Angeklagte, aber ich war derjenige, der Angst hatte. Als der Prozess vorbei war, habe ich beschlossen: Das begrabe ich ganz fest in meiner Seele. Alles war verdrängt. Viel später waren wir in Barcelona zu einer Taufe eingeladen. Beim Frühstück sehe ich in der Zeitung ein Foto von zwei Männern, die sich erschossen haben sollten und in einem brennenden Wohnwagen in Eisenach gefunden wurden. Ich sehe nur die Augen. Nur die Augen. Und habe sofort Martina Renner, meine Stellvertreterin in der Fraktion, angerufen und gesagt: Du, das sind keine normalen Kriminellen, das sind die beiden vom Röder-Prozess. Ich wusste, dass der MDR vor dem Gerichtsgebäude gedreht hatte. Man konnte auf dem Film Mundlos und Böhnhardt sehen, die mich vor dem Gerichtssaal verfolgt hatten. Ich habe mich danach zwar intensiv mit dem NSU beschäftigt, aber immer versucht, mich gefühlsmäßig abzuschotten. Man darf so etwas nicht an sich heranlassen. Nach dem Brandanschlag auf die Erfurter Synagoge hatte ich die ersten Morddrohungen erhalten. Da spürte ich die Angst wieder und versuchte, sie zu verdrängen

Diesen Schutzmechanismus beherrsche ich jetzt.


Die Mutter von Susanne Hennig-Wellsow hält Wort. Wir treffen uns am Landtag, um ins Café Süden (!) zu gehen.

Ich warte am Eingang bei den Wachleuten. Durch eine Öffnung in der Glaswand kann der Besucher mitteilen, wen er sprechen möchte. Die Wachleute rufen an, und wenn der Angerufene den Besucher empfangen will, schieben sie eine Schublade nach draußen. Dort hinein legt der Besucher seinen Ausweis. Der Wachmann trägt die Personaldaten säuberlich in ein Buch ein und schiebt den Ausweis dann mit einem Schild, das der Besucher gut sichtbar zu tragen hat, in der Schublade – Vorsicht, sie schnellt in Bauchhöhe – wieder heraus.

Marianne Metzler muss keinen Ausweis hinterlegen. Einer der Wachleute will ihr und mir (!) umstandslos die Tür öffnen. »Schön, dass Sie wieder mal hier sind«, sagt er zu ihr. Sie strahlt über das ganze Gesicht. Es ist sehr schmal und so klar geformt, als hätte ein Künstler eine Puppe schnitzen wollen. Ihre Pausbäckchen und die unter einer randlosen Brille freundlich lachenden Augen machen ein niedliches Puppengesicht daraus.

Der Wachmann fragt: »Zu Ihrer Tochter?« Sie schüttelt den Kopf. Er meint: »Früher kamen nicht halb so viele Leute zur CDU wie heute zu den Linken. Ich habe immer links gestimmt, schon mein Großvater war ein Linker.« Aber 2014 hätte er anders gewählt. Er begründet das so ausführlich, als müsste er sich dafür bei der Mutter von Susanne Hennig-Wellsow entschuldigen. »Die FDP-Abgeordneten im Landtag waren nett und freundlich zu allen. Die kamen gut mit uns, dem Küchenpersonal, dem Hausmeister und den Fahrern aus.« Also hat er FDP gewählt. »Aber die erhielt nur 2 Prozent. Ich wollte sie mit meiner Stimme noch mal ›streicheln‹. Ich bin für die Kleinen.«

Als er vermutet, dass sie bestimmt Mitglied der Linken ist, meint sie: »Ich bin nicht in der Partei und bezahle trotzdem ›Parteibeitrag‹.«

Auf dem Weg zum Café klärt sie mich über ihren »Parteibeitrag« auf. »Das ist einmal der Hund Herr Thiel und zum anderen das Kind Hugo. Ich kümmere mich um beide, wenn Susanne unverhofft einen Parteitermin wahrnehmen muss.«

Susanne würde diese Hilfsanfragen inzwischen sehr diplomatisch stellen. »Mutti, was machst du denn gerade? Ich antworte: Ich muss bügeln. – Das kannst du doch auch später. Und wenn ich immer noch nein sage, kommt die kleine Erpressung: Also, du willst dein Enkelkind nicht sehen?«

Hugo wurde im Wahlkampfjahr 2014 geboren. »Susanne meinte damals: Wenn sie es dieses Jahr nicht schaffen würden, dass die CDU abgewählt wird, würden sie es nie schaffen. – Ich habe damals lange mit ihr über das Machbare und das nicht Machbare gesprochen. So lange, bis sie versprach, wenn es hart auf hart käme, erst mich zu fragen und wahrscheinlich auf mich zu hören.«

»Und hört sie?«

»Ja, einmal, als …«

Im Café Süden setzen wir uns in der hintersten Ecke an den Tisch, an dem ich mich schon mit Olaf Möller unterhalten habe. Sehr leise erzählt mir Marianne Metzler ihre Geschichte. Eine Geschichte über Geburt, Hochzeit und den Tod. 1974, da war sie 20 und selbst noch nicht verheiratet, traute sie als Standesbeamtin in Demmin das erste Paar. Noch im selben Jahr bat sie die Leiterin ihres Standesamtes: »Bitte wählen Sie für uns eine Musik von Beethoven aus.« (In der DDR spielte man zur Trauung meist klassische Musik.) Drei Jahre später wurde Susanne geboren und fünf Jahre danach zog die kleine Familie von Mecklenburg nach Erfurt.

Sie arbeitete wieder auf dem Standesamt und war 1988 auch verantwortlich für das Staatsangehörigkeitsrecht. »Damals habe ich Hunderte Urkunden zur Aberkennung der DDR-Staatsbürgerschaft ausgeschrieben! Habe sie abgestempelt und gedacht: Weshalb?«

Auch sie hatte die Gängelei in der DDR immer geärgert. »In der Parteiversammlung musste ich einen Antrag stellen, damit ich vor 18 Uhr gehen durfte, weil der Kindergarten zumachte. Über diesen Antrag wurde abgestimmt.«

Doch selber aus der DDR weggehen? »Weshalb? Mein Mann konnte sich hier vom Kraftfahrer zum Kriminalbeamten qualifizieren. Wir hatten in Erfurt eine große Schwimmhalle, Susanne konnte im Eisstadion trainieren. Im Betrieb gab es einen kleinen Laden und sogar einen Friseur.«

Einmal traute sie ein Paar, das gemeinsam ausreisen durfte. »Die Frau wollte ihren künftigen Mann, einen Ausländer, noch in der DDR heiraten. Es blieben ihnen nur wenige Stunden, aber ich konnte alles organisieren. Nach der Trauung umarmte die Frau mich, sagte: Sie waren die Einzige, die mir geholfen hat, und drückte mir 5 Westmark in die Hand. 1988 einer Staatsangestellten 5 Westmark geben! Und die nimmt sie auch noch! Ich hab das Geld nicht umgetauscht. Ich bin auch nicht selbst in den Intershop gegangen. Meine Schwester hat mit dem Westgeld unserer 15-jährigen Leistungssportlerin Susanne ein paar Turnhosen mit eingenähtem Slip gekauft.«

1990 wurde sie in Erfurt entlassen. Seitdem arbeitete sie auf dem Standesamt in Weimar, wurde später Landesfachberaterin für Standesbeamte. »Einer, der mich oft nach den Erfahrungen in der DDR fragte, war ein Bayer, der im Innenministerium das Personenstandswesen bearbeitete. In der DDR mussten wir nicht Beruf, Wohnung, Religion, Trauzeugen, Aufgebot und anderes für die Eheurkunde festhalten. Außerdem waren die Standesbeamten im Westen eben Beamte – Männer. Und in der DDR Standesbeamtinnen – Frauen. Im Westen war die Trauung auf dem Standesamt nur die Formalität. Die eigentliche Feier geschah in der Kirche. Aber bei uns brannten Kerzen und erklang Musik während der staatlichen Trauungszeremonie.

Als der Bayer 1995 das Innenministerium verließ, riet er mir, mich um seinen Job zu bewerben.« Seitdem hat sie dort in 20 Jahren mehrere Minister überlebt. »Man muss einfach seine Arbeit machen. Nicht für den Minister, sondern für die Leute. Für die ist man nämlich da.«

Ein schwieriges Problem wäre die Registrierung der Ausländer. »Manche bringen Papiere, die es offiziell nicht gibt. Und bringen immer neue oder haben keine Ausweise.« Normalerweise wird die Eingliederung, also die deutsche Staatsbürgerschaft, erst nach 8 Jahren erteilt. Aber wenn es ein Sportler ist, von dem sich Deutschland eine Medaille erhofft, oder ein Wissenschaftler, kann man ihn »aus gesellschaftlichem Interesse an der Person« sofort einbürgern.

Ich meine, dass das zwar logisch im Sinn der »Nützlichkeit von Ausländern für Deutschlands Wohl« ist, aber mit Gerechtigkeit wenig zu tun hat.

Gerechtigkeit sei immer relativ zu betrachten, sagt sie. »Beispielsweise erhalten Ministerialdirigenten doppelt oder dreimal so viel Geld wie Polizisten und Feuerwehrleute.

Doch die müssen täglich ihre Gesundheit und ihr Leben aufs Spiel setzen.« Außerdem hätte der CDU-Minister kurz vor der Wahl einige Beamte in den höheren Dienst befördert. »Davon sitzen jetzt einige oben, aber wer macht die Arbeit unten?«

Ja, es geht ihr gut. Bis auf das Unglück mit ihrem Mann. Aber davon hätte mir Susanne erzählt.

»Ich sollte stolz sein auf Susanne. Als Kleinkind musste sie wegen einer Hasenscharte in einen Sprachheil-Kindergarten gehen. Aber sie hat das Diplom als Erziehungswissenschaftlerin gemacht, ist Politikerin, die Reden halten muss, Verhandlungsführerin bei den Koalitionsgesprächen. Bodo Ramelow hat über sie gesagt: Die würde auch einen toten Gaul noch ins Ziel reiten.«

Einmal hat sie der Tochter abgeraten: Er wollte, dass sie das Bildungsministerium leitet. »Aber ich wollte nicht, dass sie sich und ihre Familie kaputtmacht. Sie hat auf mich gehört.«

Sie akzeptierte auch, dass die Mutter vorschlug, ihr Outfit zu ändern. »Sie trägt jetzt ab und an einen Hosenanzug, und vor einem Fernsehauftritt bügele ich ihre Bluse. Hinterher sagen mir die Nachbarn: Deine Susanne sah gut aus im Fernsehen mit der gebügelten Bluse.«

Allerdings wäre das Aussehen zwar wichtig, aber bestimmt nicht das Wichtigste für eine ordentliche Regierungspolitik. »Es wäre schön, wenn Bodo Ramelow manchmal auf sie oder andere hören würde, bevor er etwas verspricht oder behauptet, was er danach mühsam relativieren muss oder nicht erfüllen kann.«

Ich frage, ob der Ministerpräsident inzwischen eine Kommission zur Aufarbeitung der Zwangsadoptionen in der DDR gegründet hat. Obwohl es ihr Arbeitsgebiet betrifft, weiß sie davon nichts. Fest steht dagegen, dass sie morgen ihren »Parteibeitrag« bezahlen muss: auf Hund und Hugo aufpassen.

»Übrigens ist Hugo im Westen, in Lüneburg, der Heimat von Susannes Schwiegereltern, schon bekannt. Wenn ich dort bin und sage: Ich bin die Mutter von Susanne Hennig-Wellsow, der Vorsitzenden der Linken in Thüringen, zucken sie mit den Schultern. Aber wenn ich sage: Ich bin die Oma von Hugo, geben sie mir die Hand.«


Auch der CDU-Oppositionsführer Mike Mohring und sein Pressechef Dr. Hahn haben für ein Gespräch mit mir das Café Süden gewählt. Doch heute ist nur noch ein Tisch neben der Eingangstür frei. Die Besitzerin lacht, als ich mein Notizbuch wieder heraushole, und die Hereinkommenden mustern Mike Mohring; einige wissen wohl, wer er ist. Wie immer wie aus dem Ei gepellt, schwarzes Jackett, Schlips, weißes Hemd, ordentlich gekämmte schwarze Haare.

Leider, sagt Dr. Hahn, sei das Zeitfenster von Herrn Mohring schon bald wieder geschlossen. Er hätte heute noch andere Termine.

Wir reden querbeet, und ich mühe mich, grundlegende Unterschiede in der Auffassung von Linken und CDU zu finden. »Es gibt einen großen Unterschied«, sagt Mike Mohring, »die Linken streiten oder, besser gesagt, verfallen ständig in Rechthaberei wegen der Wahrhaftigkeit ihrer Idee. Wir streiten um Sachfragen.« Jetzt üben sie Opposition. »In der Opposition kann man noch träumen. Wenn man regiert,

ist alles anders. Beispielsweise hatten wir 2009 als Wahlver-
sprechen verkündet, keine neuen Schulden zu machen. –
Aber dann kam die Koalition mit der SPD, und die verlangte
zum Beispiel mehr Kindergärtnerinnen. Um das durchzusetzen, mussten wir neue Schulden machen.«

Er genießt die Macht, wenn er »die Finger oder die ganze
Hand« bei fast unlösbar scheinenden Vorhaben mit drin hat.
»Wie beim Bau der Drei-Felder-Turnhalle in Apolda. Das ist
zwar nicht mein Wahlkreis, aber ich wohne schon immer
dort. Ich bin gleichzeitig im Landtag, im Stadtrat und im
Kreistag von Apolda. Da muss man überall nur wiederho-
len: Im Übrigen bin ich der Meinung, dass Apolda eine Drei-
Felder-Turnhalle braucht!«

Die neue Regierung sei zu sehr mit sich beschäftigt. »Diese
Regierung, von der nicht ein Minister, einschließlich des Ministerpräsidenten, ein Direktmandat durch Volkes Stimme
errungen hat, arbeitet im Moment nur am Umbau von Mi-
nisteriumsstrukturen und Abteilungen und Posten in der
Staatskanzlei. Eigentlich müsste sie endlich Lösungsansätze
für Probleme liefern. Aber man braucht ein intaktes Unternehmen, um liefern zu können. Das sollte Bodo Ramelow
als Handelsmann wissen.«

Er hätte sich mit ihm geeinigt: Keine Kämpfe unterhalb
der Gürtellinie. »Aber niemand weiß, wie sich Bodo Ramelow verhält, wenn er seine eigenen Leute nicht mehr ru-
higstellen kann. Und er vielleicht drauf und dran ist, alles
hinzuschmeißen.«

Sie würden sich als Opposition darauf vorbereiten, sofort
Verantwortung zu übernehmen und wenn möglich mit den
Grünen oder den Sozialdemokraten weiterzuregieren.

»Und vielleicht heißt Ihr neues Buch dann: ›Der Schwarze‹.«

Ich frage: »Warum nicht ›Die Schwarze‹?«

Nein, Frau Lieberknecht käme nicht mehr in Frage. »Sie war zwar für Harmonie, aber manchmal hat sie einfach ohne Diskussion angewiesen.«

Mike Mohring meint, dass der Haushalt der rot-rot-grünen Regierung nicht erst im Juni – und damit viele Aktivitäten blockierend – beschlossen zu werden brauchte. »Unser alter Entwurf lag schon in den Ministerien. Aber die Neuen mussten eine andere politische Linie hineinbringen. Die Zahlen haben sich dadurch kaum verändert. In Thüringen werden auch in hundert Jahren noch keine Kokospalmen wachsen. Von Bodo Ramelows Bananen ganz zu schweigen.«

Es würde ihm allerdings Hoffnung machen, dass Ramelow gesagt hat, er sei der mittigste Linke in Thüringen. »Wenn dann noch der linkeste Rechte dazukommt, werden sich alle in der Mitte, also bei uns in der CDU, treffen.«

Ich hätte gern weiterdiskutiert, aber das Zeitfenster von Herrn Mohring ist nicht länger geöffnet. Als ich bezahlen will, hat das Dr. Hahn schon im Auftrag von Mike Mohring getan. Die Besitzerin grient und sagt zu mir: »Auf bald.«

## Von einem Büroleiter, der den Ministerpräsidenten nicht in ungebügeltem Hemd vertreten will, dem gewünschten Verbot des Artikels »die« und einer Ziege auf der Website des Abgeordneten Tilo Kummer, der fast Landwirtschaftsminister geworden wäre

Um zum Ministerpräsidenten zu gelangen, muss man in drei »Vorzimmern der Macht« mindestens eine oder einen der dort residierenden Frauen und Männer überzeugen, dass man eine sehr wichtige Person ist, ein sehr wichtiges Anliegen hat oder eine sehr wichtige Bekanntschaft im früheren Leben von Bodo Ramelow war.

Weil mir der Ministerpräsident bei unserer ersten Begegnung in der Staatskanzlei die beiden Frauen im Vorzimmer als seine Lehrmeisterinnen vorgestellt hat, bin ich zwar noch keine wichtige Person, aber im Vorzimmer bekannt, und Veronika Sauer erlaubt mir, heraufzukommen.

Die Tür zum »Zimmer der Macht« steht offen. »Wenn er nicht da ist, kann man lüften, Blumen gießen, Kekse nachfüllen und Akten auf den Tisch legen.«

Die 54-Jährige geht, selbst wenn der Ministerpräsident nicht in seinem Zimmer ist, sehr leise. Sie redet, auch wenn sie am Telefon widersprechen muss, sehr leise. Sie bewegt sich schnell, aber nicht hektisch. Sie lacht nicht laut, hat aber ein Lächeln im Gesicht, das nicht durch äußere Anlässe, sondern von innen stimuliert wird. Das alles bemerke ich allerdings erst, als sie die Gießkanne mit Wasser füllt, die grünen und roten Mappen sortiert, am Telefon eine Frau besänftigt, die unbedingt den Ministerpräsidenten sprechen will, weil die Bank einen Kredit verweigert, und den Sender mit Rock- und Popmusik, die sie während der Arbeit am liebsten hört, wieder einstellt.

An der Tür lese ich ihren Jahresspruch: »Alles Große in unserer Welt geschieht nur, weil jemand mehr tut, als er muss.«

»Seit 15 Jahren arbeite ich im Vorzimmer«, sagt sie nach der Begrüßung. Gelernt hat sie Mechanikerin für Optimierung und später Steno- und Maschineschreiben. Deshalb wurde sie Sekretärin und nach der Wende »Sekretariatsfachfrau«.

Sie hat die Mappen mit den Briefen, Anfragen und Terminen schon den ehemaligen CDU-Regierungschefs Bernhard Vogel, Dieter Althaus und Christine Lieberknecht vorgelegt. Doch sie möchte mir nicht gute und weniger gute Eigenschaften der drei aufzählen. Sie vergleicht nur die »Extreme«: den CDU-Ministerpräsidenten Bernhard Vogel mit dem Ministerpräsidenten der Linken Bodo Ramelow.

»Herr Vogel war alte Schule. Freundlich, aber ansonsten eine Respektsperson. Der Spruch von Herrn Ramelow über uns als seine Lehrmeisterinnen und ihn als Praktikanten wäre Herrn Vogel nie über die Lippen gekommen. Unser neuer Ministerpräsident ist manchmal noch wie ein großer, sympathischer Junge. Witzig und schlagfertig und volkstümlich.« Das sei gut für die lockere Atmosphäre im Vorzimmer, aber auch gewöhnungsbedürftig.

Genauso gewöhnungsbedürftig sei die Flut von Briefen, die der Ministerpräsident von Bürgern erhält, die in der DDR Unrecht erlitten haben und ihn um Hilfe oder Klärung ihres zurückliegenden Falles bitten. »Zu diesem Thema bekommt der Ministerpräsident der Linken mehr Post als die CDU-Regierungen«, sagt sie, und sie muss es wissen.

Ich frage, ob sie diese Briefe in sehr wichtige und weniger wichtige unterteilt.

»Zur Feintrennung gebe ich die Post ins Nachbarzimmer zu Büroleiter Alexander Klein.«

»Und wenn Sie im Stapel der Post den Brief einer Person finden, die Sie kennen, aber überhaupt nicht leiden mögen?«, frage ich. »Den könnten Sie doch einfach weglegen? Ein bisschen Freude an der Macht muss sein.«

Sie schüttelt bedächtig und lächelnd den Kopf. »Erstens habe ich alles, was ich im Leben tun musste, schon erledigt und bin zufrieden. Ich habe zwei gute Kinder und drei liebe Enkelkinder. Ich muss noch 10 Jahre arbeiten. Könnte also mindestens noch einem Ministerpräsidenten die Akten bringen. Und zweitens habe ich viel von meinem Vater geerbt. Er arbeitete in der LPG Andisleben hier bei Erfurt.«

»Andisleben war in der DDR eine bei Staatsbesuchen gern vorgezeigte Muster-LPG.«

»Ja. Mein Vater war dort Hauptbuchhalter. Er hat sogar gelächelt, wenn die LPG von ganz oben die Anweisung erhielt, unverzüglich mit der Getreidemahd zu beginnen, aber am Himmel schwarze Regenwolken zu sehen waren.«

Im rechten Nachbarzimmer sitzt inzwischen Alexander Klein.

Sie legt ihm einen Stapel vorsortierter Mappen auf den Tisch, sagt, dass sie versuchen wird, es so einzurichten, dass der Ministerpräsident sich sowohl mit dem Bahnchef Grube treffen als auch zum Kirchentag nach Stuttgart fahren kann.

»Wir müssen die Zeitfenster verschieben«, sagt Alexander

Klein. Sein Name stimmt mit seiner Größe so wenig überein, wie der der lächelnden Frau Sauer mit ihr.

Mit seinen kurzen, in die Stirn gekämmten Haaren und dem gepflegten Drei-Tage-Bart ähnelt er einem jungen leidenschaftlichen Römer, hat sich aber, wie er sagt, nach 8 Jahren Dienst als Jurist ein dickes norddeutsches Fell zugelegt.

Seit zwei Jahren arbeitet er für die Fraktion der Linken und wurde nach der Wahl von Bodo Ramelow dessen Büroleiter. Er könnte Marlene Dietrichs Lied abwandeln in: »Ich bin von Kopf bis Fuß auf Bodo eingestellt.« Wobei er stets von »Ministerpräsident Bodo Ramelow« spricht. »Arbeit ist Arbeit, und Schnaps ist Schnaps.«

Die Arbeit sei oft kompliziert. »Täglich erreicht uns ein Wust von etwa 200 Anfragen, Hilferufen und Sachproblemen.« Die Telefonanrufe würden dabei nicht nur die meiste Zeit, sondern auch die meisten Nerven kosten. »Da meldet sich ein Bürgermeister, ein Linker, den Bodo Ramelow und wir schon lange kennen. Er klagt, dass er in seiner Gemeinde, der er ehrenamtlich vorsteht, die Schlaglöcher nicht reparieren lassen kann, weil das Geld fehlt. Deshalb bittet er um ein hilfreiches Gespräch bei ›Genossen Bodo Ramelow‹.«

Aber man müsste erst die Hintergründe des Geldmangels erfahren, müsste wissen, was der Bürgermeister schon versucht hat, müsste dann entscheiden, ob es überhaupt sinnvoll ist, wenn der Ministerpräsident mit ihm spricht.

Die meisten würden sich darauf berufen, dass sie »den Bodo« von früher kennen. Selbst wenn sie ihn zum ersten und einzigen Mal vor 24 Jahren bei der Wahl ihres Betriebsrates gesprochen haben.

»Das Problem für uns Vorsortierer besteht darin, dass er

sich haargenau an alle Begegnungen vor 10, 20 oder 25 Jahren erinnert. Falls du einen, an den er sich erinnert, durch das Feinsieb rutschen lässt, kann es schon mal eine Meinungsverschiedenheit geben.«

Wenn er seinem Ministerpräsidenten einen Rat geben sollte (was er aber nicht tun wird), dann diesen: »Obwohl er vom Wesen einer ist, der ständig etwas erledigen möchte und muss, sollte er sich nicht zu sehr zum sofortigen Handeln und Helfen animieren lassen. Er muss es lernen, öfters einmal nein zu sagen.«

In der Öffentlichkeit würden sie dem Ministerpräsidenten niemals widersprechen, hier im Büro jedoch manchmal über grundsätzliche Probleme diskutieren.

»Zum Beispiel worüber?«

»Ob wir ein ständiges quantitatives Wirtschaftswachstum brauchen. Also mehr Stahl, mehr Autos, mehr Möbel« – er lacht –, »mehr Bücher? Oder sollten wir uns in Thüringen, wie es der Ministerpräsident befürwortet, auf ein qualitatives Wirtschaftswachstum konzentrieren?«

Einfacher wäre die Zuordnung und Beantwortung der Briefe. »Manche, wie die von Leuten, die darauf bestehen, dass der Herr Ministerpräsident sich dafür einsetzt, dass sie keine Bundesbürger, sondern immer noch Reichsbürger sind, kann man sogar wie Reklamepost unbeantwortet ablegen.«

Das wäre der Innendienst im Vorzimmer der Macht. Für den Außendienst, die Begleitung des Ministerpräsidenten bei Konferenzen, Gesprächen und Versammlungen müsste man entscheiden, ob die Fachleute der Staatskanzlei ausreichen oder der Persönliche oder der Büroleiter dabei sein sollte. »Bei der Diskussion mit Eppelmann war es gut, dass einer von uns mitgefahren ist. Schon um festzuhalten, dass der Ministerpräsident zwar versprochen hat, im nächsten Jahr wieder an der Geschichtsmesse teilzunehmen, aber den Geldmangel der Stiftung nur zur Kenntnis nahm.«

Ich frage auch Alexander Klein, ob er bei Zustimmung oder Ablehnung für Gespräche beim Ministerpräsidenten manchmal nach persönlichen Sympathien entscheidet.

»Nein«, sagt er. »In dieser Tretmühle hier bleibt keine Zeit für solche Bösartigkeiten.«

Er muss sich mit seiner Frau, die Ärztin ist, ständig abstimmen, wer den 16 Monate alten Sohn Benjamin in die Kita bringt und wer ihn abholt.

»Und wenn Sie dran sind, der Ministerpräsident aber einen ungeplanten Termin hat, bei dem Sie ihn begleiten müssen?«

»Falls ich das eine Stunde vorher weiß, kann ich die Eltern bzw. Schwiegereltern bewegen, dass sie aus Eisleben oder Jena kommen und Benjamin abholen.«

»Und wenn Sie es zu spät erfahren?«

»Muss ich auf die Familienfreundlichkeit der Partei Die Linke pochen!«

Erst zum Schluss offenbart er mir, dass er in seinem Arbeitsvertrag unterschrieben hat, den Ministerpräsidenten bei Abwesenheit zu vertreten. Doch diese Bürde möchte er möglichst nicht auf sich nehmen. »Schon wegen der Anzugsordnung. Ich bringe meine Hemden in die Reinigung. Meine Frau wirft sie manchmal in die Waschmaschine. Aber niemand bügelt sie dann.«

Ich sage, dass ich einen Ministerpräsidenten auch in ungebügeltem Hemd akzeptiere.

Der Ministerpräsident eröffnet die 25. Thüringen Ausstellung. Er lobt das pulsierende Thüringen, in dem man aus dem ICE steigen und überall interessantes Leben entdecken kann. Wie immer zelebriert er seine frei gehaltene Rede (»Ich soll den letzten Satz ›Die Messe ist eröffnet‹ nicht vergessen.«), indem er sie mit seinen typischen Handbewegungen unterstützt: entweder die Hände, segensspendend weit ausgestreckt oder andächtig zusammenhaltend.

Danach der Rundgang im Menschengewimmel. Der Ministerpräsident hat mir versprochen, dass wir heute das Foto für das Buchcover aufnehmen. Wenn ich abgedrängt werde, orientiere ich mich an den über der Ministerpräsidentengruppe geschwenkten Fernsehkameras.

Er bleibt vor den Gesellenstücken der Landesinnung des holz- und kunststoffverarbeitenden Handwerks stehen. Vergeblich versucht er, ein aufdrehbares Innenfach zu öffnen. »Links herum, Herr Ministerpräsident! Immer links herum«, sagt der Innungschef. In dem Fach stehen Flaschen. Kubanischer Rum, schottischer Whisky und Grappa. »Wir sind in der Thüringen Ausstellung. Haben wir keine eigenen Schnapsfabriken?«, fragt Bodo Ramelow.

Häppchen und Sekt. Er quetscht sich in eine Holzhütte der Raiffeisenbank, fläzt sich in einen durch Knopfdruck verstellbaren »Erholungssessel für die Kunden der Erfurter Stadtwerke«, lässt sich bei der Vereinigung der Thüringer Kamin- und Kachelofenbauer »Roter Hahn« direkt unter dem roten Hahn und danach mit Schornsteinfegern fotografieren, trinkt ein schwarzes (!) Bier bei »seiner« Watzdorfer Brauerei, begrüßt die schöne Milchkönigin, wird von den Mitarbeitern der Apoldaer Glockenbrauerei mit dem Spruch »Ein kleines geht immer noch« angehalten.

Bodo Ramelow stöhnt, und der »italienische Schopenhauer« versucht in der Nähe des Mannes zu bleiben, den er beschützen muss. »Bei solchem Gerangel darf man den Leuten nicht in die Augen, die ja auch manches verraten, schauen. Nur die Hände, immer die Hände um ihn herum beobachten!«

Die gefährlichste Situation beim Rundgang ist die Besichtigung der Zoo-Abteilung. Der Tierpfleger lässt sich eine südamerikanische giftige Kornnatter um den Arm schlängeln. Dann reicht er sie, den Bitten der Fotografen nachgebend, dem Ministerpräsidenten. Der Personenschützer sagt: »So etwas haben wir nicht trainiert. Wir würden nur eingreifen, wenn sich die Schlange um seinen Hals schlingt.« Von Beißen ist keine Rede.

Zum guten Schluss Bürgerstunde am Ausstellungsstand der Staatskanzlei. Der Ministerpräsident signiert Autogrammfotos. Der Erste, der ein Autogramm ergattert, ist Andreas Wilde. Der 40-Jährige arbeitet als Kundenberater von Sky auf dem Erfurter Flughafen. »Ich habe schon 25 000 Autogrammkarten. Honecker, Siegmund Jähn und jetzt alle Thüringer Ministerpräsidenten.«

Als Bodo Ramelow nach der Ukraine und der Krim gefragt wird, meint er: »Es geht auch um Schürfrechte für Bodenschätze und um strategische Positionen. Eine blockunabhängige Konföderation wäre allemal besser. Die Separatisten werden die Krim nicht aufgeben.«

Die nächste Autogrammsammlerin fragt nach der Gebietsreform in Thüringen. »Werden die Gothaer mit Friedrichroda …?« Bodo Ramelow weiß nur, dass zahlenmäßig und leistungsmäßig zusammengeschlossen werden muss. »Aber es sollten nicht die zusammenkommen, deren Mentalität und Tradition sich unterscheidet wie Bad Salzungen und Eisenach oder Ilmenau und Arnstadt.«

Nach der Ausstellung wird er nach Hause gefahren, zieht Pullover und Anorak an und kommt, wie vereinbart, mit Attila zum Erfurter Steiger. Der Fotograf Michael Reichel und ich haben schon Wege gesucht, auf denen der Ministerpräsident mit dem Hund an der Leine spazieren gehen kann. Außerdem habe ich unter Gestrüpp umgestürzte Bäume entdeckt. »Das wäre sehr symbolisch. Der Ministerpräsident balanciert auf einem Stamm inmitten von Dornengestrüpp.«

Michael Reichel protestiert: »Das kannst du ihm nicht zumuten.«

Dann fotografiert er: Zuerst mit Hund an der Leine auf dem Weg. Dann den Hund frei laufen lassend … auf dem Baumstamm balancierend (!), die Arme wie Eulenspiegel auf dem Drahtseil ausgebreitet. Er fällt nicht herunter.

»Wäre ja auch schrecklich«, sagt der »Italiener«. »Dann müsste ich ihn bis zum Auto schleppen. Tragbahren gehören nicht zur Ausrüstung der Personenschützer.«

In den 100 Tagen hatte ich zwei unvergessliche Begegnungen. Einmal die mit dem 92-jährigen Manolis Glezos und im Erfurter Heinrich-Mann-Gymnasium die mit dem 90-jährigen deutsch-französischen Publizisten, Soziologen und Politikwissenschaftler Prof. Alfred Grosser.

»Eine ungewöhnliche Schulstunde«, sagt die Direktorin vor dem Auditorium von Schülern der 11. und 12. Klassen,

die allesamt Französisch sprechen. Sie begrüßt die Bildungsministerin, den Ministerpräsidenten und den kleinen Mann,
auf dessen Stirn sich die Fältchen wie Wellen ausbreiten und
dessen Schlips nicht nur das Hemd, sondern auch die Haut
unter dem Kinn zusammenhält.

Professor Grosser, der als 8-Jähriger mit seinen Eltern wegen ihrer jüdischen Abstammung nach Paris emigrieren
musste und nun ein deutscher Franzose oder französischer
Deutscher ist, hat nach 1945 mit seinen Schriften und Vor-
trägen den Weg zur deutsch-französischen Versöhnung und
heutigen Freundschaft mit geebnet.

Der Ministerpräsident bezeichnet sich bei seiner Begrü-
ßungsrede als »die Vorband des Professors«.

»Mein Vater hat im Krieg gegen die Franzosen gekämpft
und kam todsterbenskrank zurück. Mein Großvater war sehr
früh in die NSDAP eingetreten. Er vermisste die kaiserliche
Ordnung. Aber er bereute diesen Wahnsinn und ließ als Bürgermeister in den letzten Kriegstagen weiße Fahnen hissen,
noch vorhandene Waffen in der Jauchegrube versenken und
übergab das Dorf ohne einen Schuss den anrückenden Ame-
rikanern. Wahrscheinlich hat er damit einigen Menschen das
Leben gerettet.« Doch in manchen Köpfen sei noch lange
nicht Frieden gewesen. »Ich habe nie verstanden, wenn die
Alten vom ›Sedonwäldche, wo sie aufmarschiere‹ sprachen.
Damit war der Ehrenhain zur Erinnerung an den Sieg der
Deutschen im Krieg gegen Frankreich gemeint. Sie be-
schimpften auch die ›Seperadischte‹, diejenigen ›Verräter‹,
die Rheinhessen an Frankreich angliedern wollten und genau solche ›Feinde‹ waren wie später die ›Kommunischte‹.«

Er sei zum ersten Mal bei seiner Konfirmation in Frankreich gewesen, 25 Jahre nach Kriegsende in Lothringen. »Ich freue mich, dass ich heute miterlebe, wie selbstverständlich inzwischen für deutsche Schüler ein Treffen mit einem französischen Professor geworden ist.«

Der 90-Jährige löst den 59-Jährigen ab. Zuerst bittet er alle Erwachsenen – also Lehrer, Mitarbeiter, Gäste, die Bildungsministerin und den Ministerpräsidenten – in der ersten Reihe, sich hinter die Schüler zu setzen. »Ich möchte mit den Schülern sprechen. Sie stellen interessante, ehrliche Fragen. Bei den Erwachsenen ist das nicht immer so.«

Danach beginnt er, den Schülern des Heinrich-Mann-Gymnasiums von Heinrich Manns Roman »Der Untertan« zu erzählen. »Als Diederich Heßling und seine Frau geheiratet haben, liegen sie auf der Hochzeitsreise in einem Erste-Klasse-Coupé. Da steht der Mann noch einmal auf, ordensbehangen, und sagt: Bevor wir zur Sache selbst schreiten, um dem Kaiser einen tüchtigen Soldaten zu machen, gedenken wir unseres allergnädigsten Kaisers.«

Zwar wüsste er, dass Kriege immer mit nationalistischer Hetze beginnen, aber er weigere sich, zu behaupten: »So waren *die* Deutschen!« Nein, er würde, und nun spricht er die Bildungsministerin an: »Ich würde als Minister an allen Schulen Thüringens die Benutzung des Artikels *die* in solchem Zusammenhang verbieten: Es gibt nicht *die* Deutschen, nicht *die* Franzosen, nicht *die* Russen und nicht *die* Griechen!«

Dann referiert er über das vereinte Europa. Man sollte überall Schilder anbringen, was Europa für die einzelnen Länder, also auch für Bayern, gebracht hat. Er warnt vor einer neuen Kolonisierung, die auch Deutschland wieder betreibt, wenn beispielsweise in Spanien oder anderen Mittelmeerländern Krankenschwestern oder Wissenschaftler abgeworben würden. »Diese Länder verarmen ohne ihre Elite.«

Und er spricht über sich. »Ich war nur wenig jünger als die Geschwister Scholl, die, weil sie Flugblätter gegen den Krieg und Hitler verteilt hatten, hingerichtet wurden. Hans Scholl hat einmal gesagt: Ich kann nicht abseitsstehen, weil abseitszustehen kein Glück ist. – Ich habe wahrscheinlich ein Gen, das mich zum Glücklichsein verurteilt. Ich denke an den Tod und habe deshalb keine Zeit mehr für Eitelkeiten und für Rache. Ich würde eher sagen, wie es in der DDR-Hymne heißt ›… und der Zukunft zugewandt‹.«

Die Direktorin steht auf. Aber weil sie in der letzten Reihe steht, sehen es die Schüler nicht. Sie steht allein und applaudiert lange, aber gesittet. Die Schüler sitzen und applaudieren frenetisch.

Als wir gehen, sagt Bodo: »Es war sehr beeindruckend, und das mit der Vorband hätte ich heute vielleicht nicht sagen sollen.«

Ich beschwere mich beim Umwelt- und Landwirtschaftsexperten, dem Diplom-Fischerei-Ingenieur Tilo Kummer, weil Karl in Thüringen kein grünes Kennzeichen für seinen Traktor erhält.

Der 47-jährige Abgeordnete grient mich, was bei seinem sehr schmalen Kopf noch frecher aussieht, an und sagt: »Mein lieber Herr Gesangverein, ich bin seit 15 Jahren im Thüringer Landtag, spreche für die Linke über Umwelt und Landwirtschaft, habe mir 2014 sogar vorstellen können,

Landwirtschaftsminister oder Staatssekretär zu werden, aber wenn ich meine Schafe …«

»Du hast Schafe?«

»Ich hatte welche. Jetzt nur noch 2 Pferde und 3 Ziegen. Schafe sind mir – vielleicht weil ich das auch im Landtag erlebe – zu lammfromm. Ziegen dagegen haben Charakter. Meine Website wird von einer Ziege präsentiert!«

»Und die Schafe?«

»Also, wie gesagt, ich habe eine kleine Landwirtschaft, aber wenn ich im Sommer meine 3 Schafe auf die Weide nach Suhl-Goldlauter bringen wollte, brauchte ich zuvor eine Ausfuhrgenehmigung vom Landkreis Hildburghausen und danach eine Einfuhrgenehmigung der Stadt Suhl. Und wenn ich sie im Herbst heimholte, liefe das umgekehrt. Wir Abgeordneten und die hohen Beamten in den Ministerien sind oft nur Marionetten. Sozusagen der höchste Zirkus im Land. Da kann ich drei Doppelsaltos hinlegen, aber die Behörde sagt: Das sieht sehr gut aus, Herr Kummer. Aber wo ist die Ausfuhrgenehmigung für die Schafe?«

Na ja, und so sei es auch mit dem grünen Kennzeichen und dem Teich in der Nähe von Haina …

»Was für ein Teich?«

Er entschuldigt sich für seine Gedankensprünge. »Das passiert mir leider oft … Der Teich sollte trockengelegt werden. Doch die Bürger protestierten, weil er zur Landschaft gehört, Fische drin schwimmen und nachts das Froschkonzert … Also machte ich eine schriftliche Anfrage an das neue Ministerium für Umweltschutz und wollte wissen, ob der Teich nicht doch erhalten werden kann. Die Antwort des Mitarbeiters, der mir schon unter dem CDU-Minister eine Absage erteilt hatte, lautete, dass es seit vergangenem Jahr nichts Neues gebe. – Doch es gibt etwas Neues. Wir haben jetzt eine grüne Ministerin. Aber wie gesagt: Die Basis bleibt, oben sind nur andere Marionetten.«

Ob er wirklich die Absicht hatte, in der neuen Regierung Landwirtschaftsminister oder Staatssekretär zu werden? »Natürlich nicht die Absicht. Aber so eine Ahnung, nachdem Bodo vor den Koalitionsverhandlungen diese Möglichkeit erwähnt hatte. Doch danach betonte er immer wieder öffentlich, dass in seiner Regierung niemand sein wird, dem man eine Zusammenarbeit mit der Staatssicherheit nachweisen kann. Ich habe im Wachregiment ›Feliks Dzierżyński‹, das offiziell zum MfS gehörte, gedient. Der Wehrdienst dort, also nicht der freiwillige Dienst, gilt nicht als Stasi-Belastung. Bodo wollte jedoch auf Nummer sichergehen.«

Wieder ein Sprung, diesmal zum Heizer im Wachregiment, dem Genossen Paul. »Als im Herbst 1989 ein großer LKW mit Akten auf den Hof des Wachregiments fuhr und die Akten in der Heizungsanlage verbrannt werden sollten, hat er – und die Heizer waren Hauptamtliche der Stasi – mit einem Kollegen die Ofentür zugeschweißt … Heizer Paul war immer ein leidenschaftlicher Biertrinker. Nach der Wende musste er, um leben zu können, Wein verkaufen. Wein vom Weingut des Prinzen von Preußen.«

»Wahrscheinlich schläfst du als Abgeordneter ruhiger als ein Minister oder Staatssekretär.«

Das ist nicht so sicher, denn seine Frau bekommt im August ein Baby. Sie wollen noch nicht wissen, ob es ein Junge oder Mädchen wird. Was er aber zu wissen glaubt, ist, dass die Ein-Stimmen-Mehrheitskoalition fünf Jahre halten wird.

»Sie ist auch ein Experiment für Berlin. Benjamin-Immanuel Hoff und Wolfgang Tiefensee trainieren hier auch für die Hauptstadt.«

Es sei schwer für »Fremde«, sich Thüringen mit seinen speziellen Problemen zu nähern. »Beispielsweise die Sache mit der Laugenverpressung. Um damit weitermachen zu können, droht die Kali- und Salz-AG: Wenn die unterirdische Einleitung verboten wird, schließen wir die Grube in Unterbreizbach! Aber im Staatsvertrag, den der ehemalige Ministerpräsident Bernhard Vogel nach einer nächtlichen Bundesratssitzung in Berlin unterschrieben hat, steht zwar, dass Thüringer Kali durch einen Tunnel von Hessen aus gefördert werden darf, aber es ist auch vermerkt: Das gilt nur, solange in Unterbreizbach noch produziert wird!«

Das seien nachlesbare Geheimnisse in Thüringen. Aber es gäbe auch die Geheimnisse, die keiner kennt.

»Ein Kali-Kumpel hat mir erzählt, dass nach dem Tschernobyl-Unglück ein mit Planen verhüllter Zug in Merkers ankam. Wo und wie er verladen wurde, weiß niemand. Doch in Merkers existieren Trockenschächte, die nie geflutet werden dürfen. Weshalb nicht? Und was lagert drin? Das weiß keiner. Wir hatten zwar in der DDR ein Umweltschutzgesetz, aber für Devisen wurde vieles zugelassen. Auch um solche Fragen sollte man sich bei der Aufarbeitung der DDR-Vergangenheit endlich kümmern.«

Und wegen des grünen Kennzeichens müsse ich mich nicht an das Umwelt- oder das Landwirtschaftsministerium, sondern an das Innenministerium von Herrn Poppenhäger wenden.

Das wird Karl nicht tun. Er hat, wie er sagt, noch nie an eine Behörde geschrieben. Aber er hat seinem »Longhorn«-Kalb einen Namen gegeben: Lotte.

»Weshalb Lotte?«

»Lotte kannste laut rufen. Das klingt mit den zwei T wie ein Befehl. Versuch das mal mit Madeleine oder Monika.«

Frieder sieht nicht nur so aus, er ist auch ein Schlitzohr. Vor einigen Tagen hatte er beim Frühstück seinen vietnamesischen Hut nicht abgesetzt und, was ich noch merkwürdiger fand, kein Wort gesagt. Ab und zu schielte er zu den Heftern mit meinen Recherchen. Inzwischen weiß ich, weshalb Frieder so schweigsam war. Er wollte verhindern, dass ich ihm sein Date vermassele. Am Vorabend hatte er vom Büro des Ministerpräsidenten einen Termin für ein Gespräch erhalten.

Heute verkündet er mir stolz wie ein Bezwinger des Mount Everest: »Gestern habe ich mich mit Bodo getroffen.«

Ich schaue ihn an, als hätte er behauptet: »Gestern habe ich mich in eine Außerirdische verliebt.«

Weil ich nur »Häh?« murmele, erklärt er: »Nu pass mal gut auf: Ich habe seiner Behörde lediglich gesagt: Richten Sie bitte aus, dass ihn sein Teufelsmoor-Nachbar und Kameltränker Fridolin Scheusel besuchen möchte.«

Getroffen hätten sie sich im separaten Raum eines Arnstädter Hotels. Ob ich wissen möchte, worüber sie gesprochen haben? Dass ich weder ja noch nein sage, stört ihn nicht, er erzählt mit vollem Mund, wie sie Erinnerungen an Osterholz-Scharmbeck ausgetauscht hätten. »Du weißt schon, das ist ganz nah bei Worpswede. Dann haben wir von der Wüste geschwärmt.«

Ich öffne zum ersten Mal den Mund, weil ich die Chance nutzen will, um endlich zu erfahren, weshalb er in der Sahara Kamele getränkt hat.

»Ich hatte an der Uni eine Semesterarbeit über alternative Stromerzeugung geschrieben. Als ein Stromkonzern versuchte, aus Silizium, also Wüstensand, Energie zu gewinnen, habe ich mich für die Experimente in der Wüste gemeldet. Nach 3 Monaten gab der Konzern auf. Ich blieb dort, denn ich hatte die 2200 Euro, die ich im Monat auf die Hand bekam, mit einer schönen Algerierin durchgebracht und wegen ihr Schulden gemacht. Trotzdem brannte sie mit einem Engländer durch.«

»Hast du ihm das erzählt?«

»Nee, wir haben uns ernsthaft über seine anstrengende Regierungsarbeit unterhalten, zum Beispiel, dass er im Wahlkampf versprochen hatte, die 1000er Anlage eines Pumpspeicherwerkes am Rennsteig zu verhindern und stattdessen die kleine 600er Alternative im Stadtwald von Ohrdruf durchzusetzen …«

»Und weshalb hat er jetzt, um die kleine Anlage zu ermöglichen, den Kauf des Ohrdrufer Waldes nicht energischer betrieben?«, frage ich dazwischen.

»Naja, wenn er mit all seiner Leidenschaftlichkeit früher im Amt gewesen wäre, hätte es gelingen können.« Er habe Bodo nicht als Oppositionspolitiker erlebt. »Damals hatte ich den Mistlader noch nicht repariert und keine Beziehung zur großen Politik.« Doch er denkt, dass Bodo Ramelow mit der gleichen bissigen Leidenschaft, mit der er sich und seine Regierung gegen Kritik jeglicher Art verteidigt, früher die CDU/SPD-Koalition angegriffen hat.

»Er sagte mir: Wenn die Pumpspeicherwerk-Gegner der Meinung sind, dass ich das 600-Megawatt-Nordbecken hätte durchsetzen können, dann muss ich darauf hinweisen, dass sie mir vor der Wahl nicht zugehört haben. Und jetzt enttäuscht sind, weil sie offenkundig was anderes hören wollten als das, was ich gesagt habe. Nämlich dass das 600-Megawatt-Becken nur kommt, wenn Ohrdruf den Wald verkauft. Sie haben ihn nicht verkauft. Und da kann ich auch nichts anderes anweisen. Weil, wir sind nicht mehr im Sozialismus, bei dem der erste Parteinik alles entscheidet.«

Aber eigentlich sei es noch komplizierter gewesen, hat ihm Bodo erklärt. »Wenn Trianel dich erpresst, entweder das große oder gar kein Pumpspeicherwerk in Thüringen, was machst du dann als inzwischen für die wirtschaftliche Weiterentwicklung verantwortlicher Ministerpräsident? Du sagst zähneknirschend: Gut, das große, aber wenigstens 100 oder 200 Meter neben dem Rennsteig.«

Das mit dem Wald von Ohrdruf war nur ein Scheingefecht, weil damit die Schlacht ja schon geschlagen und verloren war. Das hatte man Frieder auch in Ohrdruf bestätigt, als er sich bei seinem Informanten erkundigte.

»Bei der Frau des Abgeordneten, der der Biobauer jede Woche handgemolkene ...«, frage ich und grinse heute zum ersten Mal.

Beleidigt will er gehen. Ich denke zwar: Was entschuldigst du dich bei diesem Aufschneider? Aber ich gebe klein bei, und er redet wichtigtuerisch weiter.

Sie hätten zusammen Kaffee getrunken. »Nur zweimal hat der Ministerpräsident mich als Amtsperson zurechtgewiesen. Das eine Mal, als ich am Beispiel des ›Elefantenjägers‹, den er bei gleicher Bezahlung in die Staatskanzlei übernehmen musste, mit ihm über Macht und Ohnmacht sprechen wollte und er behauptete, dass er, weil er nie von Ohnmacht ausgegangen ist, auch nie vor ihr in die Knie gehen musste.

Aber Macht und Ohnmacht gehören doch zum Handeln eines Ministerpräsidenten, widersprach ich.

Da entgegnete er böse und nannte mich plötzlich Fridolin: Wenn du meine Antworten besser kennst als ich, brauche ich dafür keine Zeit zu verschwenden!

Ich war auf der Stelle still, und er wiederholte: Ich bin nie von Ohnmacht ausgegangen, deshalb muss ich sie auch nicht fürchten. Da ich aber auch nicht von Macht ausgegangen bin, habe ich nie gedacht, dass ich mächtiger als andere bin. Ministerpräsident ist eine Funktion. Er ist nicht Gott und wird nicht auf Händen getragen. Man kann ausprobieren, welche Spielräume man in dieser Funktion hat. Deswegen ist die Frage, was ist Macht und was ist Ohnmacht, für mich keine realistische Frage. Ich überlege, ob ich an einer bestimmten Stelle steuernd eingreifen kann, ob es mir überhaupt zusteht oder nicht. Das ist es.«

Hier, sagt Frieder, wären die Personenschützer in das Hotelzimmer gekommen und hätten dem Ministerpräsidenten gesagt …

Ich unterbreche ihn. »Wie sahen die aus?«

»Weshalb willst du das wissen? Einer unauffällig, der andere dunkelhäutig, mit schwarzen Haaren und schwarzen Augen wie ein Italiener, der auch als Model arbeiten könnte.« Die Personenschützer hätten dem Ministerpräsidenten berichtet, dass in einem Vorraum neben der Eingangstür Leute eines Vereins tagen, mit denen er bestimmt nicht zusammentreffen möchte.

»Er fragte nur: Gibt es einen anderen Ausgang? Sie nickten und zogen den Vorhang vor das Glasfenster unserer Tür.

Ja, und danach hat der Bodo wohl schon ein wenig genervt sehr barsch auf meine Frage nach Sandro Witt reagiert. Der war vor einigen Jahren mit ihm im Landesvorstand der Linken. Aber nun hatte Sandro Witt als stellvertretender DGB-Vorsitzender von Thüringen und Hessen dem ehemaligen Gewerkschaftsfunktionär Bodo Ramelow öffentlich vorgeworfen, dass er bei der Einschränkung des Freistellungsbildungsgesetzes die Interessen der Arbeiter verraten hat. Durch dieses Gesetz würden 50 000 Beschäftigte nicht berücksichtigt. Es sei ursprünglich keine Rede davon gewesen, dass nur Arbeitnehmer in Betrieben ab 5 Beschäftigte für Bildungsurlaub freigestellt werden müssen.«

Vorwurfsvoll frage ich Frieder, ob er das in meinen Aufzeichnungen gelesen hat. Bisher habe ich nämlich bei Gesprächen tunlichst vermieden, Bodo Ramelow auf Sandro Witt anzusprechen.

Frieder sagt hastig: »Die Seite war aufgeschlagen, und Sandro Witt kenne ich, seit er in Suhl mit langem Pferdeschwanz umhergelaufen ist. Jetzt trägt er wohl einen Irokesen … Bodo Ramelow erklärte mir, dass Sandro Witt nicht die Meinung der Gewerkschaft vertritt, wenn er die Arbeit der neuen Landesregierung schlecht benotet. Doch als ich erwiderte, dass ich es trotzdem nicht verstehen könnte, wie Linke, die zuvor gemeinsam gekämpft hätten, einander ohne Pardon angreifen, und hinzufügte, dass man sich doch von Mensch zu Mensch oder von Genosse zu Genosse …, sagte der Ministerpräsident plötzlich sehr laut: Fridolin, was willst du jetzt von mir hören? Dass ich der Meinung bin, Sandro Witt macht in der Gewerkschaft einen schlechten Job? Das werde ich dir nicht in dein Diktiergerät sagen.«

Bevor Frieder weiterreden kann, frage ich verwundert: »Was hattest du für ein Diktiergerät?«

»Mein Handy. Ein Foto von Bodo und mir gibt es leider nicht. Ich kann mit dem Selbstauslöser nicht umgehen. Aber als Beweis wollte ich unser Gespräch wenigstens aufnehmen. Ich habe das Gerät nach Bodos Bemerkung sofort ausgeschaltet. Er schimpfte aber weiter: Erst schickt Sandro Witt eine SMS, dass er den Kompromiss – es war ja ein Kompromiss – mitträgt, und dann kritisiert er uns öffentlich. Das ist das Gegenteil von Verlässlichkeit. Anscheinend ist es schick, wenn ein DGB-Vertreter einem linken Ministerpräsidenten schlechte Noten erteilt. Was hätte ein Gesetzentwurf nach dem revolutionären linken Muster: Wenn schon, dann bitte schön alles! genutzt? Wir hätten ihn ohne Kompromiss mit unserer Ein-Stimmen-Mehrheit nicht durch das Parlament bekommen. Die Gewerkschaften sollten sich stärker um ihre ureigensten Aufgaben, beispielsweise um Betriebsräte in allen Unternehmen, kümmern. Dafür gibt es nämlich schon ein Gesetz. Ich komme aus der Gewerkschaft und bleibe Gewerkschafter. Ich weiß genau, welche Rechte im Betrieb für die Gewerkschaft wichtig sind. Aber die Hausaufgaben muss die Gewerkschaft allein machen. Und wenn es in den Stadtwerken keine gewerkschaftliche Tarifbindung mehr gibt, ist das ein Zeichen für die Schwäche der Gewerkschaft und nicht die Zuständigkeit der Politik. Die Arbeiter müssen ihre Rechte in den Betrieben durchsetzen. Wenn wir überall in Thüringen starke Betriebsräte hätten, dann würden die Unternehmer nicht wegen 5 Tagen Bildungsurlaub auf die Barrikaden gehen.

So ungefähr. Er hat noch gesagt, dass es heutzutage für die Linke nicht um Einzelsiege geht, die dann den gesamten linken Prozess in Frage stellen. Nach 1989 hätten die Ultrakonservativen und auch viele Liberale frohlockt, dass mit dem Untergang des realen Sozialismus die linke Idee ein für alle Mal begraben worden ist. Nun hätten wir 25 Jahre später wieder eine linke Bewegung von Südamerika über Griechenland, Spanien bis nach Thüringen. Nein, keine Revolution, aber eine Veränderung im linken Sinne. Selbst wenn das Bildungsgesetz mit Einschränkungen beschlossen worden ist.«

»Wie würdest denn du dich weiterbilden wollen, wenn dir Volker Bildungsurlaub zugesteht?«

»Ich würde die unterschiedlichen Fledermausarten studieren und eine Methode entwickeln, wie man auch in PVC-Rohren mit Messinstrumenten ein Leck entdeckt.«

Am Schluss des Gespräches, sagt Frieder, hätte er den Ministerpräsidenten nach seinem Lieblingsplatz in Thüringen gefragt.

»Und was hat er gesagt?«

»Er hat von Paska am Hohenwarte-Stausee geschwärmt.«

Er sei ihm sympathisch, sein Teufelsmoor-Nachbar. »Der weiß bestimmt als Politiker und als Mensch, was er will. Und er hat, als wir das Zimmer verließen, sogar die Vorhänge zurückgezogen.«

## Von einem Sternsinger, der nie Politiker werden möchte, der Unsitte, dass Abgeordnete in kurzen Hosen im Landtag sprechen, und Weihrauchharz aus der Wüste, das gegen Gelenkschmerzen helfen soll

Nach diesem langen Frühstücksgespräch schachten Frieder und ich so schnell, dass jeder Maulwurf seine helle Freude an uns hätte. Frieder meint, dass sich das Leck an der Stelle, an der sich die Sonde nicht weiterschieben lässt, befindet. Ich glaube es nicht, grabe aber wie ein 30-Jähriger. Schon mittags kann ich mich kaum noch bewegen, und Frieder erklärt, dass es an der Zeit wäre, Audi aufzusuchen und mir Weihrauchharz gegen Gelenkschmerzen zu holen. Und weil Audi das Harz aus der Wüste geholt hat, würde er gern mitkommen. »Wüstenmenschen sind immer besondere Menschen!«

Audi und seine Frau sitzen im Büro einer langgestreckten barackenähnlichen Halle auf orthopädischen Bällen. Übers Internet verkaufen sie neue und gebrauchte Autoteile. Im Lager stehen alte Maschinen, Gerümpel und zwei blitzblanke Simson-Mopeds Marke »Schwalbe«. Frieder steuert sofort darauf zu. »Wollte ich immer haben. Aber jetzt kann ich die nicht mehr bezahlen.«

Während Frieder sich glücklich auf die »Schwalbe« setzt, wickelt mir Audis Frau bernsteinfarbene Stückchen ein. »Immer nur eins kauen. Kauen, kauen, kauen. Am besten stundenlang. Auch wenn es bitter wird. Und zum Schluss ausspucken.« Sie haben das Wüstenharz von ihren »Wüstensöhnen« aus dem Emirat.

Ich erzähle Audi vom Umbau des Transformatorenhäuschens. »Das Fledermaushotel steht hinter dem Dönerladen, in dem wir uns am Tag der Ramelow-Wahl getroffen haben, und wird von der Firma Ihres Namens gesponsert.«

Er sagt, dass Menschen genauso schützenswert sind wie Fledermäuse. Aber besser so, als wenn Audi die Entwicklung von kleinen Schützenpanzerwagen sponsern würde.

Er will wissen, wie sich der Bodo Ramelow in Erfurt macht.

»Anscheinend ganz gut. Seine Umfragewerte steigen«, sage ich.

Die könnten genauso und noch schneller fallen, meint er. Wichtig wären für Bodo Ramelow vor allem Ehrlichkeit und Mut. Wobei man es mit der Ehrlichkeit auch übertreiben könnte. »Als ich 8 oder 10 Jahre alt war, wir wohnten damals in Öbisfelde an der Grenze, brachte mir meine Lehrerin ihr Fahrrad. Ich sollte das Licht reparieren und das Rad gleich noch ein bisschen putzen. Ich war sehr faul und habe es nur mit einem Schlauch abgespritzt und das lockere Kabel am Dynamo festgeschraubt. Dafür gab sie mir 10 DDR-Mark. So viel Geld hatte ich noch nie gehabt. Aber dazu hatte ich auch das Schuldgefühl, trotz meiner Faulheit 10 Mark bekommen zu haben. Ich erzählte es dem Großvater. Und der sagte: Mein Junge, du hast zwei Möglichkeiten. Entweder du behältst bis zu deinem Lebensende das Gefühl der Schuld oder du musst das Geld der Lehrerin zurückgeben. – Als ich es ihr zurückbrachte, war sie beleidigt. Sie hat es nicht genommen, aber ich musste dafür ihren Garten umgraben. Ich habe mehr als eine Woche dazu gebraucht.«

»Und was, Sie Philosoph«, frage ich, »hat das mit Ehrlichkeit beim Regieren zu tun?«

»Im Grunde muss der Ramelow immer ehrlich sein. Aber manchmal trotzdem überlegen, ob Ehrlichkeit in jedem Falle von Nutzen ist.«

»Und Mut?«

»1977 bis 1980 wurde ich als Gefreiter bei einer Übung auf dem Kyffhäuser strengstens vergattert: Niemanden ohne Parole durchlassen, auch den General nicht! 18 Grad Minus. Der General kam. Ich schrie: Parole! Aber er sagte nichts. Ich habe in die Luft geschossen und den General gezwungen, im Schnee zu knien.«

Audis Frau unterbricht ihn nicht nur an dieser Stelle. »Peter, du musst das aber richtig erzählen.«

»Na ja, meine Knie schlotterten vor Angst. Der Kompaniechef kam und riss mir die Schulterstücke herunter. Später befahl General Stechbarth, was der Chef der NVA-Bodentruppen war, mich zu sich. Was haben Sie falsch gemacht, Genosse Lutschian? – Ich habe nichts falsch gemacht, Genosse Generalleutnant! Da sagte er: Ja, Sie haben alles richtig gemacht. Sie bekommen die Schulterstücke sofort zurück.«

Mut und Ehrlichkeit, meint Audi, müsste Bodo Ramelow immer ins Verhältnis setzen. Außerdem solle er sich täglich sagen: Ich kämpfe einen Dschihad mit mir selbst.

»Einen heiligen Krieg?«

»Ja, den gegen die eigenen negativen Charaktereigenschaften.«

Audis Sohn bildet in Suhl im Auftrag der Simson-Stiftung ausländische Studenten vor allem im Bereich des Maschinenbaus aus. Sie kommen vorwiegend aus den Emiraten. Insgesamt 15 »Wüstensöhne« haben in den letzten Jahren bei Audi und seiner Frau gewohnt. »Sie haben uns den Koran vorgelebt: Ehrlichkeit und Gutes tun wollen. Sie haben ohne Aufforderung Fenster geputzt, Rasen gemäht. Sie haben fünfmal am Tag gebetet und die Tür dabei offen gelassen. Auch unsere Firma, der es 2009 schlechtging, haben sie in ihre Gebete eingeschlossen. Und wir haben miterlebt, wie sie den Dschihad gegen sich anwendeten. Wenn ein Choleriker zu schreien anfing, bezwang er sich sofort und sprach ganz leise.«

Davon solle ich dem Ministerpräsidenten erzählen und außerdem die muslimische Bankmoral erklären. »Sie verlangen und sie geben keine Zinsen. Wenn sie Geld verleihen, verdienen sie nur am Ertrag, den der Kunde damit erwirtschaftet.« Und als letzte Weisheit – Frieder hat inzwischen eine der Simson-Schwalben zum Laufen gebracht – sagt mir der ehemalige Koch und jetzige Autoteilehändler, der in zwei Wochen mit seiner Frau zu den 15 Söhnen in das Emirat fahren wird und neues Weihrauchharz mitbringen will: »Bodo Ramelow muss Christ und Kommunist bleiben, sich aber von der Ideologie des Kommunismus lösen. Wenn er aus dem Becher des Wissens trinkt, trinkt er als Atheist. Aber auf dem Grund des ausgetrunkenen Bechers wartet immer etwas Geheimnisvolles, wartet Gott. Ein Mensch, der die spirituelle Verbindung verliert, hat keine Zukunftspläne.«

Ich probiere das Weihrauchharz. Es ist hart. »Du musst es erst weich kauen«, sagt Peter Lutschian.

Ich verspreche, dass ich dem Ministerpräsidenten von den Weisheiten des Islams erzählen werde.

Das Prinzip der muslimischen Banken hat Bodo Ramelow – eben auch ein Wüstenmensch – schon als eine erstrebenswerte Alternative zu Finanzspekulationen genannt, und in der Nachbargemeinde Viernau, wohin ich gleich fahren werde, versucht Bürgermeister Manfred Hellmann seit 10 Jahren Solaranlagen bauen zu lassen, die den Einwohnern des Ortes gehören und ihnen Gewinn bringen sollen und nicht den Energiekonzernen.

Frieder möchte lieber bei Peter Lutschian im Lager stöbern. Ich verspreche ihm, dass ich ihn auf der Rückfahrt von Viernau mitnehmen werde.

Am Ortseingangsschild steht der Zusatz »Solargemeinde«. Nicht weit davon entfernt befindet sich das erste große Sonnenenergiefeld. Platten an Platten. Ein Riese aus den Wäldern ringsum könnte hier mit einem Eichenast Xylophon spielen.

Vor dem Gemeindehaus parkt nur ein Opel Ampera.

Bürgermeister Hellmann ist ein drahtiger Mittsechziger. Ich frage, ob der Opel Ampera ihm gehört.

Ja, ein Hybridauto. »Es sollte eigentlich 80 Kilometer ohne Benzin fahren. Aber selbst bei besten Bedingungen im Sommer waren es nur 75. Als Abgeordneter habe ich es manchmal von hier bis zur Garage des Landtages geschafft. Dort konnte ich es wieder aufladen.«

Die Produktion des Opel Ampera wird wohl eingestellt. »Es gibt ihn nur noch auf Halde. Aber alle, die einen fetten Mercedes fahren, könnten sich auch solch ein Auto leisten. Sie tun es nicht, und ich zweifle inzwischen an der von Vernunft gesteuerten Überlebenschance der Menschheit.«

Trotzdem scheint er mit seinem Einsatz für die Solarenergie das Gegenteil zu beweisen. Er verspricht eine Kurzfassung, weil er mir in seiner 2000-Seelen-Gemeinde noch die Geburtenallee, den Gegenpol zum Friedhof, zeigen möchte.

1999, als er Bürgermeister wurde, gab es nur noch 9 Geburten in Viernau (1989 waren es 24). »Deshalb redete ich damals zuerst übers Kindermachen, also über Bevölkerungspolitik. Meine Genossen haben mich ausgelacht. Aber man musste etwas tun. Wenn 12 Leute im Jahr sterben, kann man sich ausrechnen, wann es Viernau nicht mehr gibt.«

Damals sah er ein Werbeplakat für Solaranlagen. »Das war was Modernes, Technisches, Neues. Also etwas, das auch junge Familien anzieht.« Die erste Solaranlage ließ er auf der Turnhalle errichten. »Damals noch mit der Solarstrom AG in Freiburg. Lebensdauer der Anlage 30 Jahre, Gemeindeeigentum, in 4 Jahren ist sie abbezahlt, und wir erhalten die Einspeisungsvergütung.«

Wichtiger sei allerdings die Werbung für den Ort gewesen. »Wir wurden im Internet als erste und größte Solar-Kommune Thüringens bezeichnet. Bald kamen Anfragen von Investoren, ob sie bei uns Solarparks bauen können. Wir wollten das Geld in der Gemeinde behalten. Dafür hätten wir 7 Millionen Euro Kredit gebraucht. Die Rechtsaufsicht und das Landesverwaltungsamt untersagten uns, als Kommune diesen Kredit aufzunehmen. Auch von der CDU/SPD-Regierung wurde ich immer nur hingehalten. Wir mussten schließlich den Auftrag an eine private Firma in Schleswig-Holstein übergeben. Die investierte und verdiente.«

Für die dritte Anlage, die größte, die sich auf zwei Hektar

der ehemaligen Müllhalde befindet, organisierte der Bürgermeister eine Solargenossenschaft. Jeder konnte 500 bis maximal 30 000 Euro einzahlen.

»Wir haben 65 Mitglieder, u. a. den Biathlon-Sieger Arnd Peiffer und Bodo Ramelow, damals war er noch nicht Ministerpräsident. Leider hat sich die Gemeinde nicht beteiligt. Die CDU-Abgeordneten waren dagegen. In 15 Jahren wird sich diese Anlage amortisiert haben. Aber schon jetzt zahlen wir den Mitgliedern Anteile aus der Einspeisungsvergütung.«

Viernau verbraucht im Jahr 81 Millionen Kilowatt-Stunden. 13 Millionen bringen die 3 Solaranlagen. Dazu kommen noch einige Millionen von den Dächern der Privathäuser. Die Geburtenrate 2014: 14 Kinder.

Wir steigen in das Hybridauto. Es fährt leise und hat eine zweite gedämpfte Hupe, damit die Fußgänger nicht erschrecken. Im Ort werden so viele Straßen saniert, dass selbst der Bürgermeister zweimal wenden muss. Neben der letzten Solaranlage beginnt am Kleinen Stieg die Geburtenallee. Im Oktober wird für jedes in den letzten 12 Monaten geborene Kind ein Baum gepflanzt. Jeder Baum ist genau dokumentiert. »Manche Bäume haben jetzt schon Jugendweihe oder Konfirmation.« Es gibt Bäume mit dünnen Ästen oder mit schlecht vernarbten Wunden an den Stämmen. »So wie die Eltern die Bäume ihrer Kinder, werden später die Kinder die Gräber ihrer Eltern pflegen.«

Auf der Rückfahrt zeigt er mir sein Haus. Es ähnelt dem Pfefferkuchenhäuschen von Hänsel und Gretel. Sogar rings um die nicht sehr großen Fenster sind kleine Solarzellen angebracht.

Ich soll, sagt er zum Abschied, das Mitglied der Viernauer Solar-Genossenschaft Bodo Ramelow grüßen.

Er ist der Meinung, dass sich die Linken mit dem Beschluss, keine neuen Kredite auf Schuldenbasis aufzunehmen, selbst eine Schlinge um den Hals gelegt haben. »Keine Kreditschulden, aber gleichzeitig das Versprechen, neue Lehrer einzustellen. Das geht nicht zusammen. Man sollte ehrlich sagen: Wir müssen neue Schulden machen. Wie hätten wir hier sonst investieren können?«

Außerdem müsste man Bodo Ramelow mal sagen: »Du hast die Leute in deiner Fraktion nicht ordentlich erzogen. Der Bärwald lief im Landtag in kurzen Hosen herum. Auch der Dittes.« Seine Frau hätte mit ihrer Klasse oben auf der Landtagstribüne gesessen. Das wäre für die Kinder kein gutes Beispiel für Demokratie und die Arbeit der Volksvertreter gewesen, hat sie gesagt, Abgeordnete, die an ihren Handys und Laptops spielten und sich nicht interessierten, was vorn geschah. Ganz abgesehen von Anwesenheitspflicht oder Pünktlichkeit.

Frieder steht in Schwarza schon mit einem Beutel mit Metallmuffen an der Straße. »Für die Wasserleitung, wenn wir das Leck schließen werden.«

»Wo wohnst du?«, frage ich.

Er schüttelt den Kopf. »Du musst mich nicht nach Hause bringen. Nimm mich bis zum Graben mit.« Er müsse verdauen, was der Wüstenmann über den Dschihad erzählt hat.

Ich sage nicht: Audis Bericht hätte von dir sein können, Frieder, ich nehme den Beutel und hoffe, dass wir die Muffen bald brauchen.

Am 96. Tag der Ramelow-Regierung stehen Volker mit führerhauslosem Bagger, Frieder mit Spaten und ich mit Schaufel am Hang vor dem Haus. Der Bagger ist bei erfolglosen Versuchen, das Gleichgewicht zu halten und gleichzeitig zu schachten, fast umgekippt. Deshalb haben Frieder und ich dort, wo sich die Sonde nicht weiterschieben lässt, ein Loch gegraben. Mein Schachtarbeiter ist zu 99,9 Prozent (»Wie eure Wahlergebnisse in der DDR«) überzeugt, dass wir – weil schon 800 Meter der Leitung Stück für Stück aufgegraben und überprüft worden sind – das Leck hier finden werden.

Als wir außer dem dumpfen auch einen metallischen Klang hören, drückt mir Frieder seinen Spaten in die Hand und sagt großzügig, dass ich die letzten Zentimeter allein schachten darf. »Dann bleibt der Ruhm bei dir!«

Doch ich bezweifele den Erfolg, denn der Boden ist trocken. Keine Spur von Nässe weist darauf hin, dass hier täglich 1200 Liter weglaufen. Karl, der Lotte gestriegelt hat und nun neugierig zusieht, weiß, dass der Boden am Hang sandig ist und deshalb das Wasser sofort versickert. Ich grabe vorsichtig. Zuerst entdecke ich an der PVC-Leitung einen verrosteten Flansch, dann ein verrostetes T-Stück und dann … auslaufendes Wasser. Wir reißen – bis auf Karl, der den Kopf über so viel Unsinn schüttelt – die Arme hoch. Ich fühle mich wie 1980, als wir DDR-Brigadisten in Tete, der Trockenzone von Mosambik, Häuser bauten. Damals warteten wir mit den Bewohnern der Dörfer über sechs Monate vergeblich auf einen Tropfen Regen. Und dann, als der Himmel endlich die Schleusen geöffnet hatte, tanzten wir mit den Afrikanern und schrien immer wieder: »Água, água.«

Zum Augenblicke könnte ich sagen: Was interessiert mich,

ob es ein Leck in der rot-rot-grünen Koalition geben wird, und ich weiß auch, dass ich meine Enttäuschung über meine in den 100 Tagen wahrscheinlich zu oberflächliche Recherche, bei der ich keine grundsätzliche Veränderung der Regierungspolitik finden, den exzellent vorgebrachten und mit vielen Fakten angereicherten Argumenten des »Roten« nicht immer folgen und seine verborgenen Gefühle nicht erfahren konnte, dass diese Enttäuschung noch schlimmer gewesen wäre, wenn wir das Leck in der Wasserleitung vor dem Haus ebenfalls nicht gefunden hätten. Die Wette um 10 Flaschen Sekt habe ich verloren.

Am nächsten Tag noch ein freudiges Ergebnis: Ines Pfundheller hat Wort gehalten. Einige Sternsinger-Kinder aus Buttelstedt haben mir Briefe geschickt. Und der Junge, der den Ministerpräsidenten gefragt hatte, ob er sich Essen bringen lassen kann, wenn er Hunger hat, schreibt: »Ich möchte kein Politiker werden, weil diese nur in dem Regierungshaus leben. Mein Papa hat gesagt: Das richtige Leben ist hier, wo wir wohnen.«

Paul, 12 Jahre:

»Ich würde mich für Sozialgerechtigkeit einsetzen, wenn ich Ministerpräsident wäre. So dass alle Arbeiter für ihre harte Arbeit einen gerechten Lohn bekommen. Und dass kein Unterschied zwischen Arm und Reich mehr die spätere Zukunft entscheidet. Ich würde mich bei der Polizei bewerben oder evtl. studieren. Ich habe Angst vor evtl. Krankheiten, dass ich keinen Arbeitsplatz bekomme oder dass wieder Krieg ausbricht …

Eine Bibelweisheit ist für mich wichtig: Am besten nutzen wir uns, wenn wir anderen helfen und Gutes tun. Ich finde diese Bibelweisheit so gut, weil sie sagt, dass man das Miteinander stärken sollte. Und für den Ministerpräsidenten: ›Stehe an der Spitze, um zu dienen, nicht zu herrschen.‹ Den Spruch habe ich mir ausgesucht, weil der Ministerpräsident uns sozusagen nicht nur rumkommandieren soll, sondern uns eigentlich helfen sollte.«

Johannes, 11 Jahre:

»Die Familien müssen besser unterstützt werden, dass eine Mutter z.B. nicht den ganzen Tag arbeiten muss, sondern sich mehr um die Familie kümmern kann. Ich würde verbieten, dass Homosexuelle Kinder adoptieren dürfen … Es kommen viele Flüchtlinge nach Deutschland, die eine andere Kultur und einen anderen Glauben haben. Es gibt aber auch immer weniger aktive Christen in Deutschland, ich habe Angst, dass die Christen unterdrückt werden … Den Ministerpräsidenten bitte ich, dass unser Thüringen hoffentlich nicht ganz ohne Gottes Schutz und Segen regiert wird.«

Philipp, 12 Jahre:

»Ich würde mich für die Bildung der Flüchtlinge in Thüringen einsetzen. Angst hätte ich, dass einer aus meiner Familie stirbt, dass Krieg ausbricht und dass ich sehr krank werde. Wir reden zu Hause über Krankheiten, den Krieg in anderen Ländern oder schöne Sachen wie Geburtstage und Gewinne …

Weigere dich nicht, den Bedürftigen Gutes zu tun, wenn deine Hand es vermag. Diese Weisheit finde ich wichtig für den Ministerpräsidenten. Aber nicht nur für ihn, für jeden Menschen.«

Johanna, 13 Jahre:

»Jeder muss die Möglichkeit haben, etwas zu arbeiten, aber es soll keiner Geld bekommen, wenn er gar nichts tut … Ich freue mich, eine eigene Familie zu haben und dass ich selbst Verantwortung übernehmen kann … Es gibt immer weniger Menschen, die am Glauben festhalten, deshalb läuft auch viel falsch in unserem Land. Das fängt aber schon bei den vielen getrennten Familien an … Wir reden oft über die Probleme meiner Freunde, weil so viele mit ihrem Leben oft unzufrieden sind, obwohl sie alles haben … Dem Ministerpräsidenten würde ich raten: ›Ein kluger Mann hat sein Haus auf Fels gebaut. Als nun ein Wolkenbruch kam und die Wassermassen heranfluteten, als die Stürme tobten und an dem Haus rüttelten, da stürzte es nicht ein, denn es war auf Fels gebaut.‹ (Matth. 7,24). Ich denke, so ist es mit allem, auch mit unserer Regierung.«

Ich hatte den Murmelmacher Helmuth Greiner-Petter gebeten, für Minister Holger Poppenhäger aufzuschreiben, was er wissen sollte, um die Thüringer und vor allem die Wäldler in ihren Eigenheiten zu verstehen.

Er konnte es nicht mehr aufschreiben und mir auch keine Murmeln mehr schenken. Er starb wenige Wochen, nachdem wir uns in Sonneberg getroffen hatten. Damals schrieb ich mir seine Worte auf.

»Ich bin niemals allein, wenn ich durch den Wald laufe oder zum Eller hinaufsteige. Die Bäume erzählen mir Geschichten

von den Holzmachern und den Köhlern, die jahrhunderte-
lang die Bäume fällten und das Holz in rauchenden Meilern
zu Kohle schwelen ließen. Das Geröll an den Hängen erin-
nerte mich an die harte Arbeit im Steinbruch. Wenn du all
das nicht weißt, wirst du nur mit ›Ah‹- und ›Oh‹- und ›Ach
wie schön‹-Rufen die touristischen Wege entlangwandern,
nichts aber von den Menschen hier verstehen. Ich kann noch
durchsichtige hohle Tiere als Baumschmuck blasen. Manchmal brauche ich für einen Hirsch eine Stunde oder zwei. Du
musst viel Geduld haben und mit der Flamme reden, damit
sie dir hilft, das Geweih zu formen. Nach dem Tagwerk haben wir im Wirtshaus die Lieder vom Wald, vom Glas und
von der Arbeit gesungen. Wir waren nie allein in unseren ab-
geschiedenen, manchmal im Winter unerreichbaren Orten.

Heute spucken Automaten im Sekundentakt farbige Christ-
baumkugeln in Kartons. Fließbänder transportieren sie zu den
Paletten, die jemand in einen Container stapelt. Wahrscheinlich hat dieser Arbeiter lediglich in einer Heimatsendung des
MDR gesehen, wie Weihnachtsfiguren von Glasmachern ge-
blasen werden. Die neue Zeit läuft sehr schnell an uns vorbei.
Manchmal möchte ich sie anhalten und rufen: Leute, erinnert euch mal, denn nur aus Erinnerung an Vergangenes kann
man Neues gut und nützlich für alle gestalten.«

Ich möchte seine Worte an Innenminister Holger Poppenhäger weitergeben. Und vielleicht auch an Bodo Ramelow
und Rot-Rot-Grün.

Mit den Briefen der Sternsinger aus Buttelstedt und den
Worten des Murmelmachers Helmuth Greiner-Petter könnte
dieser Text enden. Kann er aber nicht.

Denn am 105. Tag geschieht Unglaubliches.

Ich hatte Volker nach einem kleinen Fest zur Beendigung der Schachtarbeiten spöttisch versprochen, dass ich sofort und bar zahlen werde, damit er Frieder in seinem Zwei-Mann-Betrieb vielleicht auch Bildungsurlaub gewähren und zum Mindestlohn noch etwas drauflegen kann. Er schaute mich verständnislos an.

Am 20. März bringt er die Rechnung vorbei.

Ich überfliege sie und sage: »Volker, das sind nur die Baggerarbeiten. Die vielen Handschachtstunden von Frieder stehen nicht drauf.«

»Von welchem Frieder?«

»Na von Fridolin Scheusel, deinem Schachtarbeiter, der mit mir, wo du nicht baggern konntest, gegraben hat.«

»Ich kenne weder Frieder noch einen Fridolin Scheusel«, erklärt Volker.

Ich nehme an, dass er mich auf den Arm nehmen will, und sage nun ernsthaft: »Na der mit dem vietnamesischen Basthut.«

Volker zeigt mir einen Vogel und fragt, ob ich inzwischen schon vormittags Rotwein trinken würde.

Als letzten Versuch, bevor ich grantig werde, sage ich, dass Frieder mir auch berichtet hat, Volker habe das Führerhaus des kleinen Baggers abmontiert, weil er zu groß für den Innenraum des »Gelben Koffers« war. Ob das etwa auch nicht stimme?

»Das habe ich und kein Frieder-Phantom dir erzählt«, sagt Volker und steckt das Geld ein, ohne nachzuzählen.

Ich hoffe vier Tage lang, dass Frieder vorbeikommt, mir beim Zuschütten der reparierten Leitung hilft und seine

Volker am 255. Tag der Ramelow-Regierung mit dem Cabrio-Bagger vor dem Fledermaushotel
©Landolf Scherzer

gewonnenen 10 Flaschen Sekt abholt. Doch Frieder lässt sich nicht blicken. Ich grübele und grübele und rufe schließlich Audi an, den Frieder und ich vor zwei Wochen besucht haben.

»Welchen Frieder?«, fragt er und rät besorgt: »Ich habe dir gesagt, dass du nur ein Stück Weihrauchharz kauen sollst. Nicht alles auf einmal!«

Als ich Bodo Ramelow vor der Staatskanzlei in einem Gespräch treffe, bitte ich, was ich sonst nie getan habe, wenn er von anderen bedrängt wurde: »Herr Ministerpräsident, hätten Sie einen Moment Zeit für mich?« Dann sage ich: »Frieder, dein Nachbar vom Teufelsmoor, hat sich sehr über eure Diskussion in Arnstadt gefreut.«

Bodo Ramelow reagiert unwirsch: »Was für ein Nachbar vom Teufelsmoor?«

Als ich versuche zu erklären, dass er doch mit ihm im Hotel …, unterbricht er mich schroff und fragt, ob ich bei meinen Erkundungen über Bodo Ramelow und die rot-rot-grüne Regierung Schaden genommen hätte.

»Das geht vorbei, Dichter«, sagt er tröstend. »Solche Halluzinationen sind kurzzeitig wie eine Fata Morgana in der Wüste. Vergiss es!«

Ich erinnere mich an den 5. Dezember, als ich Frieder, den niemand mehr kennen will, zum ersten Mal im Graben gesehen hatte … Vielleicht waren meine Gummistiefel zu groß. Vielleicht war der Schlamm im Graben zu zäh. Und vielleicht hätte ich die Leiter, die neben dem Haufen ausgeschachteter nasser Erde lag, vorsorglich aufstellen sollen, um wieder aus dem Loch heraussteigen zu können …

Wie versprochen, schickt mir Frank Schenker am 110. Regierungstag eine SMS über den 100. Tag des Ministerpräsidenten.

»Ich habe Bodo gefragt, wie er den 100. Tag verbracht hat. Er war mit seiner Frau nördlich von Erfurt circa 10 Kilometer wandern. Dabei ist ihm quasi niemand begegnet. Und das fand er sehr entspannend. Dann sind sie in Weißensee noch eine Runde um den großen Teich gelaufen und zum Kaffeetrinken eingekehrt. Auch da wurden sie in Ruhe gelassen. Erst zum Abschied hat die Besitzerin des Cafés gefragt, wie es sein kann, dass sie ganz allein unterwegs sind. Seine Antwort war, dass für die Personenschützer gar kein Platz mehr im Café gewesen wäre und dass er auch gern mal allein mit seinem kleinen roten Auto fährt.«

# Zeittafel

besuchen das Erstaufnahmeheim auf dem Friedberg in Suhl, in dem 1200 Flüchtlinge untergebracht sind.

## Januar 2015

5.1. Der Ministerpräsident besucht das »Restaurant des Herzens« in Erfurt.

9.1. Die Staatsanwaltschaft ermittelt wegen Bestechungsvorwurf (die CDU hatte SPD-Abgeordneten bei Verhinderung der Wahl Ramelows Regierungsposten versprochen).

12.1. Verhandlungen des Ministerpräsidenten in Schmalkalden mit der VR-Bank und Windradherstellern über Finanzierung und Ausbau von kommunalen Windradanlagen.

In Suhl erster Aufmarsch der ausländerfeindlichen Pegida-Bewegung (Sügida in Thüringen).

13.1. Der »Elefantenjäger«, Udo Wedekind (bisher Abteilungsleiter im Bereich Umwelt, der sich mit einem in Botswana geschossenen Elefanten brüstete), wird als Abteilungsleiter in die Staatskanzlei versetzt.

15.1. Die Haushaltsausgaben der neuen Regierung werden sich wesentlich an den Ausgaben von 2014 orientieren.

16.1. Die Finanzministerin will die kurz vor der Wahl von der CDU/SPD-Regierung zur Schuldentilgung überwiesenen 200 Millionen Euro von den Banken zurückholen.

17.1. Der Ministerpräsident besucht den Thüringentag auf der Grünen Woche in Berlin.

22.1. Die Stromtrasse in Ostthüringen wird nicht gebaut. Das Thüringer Landesverwaltungsamt erteilt das Baurecht für den 3. Bauabschnitt der 380-KV-Stromtrasse durch den Thüringer Wald.

28.1. Entgegen der Erwartung der Kommunen vorerst keine Erhöhung der Kommunalzuschüsse.

**Februar 2015**

4.2. Protest der Kommunen gegen angeblich nicht eingehaltene Finanzzusagen.

9.2. Der Ministerpräsident als Ansprechpartner bei der Anti-Sügida Diskussionsrunde im Suhler CCS.

17.2. Thüringen erwägt Klage gegen den Bund im Streit um die Bezahlung der Kali-Altlasten.

18.2. Bodo Ramelow als erster Thüringer Ministerpräsident in der Bütt beim Politischen Aschermittwoch in Suhl.

19.2. Auf Klagen von Rot-Rot-Grün erklärt der Thüringer Rechnungshof die bisherigen Sonderzahlungen an die CDU-Fraktion für unzulässig.

22.2. Beschäftigungsprogramm für 2500 Langzeitarbeitslose initiiert. Finanzielle Unterstützung vom Bund erwartet.

26.2. Die Regierung möchte die Funktional-, Verwaltungs- und Gebietsreform bis 2019 durchsetzen (mögliche Mindestgröße von Gemeinden 5000 Einwohner, von Landkreisen 200000 Einwohner). Der Ministerpräsident lädt Queen Elisabeth II. beim Deutschlandbesuch im Juni nach Thüringen in das Land ihrer Vorfahren ein.

4.3.   Erfurter Stadtverwaltung fordert Abgeordnete auf, das »Haus der Abgeordneten« für Asylbewerberfamilien zu räumen.

5.3.   200 Lehrer demonstrieren für bessere Bezahlung.

9.3.   Rededuell zwischen Bodo Ramelow und Mike Mohring, CDU-Fraktionsvorsitzender, im MDR-Fernsehen.

10.3.   Im 1. Koalitionsausschuss Kompromiss zur Finanzierung der Freien Schulen. Sie erhalten 12 Millionen Euro mehr als 2014.

13.3.   Landesregierung will Wahlalter für Kommunal- und Landtagswahlen auf 16 Jahre senken.

14.3.   Finanzministerin Taubert besteht auf dem planmäßigen Abbau der Polizei, Innenminister Poppenhäger plädiert für einen geringeren Abbau.

20.3.   Abschaltung der V-Leute in Thüringen.

22.3.   Kritik der Bundesländer an der Abschaltung der V-Leute in Thüringen.

29.3.   Die Tariferhöhung der Angestellten im Öffentlichen Dienst kostet 185 Millionen Euro.

30.3.   Das Verwaltungsgericht lehnt die Klage eines 54-jährigen Sachbearbeiters der Landesanstalt für Umwelt und Geologie in Jena ab, der aus Gewissenskonflikten wegen des linken Ministerpräsidenten vorzeitig in den Ruhestand versetzt werden wollte.

31.3.   Das Landesverwaltungsamt genehmigt im Raumordnungsverfahren das Pumpspeicherwerk Schmalwasser in 200 Metern Entfernung vom Rennsteig. Bürgerinitiativen werfen Ramelow Wortbruch vor.

**April 2015**

5.4. Der Bund lehnt eine finanzielle Unterstützung des Projekts zur Beschäftigung von 2500 Langzeitarbeitslosen in Thüringen ab.

6.4. Das Amtsgericht Dresden stellt das Verfahren gegen Bodo Ramelow wegen der Teilnahme an einer Anti-Nazi-Demonstration im Jahr 2010 ein.

9.4. In der ehemaligen Kaserne in Mühlhausen soll eine dritte Flüchtlingsaufnahmestelle geschaffen werden.

15.4. CSU-Ministerpräsident Seehofer versucht mit einem Gesetz über schützenswerte Landschaften den Ausbau der Stromtrasse durch Bayern zu verhindern.

17.4. Die Thüringer Generalstaatsanwaltschaft geht zwar davon aus, dass im Vieraugengespräch zwei SPD-Abgeordneten Ministerämter bei Nichtwahl von Ramelow angeboten wurden, erwägt aber keine Anklage.

18.4. Bürgerproteste gegen Pumpspeicherwerk Schmalwasser und Aufruf zur Protestwanderung am 1. Mai.

23.4. Thüringer Flüchtlingsgipfel. Der Ministerpräsident fordert, dass Flüchtlinge in Thüringen Neubürger werden und bessere Ausbildung erhalten.

30.4. Erste Beratung des Landeshaushaltsplans 2015 im Parlament.

**Mai 2015**

7.5. Gesetzentwurf zur Einführung eines Thüringer Gedenktages für die Befreiung vom Nationalsozialismus am 8. Mai.

12.5. Protestdemonstration der Freien Schulen wegen zu geringer Steigerung der jährlichen Zuschüsse.

19.5.  Planung des Doppelhaushaltes 2016/2017. Keine weiteren Schulden vorgesehen.

22.5.  Nach dem Generationsbeauftragten Haase klagt auch die frühere Ausländerbeauftragte Heß (SPD) auf Weiterbeschäftigung in Erfurt.

27.5.  Vorschlag der Umweltministerin Siegesmund (Die Grünen) zur Einführung eines Tempolimits von 120 km/h auf Thüringer Autobahnen.

29.5.  Entwicklung einer »Tierwohl-Strategie« für Thüringen (u.a. artgerechte Haltung).

**Juni 2015**

4.6.  Bahngipfel in Erfurt. Bahnchef Grube lehnt ICE-Halt in Coburg ab. Weimar, Jena und Saalfeld sind nicht mehr direkt an den Fernverkehr angeschlossen.

5.6.  Bei einer repräsentativen Umfrage nach 6 Monaten Regierungszeit können sich SPD um 1,6 Prozent, die Grünen um 1,3 Prozent gegenüber den Landtagswahlergebnissen steigern, Die Linke verliert 1,2 Prozent. Über 50 Prozent der Befragten (44 Prozent der CDU-Wähler) sind mit der Regierungsarbeit zufrieden. 53 Prozent schätzen die Arbeit des Ministerpräsidenten.

8.6.  Der Bau der Stromtrasse von Altenfeld, Thüringer Wald, zur bayrischen Grenze wird 120 Millionen Euro teurer als geplant.

12.6.  Die Thüringer CDU lehnt eine Mitgliederbefragung zur Gleichstellung der Homo-Ehe ab.

16.6.  Gegen den Protest der Landtagsfraktion der Linken und der Thüringer Behindertenverbände schlägt der

Landesvorstand der Linken als Behindertenbeauftragten nicht den langjährigen linken Experten Maik Nothnagel, sondern den Vorsitzenden des Blinden- und Sehbehindertenverbandes Joachim Leibiger vor.

17. 6.    Dem Antrag der NPD im Stadtparlament von Eisenach, die Oberbürgermeisterin Katja Wolf (Die Linke) abzusetzen, stimmen auch CDU-Parlamentarier zu.

19. 6.    Der Thüringer Landeshaushalt 2015 wird mit 46 Stimmen der Regierungskoalition und von 2 aus der AfD-Fraktion ausgeschiedenen Abgeordneten bestätigt.

23. 6.    Bei ihrem Deutschlandaufenthalt besucht die Queen Thüringen nicht.
Aufhebung des Thüringer Erziehungsgeldgesetzes, in Kraft ab 1. Juli.

25. 6.    Antrag von Rot-Rot-Grün auf Gesundheitskarte für Flüchtlinge.

27. 6.    Das Atomkraftwerk Grafenrheinfeld wird abgeschaltet.
Am Christopher-Street-Day weht vor der Staatskanzlei die Regenbogenflagge gegen Diskriminierung von Schwulen und Lesben.

**Juli 2015**

1. 7.    Erfolgreicher Abschluss der Schlichtung im Tarifstreit zwischen Bahn und GdL durch Bodo Ramelow und Matthias Platzeck (SPD).

8. 7.    Das Thüringer Bildungsfreistellungsgesetz wird beschlossen.

17.7.   Der Ministerpräsident schlägt vor, junge Griechen für Pflegeberufe in Thüringen auszubilden.

29.7.   Das Bundesverfassungsgericht weist die Klage von drei Privatpersonen gegen die gesetzliche Voraussetzung zum Bau der Thüringer Stromtrasse ohne Begründung zurück.

31.7.   Der Ministerpräsident informiert sich in der völlig überbelegten Erstaufnahmestelle in Suhl (1800 statt der zugelassenen 1200 Asylsuchenden) über die mangelnden sanitären und sicherheitstechnischen Bedingungen. Sofortmaßnahmen zur Öffnung einer Aufnahmestelle in Mühlhausen beschlossen.

**August 2015**

2.8.   Urlaubsbeginn von Germana Alberti vom Hofe, Attila und Bodo Ramelow auf Rügen.

4.8.   Der Ministerpräsident befürwortet bei der Gebietsreform die Reduzierung von 17 auf 8 Landkreise.

10.8.   Bodo Ramelow lehnt die Übernahme von K+S, Düngemittelhersteller aus Kassel, durch den Potash-Konzern (Kanada) ab.

20.8.   Im überbelegten Asylbewerberheim in Suhl eskaliert ein Streit aus religiösen Motiven. 650 Neonazis, Pegida-Anhänger und Hooligans demonstrieren in den nächsten 3 Tagen und fordern eine Schließung des Heimes.

**September 2015**

10.9.   Alle Fraktion des Landtages stimmen zu, das Haus der Abgeordneten für die Unterbringung minderjähriger Flüchtlinge zur Verfügung zu stellen.

**Landolf Scherzer**
**Stürzt die Götter vom Olymp**
Das andere Griechenland
320 Seiten. Gebunden mit Schutzumschlag
ISBN 978-3-351-03580-8
Auch als E-Book erhältlich

# 30 Tage, um die Griechen zu verstehen

Scherzer ist ganz anteilnehmender Beobachter, wenn er nach Griechenland reist -- einmal als Pauschaltourist und einmal ins »schlechteste Hotel von Thessaloniki«. Zwei Fragen treiben ihn um: Wo liegen wirklich die Ursachen für die Krise, und wie schaffen es die kleinen Leute, unter den Bedingungen des Spardiktats zu überleben? In unzähligen Begegnungen wird von Sorgen, Hoffnungen und solidarischen Überlebensstrategien erzählt.

»Der Spezialist für Recherchen vor Ort.« DER SPIEGEL

**Regelmäßige Informationen erhalten Sie über unseren Newsletter. Jetzt anmelden unter: www.aufbau-verlag.de/newsletter**

**Landolf Scherzer**
**Madame Zhou und der Fahrradfriseur**
Auf den Spuren des chinesischen Wunders
368 Seiten. Broschur
ISBN 978-3-7466-7106-2
Auch als E-Book erhältlich

# Chinas Größe im kleinen Alltag

Mit deutscher Ungeduld kommst du in China nicht weit, wird Landolf
Scherzer gleich zu Beginn seines Aufenthalts gewarnt. Also übt er sich
im Straßenverkehr ebenso in Gelassenheit wie bei Geschäftsessen und
beim Tempelbesuch. Aber er sieht um so genauer hin, was und wer ihm
begegnet. Und er stellt, was kein Chinese wagen würde, jedem vier
Fragen, sei es ein taoistischer Priester, ein Koch, Heiler oder eine
Gefängniswärterin: Was ist für Sie ein guter Tag? Was ein schlechter?
Was wünschen Sie sich für Ihre Zukunft? Was für die Zukunft Ihres
Landes? Der Fremde kann alles fragen, wird aber nicht alles erfahren
und noch weniger begreifen, sagt man ihm.

»Landolf Scherzer gelingt es, selbst dem fernen China mit einer höchst
originellen Reportage erstaunlich nahezukommen.« Neues Deutschland

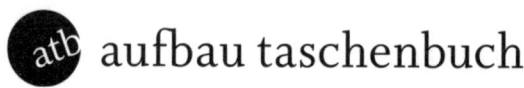 aufbau taschenbuch

**Karen Krüger, Anna Esser**
**Bosporus reloaded**
Die Türkei im Umbruch
335 Seiten. Klappenbroschur
ISBN 978-3-351-03622-5
Auch als E-Book erhältlich

# Wohin steuert die Türkei?

Die Türkei ist als Brücke zwischen Europa und der islamischen Welt für uns von großer Bedeutung. Drei Millionen Menschen türkischer Herkunft leben in Deutschland. Dieses Buch hilft, die innertürkischen Veränderungen, aber auch das Leben und die Konflikte innerhalb der türkischen Community in Deutschland zu verstehen. Ein erhellender Generationenbericht, der mit Klischees aufräumt.

**Regelmäßige Informationen erhalten Sie über unseren Newsletter. Jetzt anmelden unter: www.aufbau-verlag.de/newsletter**

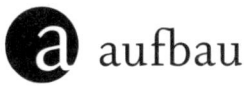